教育部职业教育与成人教育司推荐教材
全国卫生职业院校规划教材

供中高职（共用课）护理、涉外护理、助产等专业使用

护理管理学基础

（第二版）

余剑珍　罗志君　主编

科学出版社
北京

• 版权所有　侵权必究 •

举报电话：010-64030229；010-64034315；13501151303（打假办）

内 容 简 介

本书是教育部职业教育与成人教育司推荐教材之一，内容包括管理学与护理管理学的基本概念、基本原理；管理学的计划、组织、领导和控制等基本职能；目标管理、时间管理、人力资源管理以及管理学在护理质量和业务技术管理实践中的应用。全书以目标教学为主导，案例导入引领知识点，构思新颖，内容联系实际，力求反映护理管理学的科学性、实用性，体现"贴近学生、贴近社会、贴近护理岗位"的目标，是一本很好的教科书。

本书可供中职、高职、高专护理、涉外护理、助产等相关医学专业学生作为教材使用，也可供其他相关专业学生及有关人员阅读参考。

图书在版编目（CIP）数据

护理管理学基础／余剑珍，罗志君主编．—2版．—北京：科学出版社，2008

教育部职业教育与成人教育司推荐教材·全国卫生职业院校规划教材

ISBN 978-7-03-021740-0

Ⅰ.护… Ⅱ.①余…②罗… Ⅲ.护理学：管理学－职业教育－教材 Ⅳ.R47

中国版本图书馆CIP数据核字（2008）第056810号

责任编辑：李　婷　张　茵　郭海燕／责任校对：鲁　素
责任印制：赵　博／封面设计：黄　超

版权所有，违者必究。未经本社许可，数字图书馆不得使用

科学出版社 出版
北京东黄城根北街16号
邮政编码：100717
http://www.sciencep.com

三河市骏杰印刷有限公司印刷
科学出版社发行　各地新华书店经销
*

2003年8月第　一　版	开本：850×1168 1/16
2008年5月第　二　版	印张：9
2017年6月第二十八次印刷	字数：236 000

定价：18.00元
如有印装质量问题，我社负责调换

技能型紧缺人才培养培训教材
全国卫生职业院校规划教材
共用课教材建设指导委员会委员名单

主任委员　刘　晨

委　　员（按姓氏汉语拼音排序）

陈劲松	四川省卫生学校	石海兰	太原市卫生学校
陈　均	上海市公共卫生学校	史学敏	深圳职业技术学院
陈　沁	广州医学院护理学院	宋金龙	三峡大学护理学院
代凤兰	聊城职业技术学院	孙巧玲	聊城职业技术学院
丁　玲	沧州医学高等专科学校	汪洪杰	安徽医学高等专科学校
封苏琴	常州卫生高等职业技术学校	王者乐	上海职工医学院
高健群	宜春职业技术学院	吴丽文	岳阳职业技术学院
官素琼	玉林市卫生学校	肖京华	深圳职业技术学院
胡希俊	沧州医学高等专科学校	徐冬英	广西中医学院护理学院
纪　霖	辽源市卫生学校	许练光	玉林市卫生学校
李长驰	汕头市卫生学校	杨玉南	广州医学院护理学院
李　军	山东医学高等专科学校	姚军汉	张掖医学高等专科学校
李晓惠	深圳职业技术学院	余剑珍	上海职工医学院
李小龙	岳阳职业技术学院	曾志励	广西医科大学护理学院
蔺惠芳	中国协和医科大学护理学院	张金生	聊城职业技术学院
罗志君	四川省卫生学校	张　宽	嘉应学院医学院
牛彦辉	甘肃省中医学校	张妙兰	忻州市卫生学校
潘道兰	达州职业技术学院	赵　斌	四川省卫生学校
潘凯元	海宁市卫生学校	钟埃莉	成都铁路卫生学校
覃琥云	成都中医药大学	钟　海	四川省卫生学校
邱志军	岳阳职业技术学院	周　琦	广西中医学院护理学院
任海燕	内蒙古医学院护理学院	邹玉莲	岳阳职业技术学院
师明中	大同大学医学院		

《护理管理学基础》(第二版)编者名单

主　编　余剑珍　罗志君
副主编　吴之明　齐秀泽　贺　伟
编　者(按姓氏汉语拼音排序)

程玉莲	张家口职业技术学院
樊喜悦	沧州医学高等专科学校
蒋　红	复旦大学附属华山医院
罗志君	四川省卫生学校
贺　伟	新疆医科大学护理学院
孟发芬	三峡大学护理学院
齐秀泽	沧州医学高等专科学校
任海燕	内蒙古医学院护理学院
王庆美	大连大学医学院
王淑霞	新疆医科大学护理学院
王秀红	大连大学医学院
吴之明	大连大学医学院
杨运霞	安康职业技术学院南校区
余剑珍	上海职工医学院
喻志英	酒泉市卫生学校
张锡之	上海职工医学院
朱桂花	襄樊职业技术学院

秘　书　李晓兰　四川省卫生学校

第二版前言

本教材是教育部职业教育与成人教育司推荐教材之一。第一版于2003年出版后，经过近5年的教学实践，以其创新的思想、知识的科学性，对中高职护理人才培养的适用性以及体例的新颖得到护理专业师生的认可。为适应卫生事业发展和护理岗位对人才的需求，教材作为教师和学生进行教学活动的材料，即教学的媒体，必须顺应时代发展。为此，在卫生部、教育部、科学出版社相关领导的指导下，我们吸纳了更多教育、教学经验丰富的教师参加了本书第二版的修订与完善工作。

本教材在现代教育理论与教学观的指导下，编写始终围绕着护理人才的培养目标，结合本课程在教学计划中的地位和作用，确定教学的内容、知识点和能力结构。将现代护理教育理念贯穿于教学的整个过程，以培养学生良好的职业素质和较强的岗位适应能力。

本书第二版共10章，内容包括管理学与护理管理学的基本概念、基本原理；管理学的计划、组织、领导和控制等基本职能；目标管理、时间管理、人力资源管理等；管理学在护理质量和业务技术管理实践中的应用。内容设置分3个模块：基础模块、实践模块和选学模块。基础模块和实践模块是必学、必练的模块，选学模块的内容各校可根据教学实际情况选择使用。

本教材在修订编写中围绕"贴近学生、贴近社会、贴近护理岗位"的原则，保留了第一版的基本框架，并做出如下改进：一是在体例上增加了每章节前的案例导入，并通过设问引出各章节的知识点，使学生带着问题去学习，培养其解决问题的能力；章后增加了目标检测的选择题、填充题及名词解释等，帮助学生自我评价学习效果。构思新颖，内容联系实际，力求反映护理管理学的科学性、实用性。二是合并了相关章节，将原第6章的组织结构与组织设计和第7章的我国医疗卫生组织管理系统合并，将护士长角色与工作职责分别纳入第2章护理管理学概述和第8章护理领导章节中，减少了章与章之间重复、松散的内容，体现每一章节内容的严密性和全书的连贯性。

学科教材的建设需要通过教学实践去验证它的科学性和实用性，在此，我们将这本修订后的《护理管理学基础》呈献给广大护理专业的师生和临床护理人员，并期待着各位读者的指导和批评。

本教材在编写中得到了各参编学校领导的关心、支持，使全书得以顺利完稿，在此表示衷心感谢。

余剑珍
2008年1月25日

第一版前言

随着社会经济的快速发展和人民群众对健康服务需求的不断增长,护理专业面临着护理理念、护理技术、护理服务模式的变革。护理管理作为护理专业领域中的组成部分,在提高护理工作的效率和效果、提高护理工作质量、提高护理管理水平中起到了指导、帮助作用。为了适应现代护理高职教育的发展需要,由全国卫生职业教学新模式研究课题组组织的"面向21世纪全国卫生职业教育系列教改教材"——《护理管理学基础》一书顺应了时代的要求,结合中高职教育的特点,发挥了课题组人员的集体智慧,可供护理中高职教学使用,也可作为护理管理人员工作的参考书。

本书的指导思想是围绕护理中高职教育培养"应用型"人才的目标,介绍护理管理的基本理论知识、基本技能与技巧等。教材内容的设置分三个模块:基础模块、实践模块和选学模块(目录中注*号章节)。基础模块和实践模块是必学的模块,选学模块的内容各校可根据教学实际情况选择使用。

本书共分12章,内容包括管理学与护理管理学的基本概念、基本原理;管理学的计划、组织、人力资源管理;护理领导和控制等基本职能;管理学在护理业务技术和质量管理实践中的应用等,充分体现了理论联系实际的管理思想。

本书在编写中力求贯彻教改教材的思想性、科学性、适用性、实用性和创新性,并以目标教学为主。在每章前有学习目标,每章内容后有围绕学习目标和教学重点的章小结,有助于教学中突出重点,并与专业目标有机地结合。通过超级链接拓展和深化有关专业知识与能力,介绍一些新观点、新方法,引导学生不断进取的学习精神。

由于编者的水平和经验有限,编写时间仓促,书中不成熟之处在所难免,恳请广大读者批评指正。

编 者
2003年6月10日

目 录

第1章　管理与管理学 (1)
- 第1节　管理概述 (1)
- 第2节　管理学概述 (2)
- 第3节　现代管理的基本原理、原则和职能 (3)

第2章　护理管理学概述 (8)
- 第1节　护理管理的概念、特点和任务 (8)
- 第2节　护理管理的意义与研究方法 (12)
- 第3节　护理管理者概述 (14)

第3章　计划职能 (20)
- 第1节　概述 (20)
- 第2节　计划的步骤、原则与方法 (24)
- 第3节　护理管理中的计划过程 (28)
- 第4节　决策（选学） (30)

第4章　目标管理 (36)
- 第1节　目标管理的概念与特点 (36)
- 第2节　目标管理的内容及基本过程 (39)
- 第3节　目标管理在护理工作中的应用 (41)

第5章　时间管理 (44)
- 第1节　概述 (44)
- 第2节　时间管理的基本程序和条件 (45)
- 第3节　时间管理的策略和方法 (47)

第6章　组织结构与设计 (53)
- 第1节　概述 (53)
- 第2节　组织结构的概念与基本类型 (54)
- 第3节　组织设计 (58)
- 第4节　我国医疗卫生组织管理系统 (61)

第7章　护理人力资源管理 (71)
- 第1节　概述 (71)
- 第2节　护理人员的编设 (72)
- 第3节　护理人员的选聘、分工与排班 (75)
- 第4节　护理人员的绩效考核 (79)
- 第5节　护理人员的教育与培训（选学） (81)

第8章　护理领导 (85)
- 第1节　概述 (85)
- 第2节　护理管理岗位职责及任职资格 (87)
- 第3节　护理领导者应具备的素质与能力 (88)
- 第4节　领导方式与艺术 (90)
- 第5节　激励理论及其应用（选学） (92)

第6节　管理沟通（选学） ……………………………………………………………（95）
第9章　护理质量管理 ……………………………………………………………………（99）
　　第1节　概述 …………………………………………………………………………（99）
　　第2节　护理质量标准及标准化管理 ………………………………………………（100）
　　第3节　护理质量的考核评价 ………………………………………………………（107）
第10章　护理业务技术管理 ……………………………………………………………（113）
　　第1节　概述 …………………………………………………………………………（113）
　　第2节　护理业务技术范围与基本管理 ……………………………………………（114）
　　第3节　护理业务技术的管理方法 …………………………………………………（116）
　　第4节　护理信息管理 ………………………………………………………………（117）
主要参考文献 ……………………………………………………………………………（122）
附录 ………………………………………………………………………………………（123）
　　1. 医院工作制度 ………………………………………………………………………（123）
　　2. 医务人员医德规范及实施办法 ……………………………………………………（126）
　　3. 医院感染管理办法 …………………………………………………………………（127）
护理管理学基础教学基本要求 …………………………………………………………（130）
目标检测选择题参考答案 ………………………………………………………………（133）

第 1 章 管理与管理学

学习目标
1. 解释管理、管理学的基本概念
2. 说出管理的对象和方法
3. 概述现代管理的基本原理、原则和方法
4. 叙述管理的基本职能

当今社会,不管人们从事何种职业,事实上人人都在参与管理:管理国家、管理政府、管理某一医院、管理某一部门、管理某项业务、管理家庭、管理子女等。管理活动无处不在,无处不有,管理活动是现代人类社会活动中的重要内容之一,是人类追求生存、进步和发展的一种途径和手段。

案例 1-1

在许多公司里,管理人员每天都在忙碌,东奔西走,叫张三嘱李四,安排了这项工作,又忘了那样工作,总有忙不过来的感觉。自己累得气喘吁吁,还不见有多少效益,结果公司上级不满意,下面员工也怨声载道。这说明不是管理人员工作岗位有问题,而是该管理人员没有担当管理者的能力。

请问:
1. 什么是管理?
2. 管理的对象是什么?
3. 管理的方法是什么?

第 1 节 管理概述

(一) 管理的概念

管理(management)的概念有多种解释。关于管理的概念,从不同角度出发,可以有不同的定义。不同的管理学派有不同的理解,至今没有统一的定义。职能学派认为管理就是计划、组织、指挥、协调和控制。管理决策学派认为"管理就是决策"、"管理就是领导"。行为科学学派认为"管理是由一个人或多个人协调他人的活动,以便收到个人单个活动所不能收到的效果"。管理不同于技术工作,其中心任务是协调他人的活动,以达到最佳的工作效果。现代管理学派认为:"管理是创造和保持一种环境,在这个环境中人们共同为达到一个群体的目标而有效地工作。"

管理实际上就是管理者与被管理者一起去实现既定的目标,也是一切有组织的集体活动不可缺少的要素,要求管理者运用管理职能协调组织内的各种资源,有效地使个人的努力与集体的预期目标相一致。简单地说,管理就是设计并保持一种良好环境,使人在组织内高效率地完成既定目标的过程。

(二) 管理的对象

管理的对象(图 1-1)包括"人、财、物、时间、信息"五要素。

1. 人 指被管理的劳动者及下属管理人员。从发展角度看,还应包括整个社会活动中,人力资源的开发利用。管理对象中的各个因素和管理过程中的各个环节,都需要人去掌握和推动。因此,人是管理的最主要因素,是管理的核心。人是社会系统中最基层的子系统,是社会的细胞,高效能的管理应该使人尽其才,才尽其用,用人所长。

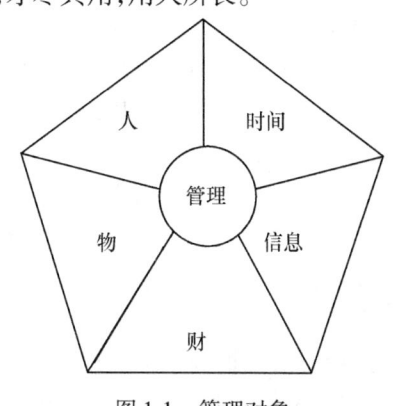

图 1-1 管理对象

2. **财** 包括经济和财务，是一个组织在一定时期内所掌握和支配的物质资料价值的表现。对财的管理应按经济规律进行，有效使用管理资金，保证管理计划的完成。财的管理所遵循的原则是：①开源，变"巧妇难为无米之炊"为"借米下锅"；②节流，杜绝铺张浪费，堵住"跑、冒、滴、漏"；③讲究投资效益，做好充分论证，搞好招标工作。

3. **物** 指对设备、材料、仪器、能源以及物资的管理，使之物尽其用，发挥物的功效，提高利用率。对物的管理要遵循：保证供应、合理配置、物尽其用、检验维修、监督使用、资源共享的原则。

4. **时间** 时间是物质存在的一种客观形式，表现为速度、效率，由过去、现在、将来构成连续不断的时间坐标。高效能的管理应该反映出各项工作能充分地利用时间，提高工作效率。时间是最宝贵的资源，它没有弹性，没有替代品。因此，管理者要善于安排时间，善于抓住机遇；充分利用好组织系统的时间和自己的时间，使系统和个人在最短的时间完成更多的事情，创造更多的财富。

5. **信息** 信息是具有新内容、新知识的消息，其具有收集和保密二重性。没有信息，什么东西也都没有意义。所以，信息是重要的资源，是管理活动的媒介，是提高管理效能的关键。

作为管理者，应具有系统收集、准确识别、处理、分析信息的能力，保持对信息的敏感性，以及迅速做出反应的能力。

(三) 管理的基本方法

管理方法是在管理活动中为实现组织管理目标，保证管理活动顺利进行所采取的工作方式，是管理理论在管理活动中的具体表现形式，是管理原理指导管理活动的必要桥梁，是实现管理目标的途径和手段。

管理方法一般可分为管理的法律方法、管理的行政方法、管理的经济方法、管理的教育方法，它们已构成了一个完整的管理方法体系。

1. **法律方法** 指国家根据广大人民群众的根本利益，通过各种法律法令、条例及司法、仲裁工作，调整社会经济的总体活动和各企业单位在微观活动中所发生的各种关系，保证和促进社会经济发展的管理方法。法律的方法具有权威性、强制性、规范性、稳定性、公平性等特点。

2. **行政方法** 指依靠行政组织的权威，运用命令、规定、指示、条例等行政手段，按照行政系统和层次，以领导和服从为前提，直接指挥下属工作的管理方法。这是最基本的、传统的管理方法。

3. **经济方法** 指根据客观经济规律，运用各种经济手段，调节各种不同经济利益之间的关系，以获取较高的经济效益与社会效益的管理方法。

4. **教育方法** 指按照一定的目的和要求对受教育者从德、智、体诸方面施加影响，提高人员素质的管理方法。它是管理过程的中心环节，是做好管理工作的基本方法，也是重要的保证。

除了以上方法之外，也可按照管理对象的范围划分为宏观管理方法、纵观管理方法和微观管理方法；按管理对象的性质可划分为人事管理方法、物资管理方法、资金管理方法、信息管理方法；按照所运用方法的量化程度可划分为定性方法和定量方法等。

案例1-2

管理人员要想有效地指挥下属，应当注意培养和提高自身的综合素质。辛瑞担任了业务主管以后，工作热情很高，工作也很出色。但也会碰到一些难以处理的事。他觉得光凭经验做还不够，应该用管理的理论指导实践。他开始在工作之余花一些时间去研读有关管理学的理论知识。下面是管理学的基本知识点：

1. 管理学的概念
2. 管理学研究的对象
3. 管理学研究的内容

第2节　管理学概述

人类社会的一切管理活动随着社会生产力的不断发展而日益丰富，但其管理的对象、内容、性质、职能和方法却有许多共同的规律性。

(一) 管理学的概念

管理学是一门系统研究管理过程的普遍规律、基本原理和一般方法的科学,是自然科学和社会科学相互交叉而产生的一门综合性应用学科。管理活动的基本规律包括一般原理、理论、方法和技术,构成了一般管理学。

(二) 管理学研究的对象

管理学的研究对象从理论上概括为对三方面的研究:生产力、生产关系、上层建筑。

1. 生产力方面 研究如何合理组织生产力,包括如何合理分配和充分利用组织中的人、物、财、时间、信息,以适应组织目标及社会的需求,求得最佳经济效益和社会效益。

2. 生产关系方面 研究如何处理组织中的人际关系,建立和完善组织结构和管理体制,以最大限度地调动各方面积极性和创造性,实现组织目标。

3. 上层建筑方面 研究如何使组织内部环境与组织外部环境相适应的问题,即如何使组织中各项规章制度、劳动纪律、文化氛围与社会的政治、经济、法律、道德等上层建筑保持一致,从而维持正常的生产关系,促进生产力的发展。

(三) 管理学研究的内容

管理学研究的内容比较广泛。从管理的对象来分,有人、财、物、时间和信息五个要素;从管理职能分有计划工作、组织工作、领导工作、控制与创新五项职能。

案例 1-3

公司是一个整体,是一盘棋,上上下下都是棋子,如何让这些棋子都能起到自己的作用,这是管理者指挥方略中的重点。在具体的管理工作中,要掌握现代管理的基本原理、原则和职能。
请问:
1. 现代管理的基本原理有哪些?
2. 现代管理的原则是什么?
3. 现代管理的基本职能是什么?

第3节 现代管理的基本原理、原则和职能

一、现代管理的基本原理

原理是指某种客观事物的实质及其运动的基本规律,管理原理就是对管理工作的实质内容进行科学的分析、总结而形成的真理,对管理活动具有普遍的指导意义。

(一) 系统原理

系统是由若干相互联系、相互作用的要素组成的具有一定结构和功能的整体。系统广泛地存在于自然界、人类社会和人类思维中,并按复杂程度依次排列组成系统、次系统、超系统。例如,医院护理系统既是医院的一个次系统,又是病区护理的超系统。与医疗、后勤等其他系统之间有着密切的联系,相互依存、相互制约、相互作用,从而发挥系统整体的功能。

在管理实践中,系统性包括两个含义:一是管理过程具有系统性,自始至终有统一的整体目的,是由管理的各要素相互联系、相互作用构成的整体,是一个大系统,而各要素则是它的子系统,所以,管理过程具有层次性、开放性,并有信息的反馈系统;二是管理中应具有系统分析的方法和观点,即一个组织就是一个系统,同时又是另一个大系统中的子系统,必须从整体角度思考问题,以防止片面性和受局部的影响。

(二) "人本"原理

"人本"原理强调一切管理应以调动人的积极性,做好人的工作为根本。在管理活动中,要求管理者把握以人为中心的管理思想,坚持一切从人出发,以调动和激发人的积极性和创造性为根本手段,从而达到提高管理效率和不断发展的目的。人的主观能动性发挥的程度与管理效益应成正比,人的能动性发挥的程度越高,管理的效应越大,反之亦然。因此,护理管理者应该充分掌握和运用"人本"原理来指导实践活动。

在管理实践中,要重视激励人的积极性、主动性,并以此作为管理的手段,把关心人、尊

重人、理解人、发展人作为管理的目的,鼓励管理对象积极参与管理活动和民主管理。

> **岗位召唤**
>
> 在今后的数十年中,我国人口的老龄化以及控制医疗费用的问题,将导致人们对健康服务的需求扩大,期望值增加。这种趋势不仅为拓宽护理服务带来了机遇,也为护理管理带来了难度。建立以人为本的护理服务体系及相应的护理管理制度,将成为临床护理管理者的共识和努力方向。

(三) 动态原理

动态原理要求管理者注重现代科学管理的动态特性,遵循在动态中管理工作的规律。明确管理的对象和目标都是在不断地发展变化,其稳定状态是相对的,运动状态是绝对的。管理过程的实质就是要始终注意把握管理对象在运动、变化的情况,不断调节各个环节以实现整体目标。

(四) 效益原理

效益是管理的永恒主题,任何组织的管理都是为了获得某种效益,即社会效益和经济效益。一切管理都应首先服从经济的规律,用最小的投入得到最高的产出,以最小的耗费获得最大的效益。管理工作的根本目的在于创造出更多更好的、有形可见的经济效益和社会效益。所谓经济效益指的是既能节约消耗、降低成本、增加经济收效,又能符合市场和人民生活消费需要的效益。而社会效益指的是从长远和全局看,能符合人民生活、国家建设和社会发展的根本利益。

效益原理要求管理者在任何管理活动中,都要注意讲究实效,把追求良好的经济效益与社会效益作为根本目的,管理好系统的各个部分,实现系统的总目标。

二、现代管理的原则

原则是对客观事实的基本原理的认识,要求人们共同遵循的行为规范,管理原则是管理者在管理工作中需要遵守的行为规范。

(一) 整分合原则

整分合原则是系统思想指导管理实践的表现。即现代高效率的管理必须在整体规划下进行明确分工,又在分工基础上进行有效综合的原则。在实施中有三个含义。

(1) 整体把握:就是不仅要了解本部门、本系统的全面情况,而且还必须了解本部门、本系统在整个社会中所处的地位和作用。例如,护理部制定的"年度护理工作计划"就应该从医院整体要求出发,制定医院护理系统目标,是对医院护理工作全年的整体把握。

(2) 科学分解:将整体任务按照系统目标分解成基本组成单位和具体任务,进行明确分工,同时规定分工单位的权限、责任,划定它的管理范围,明确它们之间的协同关系。如护理部将"年度护理工作计划"这一总目标进行科学分解,明确要达到总目标各子系统的分目标,其中包括病人对护士技术水平满意率应不低于95%、护理技术操作合格率90%、急救物品完好率100%等,并将这些分目标分工到各病区责任人,使具体任务规范化、责任化。

(3) 组织综合:各项工作分工责任到人后要检查执行情况。必须进行强有力的组织综合,在出现问题时应给以协调、综合,使各个环节同步协调、平衡发展,使之能圆满完成任务。

(二) 能级原则

能级原则指管理的组织结构、组织成员和规章制度必须具有不同的能级,按能级使用人和安排人,也就是把人放在相应的岗位和职位上去量才录用,同时建立各级不同的工作规范和标准,使管理的内容能动态地处于相应的能级之中,以利于进行有效的管理。如护理人员技术层次分为主任护师、副主任护师、主管护师、护师、护士,能级不同,其权力、职责、物质利益和精神荣誉也不同,三者与能级相对应,护理人员不同职称层次有不同的职责、权力、待遇及相应能级的岗位。

(三) 动力原则

管理必须有强大的动力,才能使管理活动持续而有效地进行。在管理中有物质动力、精神动力、信息动力。物质动力是基本动力,包括物质利益(物质待遇、奖赏)和经济效果。精神动力包括理想、抱负、事业心、精神鼓励、晋升、职称、学位等,在特定情况下精神动力可以成为决定性动力。信息动力,包括消息、情报、指令、代码及含一定内容的信号等。管理者通过信息促进人、财、物、能量和信息的流通,传播先进思想与文化,调动其积极性,以利于管理活动顺利进行。

(四) 弹性原则

为了有效地实现动态调整,各项管理工作要求保持充分的弹性,注意留有余地以适应客观事物的各种变化。

管理弹性分为两类:局部弹性,是在一系列管理环节上保持可以调节的弹性,尤其在重要的关键环节上要保持足够的余地。整体弹性,指整体管理系统的可塑性或适应能力。

(五) 反馈原则

由控制系统把信息输送出去,再把作用结果返送回来,并对信息的再输出起到控制的作用,以达到预定的目的。有效的信息反馈,才能进行正确的管理控制。因此,要做到管理高度有效,就必须建立起一个灵敏、准确、有力的反馈系统。反馈原则是质量控制的主要理论依据。

三、现代管理的基本职能

管理的职能是管理过程中各项活动的基本功能,也是管理者为实施有效的管理所必须承担的基本职责及要完成的任务。管理职能的提法有许多学派,目前将计划、组织、领导、控制、创新这五大职能作为一切管理活动最基本的职能,见图1-2。

图1-2 管理职能循环图

(一) 计划

计划是管理活动中第一位的基本职能,是为实现组织既定目标,而对未来行动进行安排的工作过程,包括选定组织目标和实现目标的途径。管理者根据计划目标,预测计划目标的可行性,择优方案,从事组织、领导及控制工作等活动,以达预定的目标。计划是一项科学性极强的管理活动。

(二) 组织

计划的实施要靠群体的合作。组织工作正是从人类对合作的需要产生的。为实现组织目标,必须设计和维持合理的组织结构,在此组织结构中,为达到预定目标,把各种业务活动进行组合分类,形成部门和岗位,明确职责、任务,把管理每一类业务活动所必需的职权授予主管人员,并规定上下、左右的协调关系,为有效实现目标,还必须不断对这个结构进行调整,这就是管理的组织职能。

组织职能还包括人员管理,即对组织结构所规定的不同岗位所需要的人员进行恰当而有效的选择、考评、培养、使用,目的是选配合适的管理人员,以便更好地胜任在组织机构中所规定的各项任务。组织职能是管理活动的根本职能,是其他一切管理活动的保证和依托。

(三) 领导职能

领导职能指领导者带领和指导组织成员完成组织任务,实现组织目标的职能,它为各种职能的履行提供保证。在实现组织目标,完成组织任务的过程中,领导者不仅要明确方向,而且要身先士卒,以身作则,在履行职能的过程中,领导者要注意树立自身的权威,加强与被领导者之间的沟通,以及运用合适的激励手段与方法来实现领导与指导职能。

(四) 控制

控制指主管人员对下属的工作成效进行测量、衡定和评价,发生偏差时采取相应的纠正措施,使工作按原定计划进行,控制工作是一个延续不断、反复进行过程,目的在于保证组织实际的活动及其成果同预期的目标相一致。根据既定目标和标准对组织的活动进行监督、检查、考核。

(五) 创新

创新作为管理职能是最近几十年来,许多

学者在研究管理过程中提出来的。由于科学技术迅猛发展,社会经济活动空前活跃,市场需求瞬息万变,社会关系也日益复杂。每位管理者每天都会遇到新情况、新问题,如果因循守旧,墨守陈规,就无法应对新形势的挑战,许多事业获得成功的管理者成功的诀窍就在于创新。

各项管理职能都有自己独有的表现形式,而创新职能其本身并没有某种特有的表现形式,它总是在其他管理职能的活动中表现自身的存在与价值,事事皆可创新,创新无处不在,创新在管理循环中处于轴心位置,成为推动管理循环的原动力。

时代呼唤

现代医院要保证可持续发展,要创造一流的业绩,管理创新是首要的。2001年第二期美国《财富》杂志封面文章在分析总结全球最有竞争力企业经验时,将其高度概括为:"第一是创新,第二是创新,第三还是创新。"医院是知识分子集中,科技含量较高的行业,要发挥出知识分子的作用,就必须在管理上创新。

1. 当前被普遍认识的管理概念是"管理是社会组织中为实现预期目标,以人为中心进行的协调活动"。

2. 管理的对象包括人、财、物、时间、信息。管理的基本方法可分为法律、行政、经济、教育的管理方法。

3. 管理学是一门系统研究管理过程的普遍规律、基本原理和一般方法的科学,是自然科学和社会科学相互交叉产生的一门综合性应用学科。管理活动的基本规律包括一般原理、理论、方法和技术,构成了一般管理学。

4. 管理学研究的对象概括为三个方面:生产力、生产关系和上层建筑。

5. 管理学研究的内容包括了管理的对象、管理的原理和方法、管理职能等。

6. 现代管理的基本原理有:系统原理、"人本"原理、动态原理、效益原理。

7. 现代管理的原则有:整分合原则、能级原则、动力原则、弹性原则、反馈原则。

8. 现代管理的基本职能:计划、组织、领导、控制、创新。

一、名词解释
1. 管理　　2. 管理学　　3. 系统

二、填空题
1. 管理的对象包括_____、_____、_____、_____、_____。
2. 管理的基本方法有_____、_____、_____、_____。
3. 现代管理的基本原理有_____、_____、_____、_____。
4. 现代管理的原则有_____、_____、_____、_____、_____。
5. 现代管理的基本职能_____、_____、_____、_____、_____。

三、选择题

A₁型题
1. 对管理的描述下列哪项不妥
   A. 管理就是协调人际关系
   B. 管理就是决策
   C. 管理是一种绩效责任为基础的专业职能
   D. 管理是一种社会活动
   E. 管理是领导者个人活动
2. 管理对象中的人指
   A. 被管理的下属
   B. 被管理的劳动者
   C. 社会系统中的所有人
   D. 被管理的劳动者及下属管理人员
   E. 管理者自身
3. "人本"原理强调一切管理应
   A. 以人的利益为中心
   B. 以调动人的积极性,做好人的工作为根本
   C. 以满足人的物质需要为中心
   D. 以满足人的精神需要为中心
   E. 以人的工作主动性为基础
4. "动态"原理强调管理工作中动态特性,即
   A. 稳定状态是相对的,运动状态是绝对的
   B. 稳定状态是绝对的,运动状态是相对的
   C. 稳定状态是绝对的,运动状态也是绝对的
   D. 稳定状态是相对的,运动状态也是相对的
   E. 稳定和运动状态的变化互不干扰
5. 在管理中,必须有强大的动力,才能使管理活动持续而有效地进行,其中哪一项是基本动力
   A. 精神动力　　　　B. 物质动力
   C. 信息动力　　　　D. 激励动力
   E. 时间动力

6. 弹性原则要求各项管理工作保持
   A. 有计划   B. 分工合作
   C. 充分的弹性   D. 适应
   E. 沟通
7. 管理中有效的信息反馈能进行
   A. 正确的管理控制 B. 信息的输出
   C. 信息的返回   D. 有效工作
   E. 相互沟通
8. 在管理活动中排在第一位的基本职能是
   A. 领导   B. 控制
   C. 组织   D. 计划
   E. 创新
9. 管理中控制的职能是指
   A. 为实现组织目标而对未来行动进行安排的工作过程
   B. 为实现组织目标而设计的组织结构
   C. 领导者带领和指导组织成员完成组织任务
   D. 主管人员对下属的工作成效进行测量、衡定和评价
   E. 主管人员带领下属解决问题的过程
10. 创新在管理循环中处于
    A. 主动地位   B. 被动地位
    C. 轴心位置   D. 可有可无位置
    E. 占有一席之地

B 型题
   A. 管理是由计划、组织、指挥、协调及控制等为要素组成的活动过程
   B. 管理是一种绩效责任为基础的专业职能
   C. 管理就是决策
   D. 管理是一种社会活动
   E. 管理是协调
1. 法国实业家法约尔提出的管理观点是
2. 美国教授彼得·F·德鲁克提出的管理观点是

   A. 系统原理   B. "人本"原理
   C. 动态原理   D. 效益原理
   E. 经济原理
3. 管理工作的根本目的在于获得经济效益和社会效益,这是指
4. 管理中把握以人为中心的管理思想,这是指

X 型题
1. 管理的对象包括以下哪些
   A. 经济和财务
   B. 被管理的劳动者及下属管理人员
   C. 设备、材料、仪器能源及物资管理
   D. 时间和信息的管理
   E. 设计活动的管理
2. 管理的基本方法有
   A. 法律方法   B. 行政方法
   C. 经济方法   D. 教育方法
   E. 控制方法
3. 在管理实践中,系统性包括两个含义
   A. 管理过程即具有系统性
   B. 管理过程各要素互不联系
   C. 管理中应具有系统分析的方法和观点
   D. 管理中一个系统管另一个系统
   E. 管理过程是独立的
4. 整分合原则的含义包括
   A. 整体把握   B. 主动协调
   C. 科学分解   D. 合理分工
   E. 组织综合
5. 现代管理的原则包含了
   A. 整分合原则   B. 能级原则
   C. 动力原则   D. 弹性原则
   E. 反馈原则

四、问答题
1. 何谓管理?管理的对象有哪些?
2. 如何理解管理方法?
3. 什么是管理学?说出管理学研究的对象和特点?
4. 现代管理的基本原理、原则和基本职能是什么?

第 2 章 护理管理学概述

> **学习目标**
> 1. 说出护理管理学概念
> 2. 简述护理管理的特点
> 3. 描述护理管理任务及研究方法
> 4. 谈谈护理管理的重要意义
> 5. 简述护士长的角色模式
> 6. 叙述管理者的素质要求

护理管理是医院管理工作的重要组成部分。护理管理学是管理学理论在护理领域中的具体应用,也是现代护理学的分支学科之一。护理管理是一门涉及多学科的综合交叉科学,包括管理学、护理学、临床医学、社会医学、心理学、相关人文科学等。因此,要求从事护理管理的人员必须熟练掌握上述有关的理论、方法和技术,并将其综合应用于护理管理中。在护理实践中,护理管理运用科学的管理方法,对护理工作中的人、财、物、时间、技术、信息等进行管理,使护理系统的工作得到有序的开展,各种资源得到合理使用。因此,良好的护理管理可以使护理系统得到最有效的运转,显著提高护理工作质量。

案例 2-1

在医院内,护理管理者由上而下不同层级担负的责任不同,上级对下级负有指导和监督的职责,下级要服从上一级的管理。在护理工作中,每一位护理人员都要进行一定的管理活动,如病人管理、病区环境管理等,护理管理的目的是为了提供病人优质的护理。

请问:
1. 什么是护理管理?
2. 护理管理的特点有哪些?
3. 护理管理的任务有哪些?

第 1 节 护理管理的概念、特点和任务

一、护理管理的概念

护理管理是以提高护理质量和工作效率为主要目的的活动过程。世界卫生组织(WHO)对护理管理的定义为:护理管理是为了提高人们的健康水平,系统地利用护士的潜在能力和有关的其他人员或设备、环境,以及社会活动的过程。护理管理是在护理专业的基础上引进管理学的理论而逐步形成的,不仅为护理管理者所用,也是每位护士必须要学习的内容。

护理管理是一门科学,又是一门艺术。护理管理是一种有组织、有计划、有目标,并为完成预定的护理目标,在管理者的带领下共同实施的集体活动。其管理方法和原则是按照科学方法研究而形成的行为知识,因此,体现了管理的科学性;而在执行护理管理的方法上,管理者要做到"人性化"管理,充分发挥组织成员的才能,通过分工与授权让每位成员发挥所长,以圆满地完成组织目标,这又体现出管理的艺术性。

护理管理的目的在于调动组织内人员的积极性,发挥每个人的特长,将每个人的努力朝着完成组织目标的方向推进,提高护理工作的效率和效益。

美国护理管理专家 Gillies 指出,护理管理是使护理人员为病人提供照顾、关怀和舒适的工作过程。她认为护理管理的任务是通过计划、组织,以及对人力、物力、财力资源进行指导和控制,以达到为病人提供有效而经济的护理服务目的。护理管理系统如图 2-1 所示。

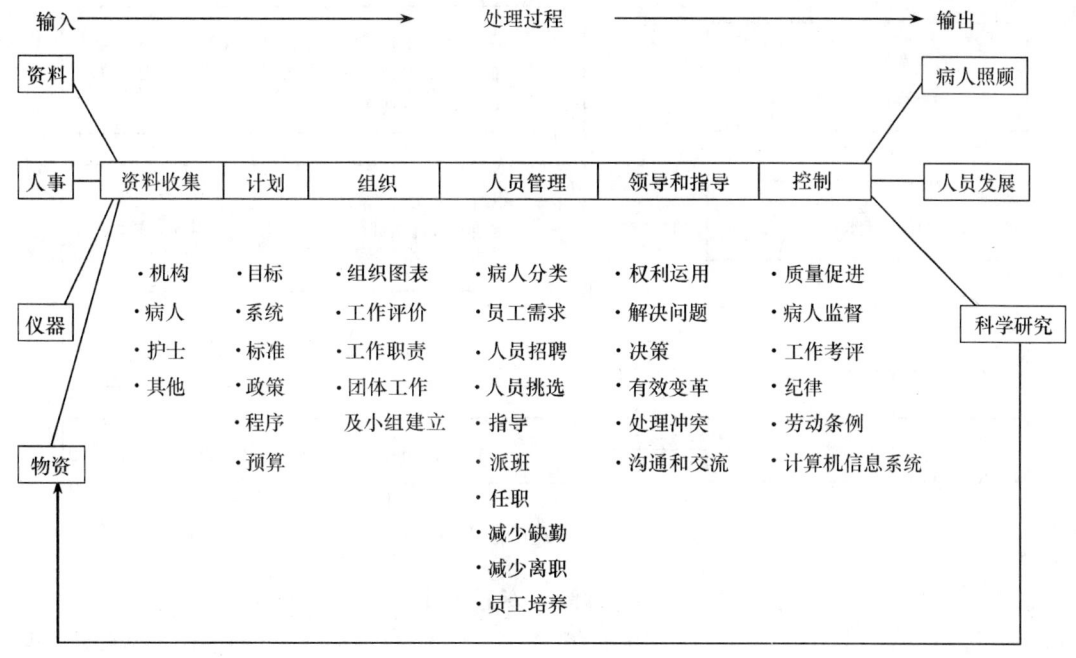

图 2-1 护理管理系统

二、护理管理的特点

护理管理的范围随着护理范围的扩大而从过去的医院护理管理延伸到社区、家庭、学校、厂矿、企业等护理需求的管理,对护理实践、护理教育、护理科研、护理理论等内容有了进一步的扩展,使护理管理的内涵得到了进一步的丰富,其特点反映在以下几个方面。

(一)护理管理的广泛性

护理管理的内容繁多,主要体现在护理管理对象的范围广(图 2-2),参加管理的人员众多这两个方面。

由于护理管理涉及学科多、内容广、范围大,是一项复杂的系统工程,包括组织管理、人员管理、业务技术管理、护理质量管理、资金管理、时间管理、物资管理、教学管理、科研管理、信息管理等范围领域。护理管理人员不但要协调医院内部各部门之间的关系,还要协调医院与社会方面的关系。因此,要求护理管理人员具备丰富的管理学知识和广博的社会人文科学知识。

由于管理层次的不同,所参与的管理活动内容也有所区别(图 2-3)。护理队伍中每一位护士所担任的工作中都有一定的管理活动,所以护理工作中参加管理的人员较为广泛,要求将护理管理知识加以普及。

(二)护理管理的实践性

护理管理是以管理学的理论为基础,同时综合了多学科的知识及研究成果,应用管理原则及原理结合护理实践加以应用,从而达到最佳的社会效益和经济效益。护理管理活动广泛存在于护理实践过程中,十分重视人的因素和团队的作用,注重与人的沟通和交流,并在实践中广泛、及时、准确地收集、传递、储存、反馈、分析和使用管理信息。用科学的方法预测未来,并对意外事件进行前瞻性控制,创造性地开展工作。

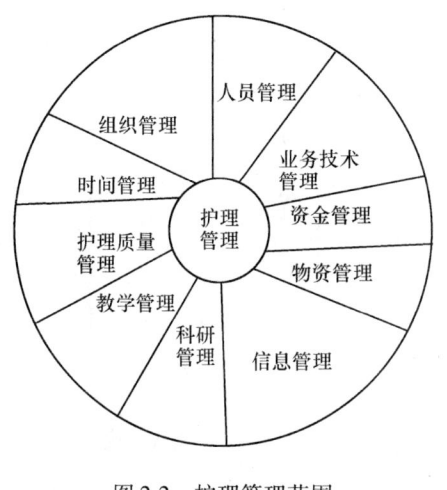

图 2-2 护理管理范围

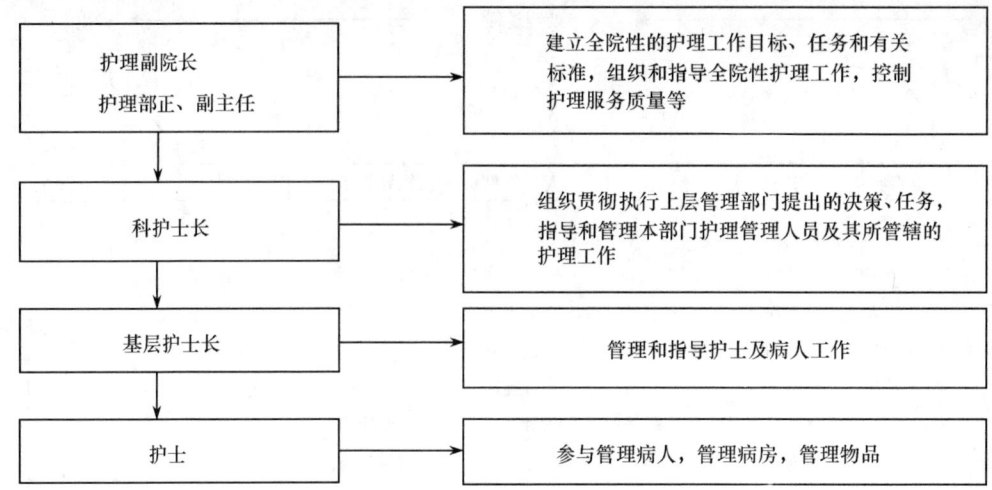

图 2-3 参与管理的层次及职责

在护理工作中,护士为护理对象提供健康服务时进行的计划、组织、指导、工作评价过程就是管理过程。护理工作连续性强,夜班多,操作技术多,接触病人密切,精神紧张,工作劳累,生活很不规律。护理管理者必须重视适当解决护理人员各种困难,保证安心工作。

护理管理学是以管理学作为基础,除具有管理学的特点外,还具有护理学科的多种影响因素,如图2-4所示。进行有效的护理管理,必须综合分析各种因素,充分利用有关的资源,并将理论和实践加以综合应用。

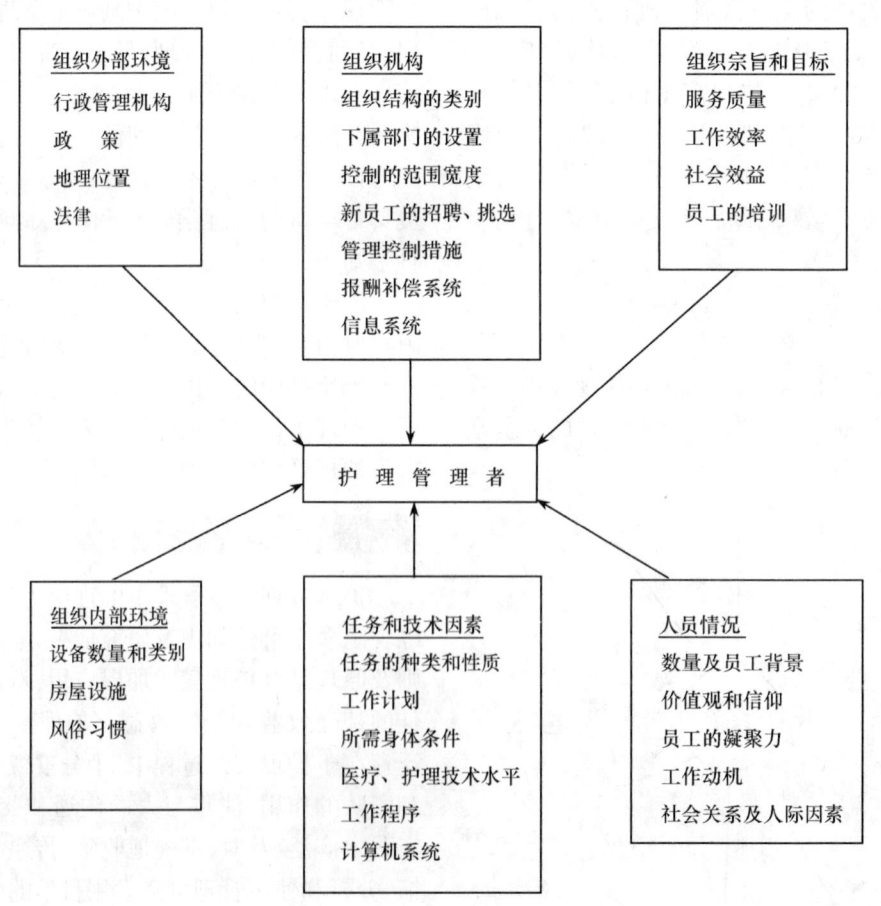

图 2-4 护理管理的影响因素

(三) 护理管理的专业性

护理管理要与护理专业的特点相适应,由于护理是诊断和处理人类对现存的或潜在的健康问题的一门学科,具有自身的理论知识和技术规范。在临床护理中除了协助医生进行诊断治疗的任务外,还要独立地开展各项护理活动、实施护理技能。护理人员在工作中要综合应用自然科学和社会科学方面的知识,帮助、指导、照顾人们保持或重新获得身体内外环境的相对平衡,以达到身心健康。因此,护理管理不仅涉及护理部主任、护士长的工作和责任,更包括了护理人员在为病人提供护理过程中进行计划、组织、指导、解决问题、工作评价等内容。

由于护理是为人类健康服务的工作,具有较强的专业科学性、专业服务性、专业技术性,尤其是临床护理是以病人为中心,因此,就要求护理管理要适应这些护理专业的特点。因护理工作具有以人为对象的职业特点,所以对护士的素质修养就提出了更高的要求,包括爱岗敬业的思想、职业工作的科学态度、认真细致的工作作风、良好的心理素质、端庄整洁的仪表仪容、良好的沟通技巧等。加强护理队伍建设,注重护士的素质培养,都是护理管理的重要内容,体现了护理管理的专业性。

三、护理管理的任务

护理管理工作的目的是确保护理系统的最佳运行,通过对护理工作人员、设备、技术、信息等进行科学的计划、组织、控制和协调,确定护理工作的效率和效果,提高护理工作质量。因此,护理管理的任务是:

(一) 向服务对象提供最良好的护理服务

向服务对象提供最良好的护理服务包括提供心理咨询,降低心因性疾病,开展健康宣教,防ská治病,康复指导,使服务对象的生活质量得到提高,提供一流的诊疗技术,减轻患者的痛苦,使患者早日康复。

(二) 研究护理工作特点,形成护理管理模式

现代护理的服务对象是人,而护理工作又与财、物和多种活动有关。随着人民对健康需求的增加,更要求护士能对不同服务对象提出的健康需求,设计不同的服务内容和方式,设计中还要包括经费的开支、方便就诊和优质服务等。在管理护理服务的过程中要找出这些护理工作的特点和规律,总结其经验,提出适应现代护理理念的管理理论,建立具有中国特色的护理管理模式。

> **岗位召唤**
>
> 21世纪的临床护理管理工作,若仅凭经验去应对,已远远不能满足服务对象和时代对护理人员的要求。从医院的现代化和为患者提供优质服务的角度而言,各种新药物的应用、器官移植、人工关节置换以及微创外科的发展,使救治疑难和新型病例成为可能。同时,在我国65岁老年人口迅速增加的情形下,包括家庭卫生保健服务、老人日间保健中心、临终护理院等的建立,而使临床护理管理工作的难度和范畴都在增加。21世纪的临床管理工作,不再仅仅局限于负责病房或护理部的行政组织管理,而且要参与医院的服务质量监督、资金预算、购置重要仪器的活动,并直接管理护理人员。

> **南丁格尔对护理管理的主要贡献**
>
> 1. 创立了一套护理管理制度。
> 2. 建立医院设备及环境方面的管理制度。
> 3. 努力提高护理工作效率及质量。
> 4. 注重了护理人员的训练及资历要求。

四、护理管理面临的挑战(选学)

1. 医学模式转变对护理工作提出了更新的标准 由于医学模式从生物医学模式转变为生物-心理-社会医学模式,使护理学科也发生了巨大的变化,工作对象从单纯为病人服务扩大到全社会人群;工作性质从针对疾病的护理延伸到病人身心的整体护理;工作范围也从临床护理发展到康复和健康保健,从而要求护理人员具备更强烈的整体护理观念,为病人提供全方位、全过程的服务和护理。而护理队伍整体观念的转变尚未跟上这一变化,一些人还只满足于完成日常工作,不愿花更多时间到病

人中间,与病人沟通,帮助病人解决身体和心理的需要,进行健康教育和康复指导,致使护理工作未能达到病人满意的标准。

2. 高新技术的应用对护士的知识水平提出了更高要求 高新技术的飞速发展,大量高精密仪器设备和技术应用于医疗领域,使医学技术水平和医疗质量上升到一个新的高度。护理人员遍布医院各个科室,在医院建设中发挥着重要的作用。然而现有大部分地市级医院的护理人员,以中专毕业生为主体,接受过全日制护理教育的大学专科、本科的护士比例很小。即使在职后取得自学考试、函授专科或本科学历,但限于工作繁忙等原因,护理人员对知识的掌握远不如脱产学习牢固,再加上护理人员缺编,不能按职上岗,初、中级职称的护士干同样的工作,各种班次轮流上,多学少学都一样,大大影响了护理人员学习的积极性,使护理队伍的知识水平与医院发展速度形成较大差距。

3. 社会主义市场经济条件给护理人员带来价值观的挑战 社会主义市场经济使医疗卫生事业要面向市场机制,引入经营、竞争和价值观念,从而达到优胜劣汰,促进自身建设,满足人民群众日益增长的高层次医疗卫生需求。但由于现有医院的所有制形式和分配制度的制约,护理管理者只有干工作的责任,而无任何奖惩的权利,在一定程度上影响了工作积极性。同时,社会对护理劳动价值评价不足,对护理工作不理解者甚多。在医院,医生处于主导地位,护士处于从属地位。大部分病人入院后认为病情好坏、康复快慢系于医生一身,即使护士认真为其治疗护理,病人还是常常将怨气、怒气发泄到护士身上,加之护理工作任务重、压力大、收入低,造成付出和回报的失衡,使护士易产生自卑心理,不安心本职工作,抱怨情绪增加,价值观不稳定,继而影响服务态度和护理队伍的稳定。

4. 人员缺编、任务繁重对护理质量和效果的影响 在我国部分地市级医院,缺编情况突出,这势必会影响到护理的质量和效果。由于人员不足,1名护士要负责十几个病人,常规的治疗护理就占去了护士的大部分工作时间,致使很多护士把健康教育作为一项任务去完成,使健康教育工作落实不到位,虽然每个病人都去宣教,由于教育时机、方法及深度不够,在改变病人及家属的知识结构和健康行为等方面均达不到应有的效果,直接影响治疗护理的效果和病人的满意度。

总之,面对挑战,护理管理者们应该认清形势,从全球的角度、从战略的高度认识和思考我国医院护理管理的发展,从一事一议的一维分散管理思维向多维系统管理思维转变;从重视具体工作内容控制向多层次多元化目标管理转化,使护理管理的层次和水平与世界医疗护理服务市场激烈竞争的局面及学科的发展相适应,战胜挑战,提高竞争力。

护理管理发展趋势

1. 以人为本将成为今后护理管理的基本策略。
2. 符合国情的科学护理模式将成为今后护理管理的重点。
3. 建立临床护理支持系统,使护士职能进一步专业化。
4. 计算机网络化管理。
5. 科学的管理方法和技术将成为护理管理的重要工具。
6. 社区护理将成为今后护理管理的重要内容。

案例2-2

山妮主任最近一直接到急诊室的投诉,留观室环境乱,护理工作病人不满意,护士工作职责分工不清,她决定对人事进行调整,派苏珊去加强管理。

请问:
1. 护理管理的意义是什么?
2. 护理管理研究方法有哪些?

第2节 护理管理的意义与研究方法

一、护理管理的意义

(一)护理管理在医院工作中的重要作用

护理工作在医院的医、教、研及预防保健

工作中,担负着重要任务,是一支重要力量。护理工作的优劣,将直接影响到整个医院的医疗质量和工作效率。护理管理的水平直接或间接地反映了医院管理的水平。因此,护理管理的科学化、现代化不仅有利于护理学科本身的发展,而且对于促进医院建设和推动医学科学的发展都起到了不可估量的作用。

护理系统作为医院的次系统,在保证病人得到优质服务的过程中起着重要作用,而护理管理可以保证护理系统能得到最佳的运转,从而提高护理质量。其作用主要反映在以下几方面:

(1) 保证高质量医疗任务的完成。
(2) 保持医院环境井然有序、整洁、安静。
(3) 保持医院各种设备物资处于备用和性能良好的状态。
(4) 保证病人身心处于最佳状态接受治疗、护理。
(5) 促进医护、护护、护患之间良好的人际关系。
(6) 保证医院内医疗、教学、科研、预防、保健等各项工作的正常开展。

(二) 护理管理强化护理技术的规范性

护理管理与护理技术二者相辅相成,缺一不可。管理贯穿于护理工作的整个过程和所涉及的各个方面,如病人的管理、环境的管理等。从广义上讲,护理人员均具有管理的职责,提高护理管理水平应该从每个护理管理人员都掌握科学管理知识入手,使护理管理知识成为高级护理人才和护理管理人员必备的知识。

在我国护理事业的前进发展过程中,护理专业技术水平的提高是很重要的,但护理管理的加强和发展则是提高专业技术水平的重要前提。

(三) 护理管理促进现代护理事业发展

护理管理随着社会的进步、经济的发展和人民生活水平的提高,对健康需求日益增加,护理范围更为宽广。过去的护理管理只限于医院内护理工作的管理,而今后的卫生、医疗和护理将向社会延伸,可以说有人群的地方就会有护理,就需要有护理管理。科学的计划性,符合客观的人力资源的管理要求,合理的设置组织机构及人员编配,制订可测量的质量考核标准及全面质量管理措施,运用计算机管理手段,将有效地调动护理人员积极性,达到护理管理的科学化、现代化。随着医学的发展,服务技术和分工协作将更加精细复杂,管理将变得更为重要,需要逐步提高科学管理和现代管理的水平,从而推动护理事业的发展。

> **专业陪护管理**
>
> 随着社会的进步、经济的发展,尤其是在市场经济的新形势下,人们对健康的需求也越来越高,其突出表现为:病人的医疗保健需求日益增长,而且期望值也在不断提高;病人的心理需求,社会需求等不但表现为多元化,而且呈现出多层次。因此,医疗服务已成为一种特殊的行业。医疗服务市场,在面临着优胜劣汰、激烈竞争的同时,蕴藏着新的发展机遇。专业陪护护理正是这种新形势下的产物。它不仅能满足住院病人对陪护的需求,增加病人在医院的安全感,而且为病人的家属解决了后顾之忧。临床实践证明,专业陪护服务模式十分符合目前医疗服务市场的需求,为病人提供了一种较好的服务模式。陪护人员的职责是为病人提供生活护理及饮食照料,陪伴病人进行各种活动。凡涉及医疗护理技术操作,陪护人员均不得参与,对于危重病人的生活护理,陪护只能协助护士完成。陪护的工作质量每日有质控人员进行检查,并定期对病人及病区的护士进行问卷调查,了解陪护人员的工作情况,将其工作质量考核结果与待遇挂钩。

二、护理管理的研究方法

护理管理在医疗服务中的地位和作用已越来越显示出它的重要性,研究护理管理可从以下几方面着手。

(一) 通过管理实践加以研究

管理学产生于管理的实践活动,是管理实践经验的科学总结和理论概括。因此,护理管理者要深入到管理的实践中,进行调查研究总结经验,并用判断推理的方法,使实践上升为理论;此外,还必须运用全面、历史的观点,去考察分析管理学的历史、现状及其发展趋势,对影响管理过程的各种因素及因素间的相互关系,进行总体的、系统的分析研究,使之逐步形成可行的管理理论和合理的管理活动。

（二）通过管理职能进行研究

把管理工作按照任务及完成任务所需要的基础知识、基本技能划分职能，并围绕职能开展研究和学习管理知识。将有关的管理知识囊括到各职能中，分成几个相对独立的部分进行深入、细致地研究。针对管理过程的四个职能，即计划职能、组织职能、领导职能、控制职能，选择研究课题，如各项职能的特点和目的；执行各项职能的方法，包括过程、技术、方法、步骤、技巧及各种方法的优缺点；执行各项职能时的障碍及如何排除障碍等课题。

（三）用各学科的知识进行研究

管理学的综合性要求能够掌握和运用同它有密切联系的学科知识，如哲学、政治经济学、社会学、心理学、逻辑学、法学、数学、统计学、运筹学等。

管理学的边缘性要求组织各方面的专家参与，包括护理专家、管理专家、心理专家、经济专家等进行协同研究。协同研究法最重要的是相互之间的思想交流，允许各种不同学术观点争鸣，做到真正意义上的协同。

（四）结合我国国情进行研究

管理学既有科学性、技术性，又有社会性。学习中既要吸取先进国家管理中有代表的科学经验，又要从我国实际出发，根据护理事业的发展，有分析、有选择地吸收。可通过对不同国家、不同地区、不同单位管理活动异同点的分析比较，对共同点加以概括，总结经验并反复验证，形成和发展具有中国特色的护理管理学。

案例 2-3

劳拉在产科当护士长已六个月，她的工作非常繁忙，因为她在分配其他护士工作的同时，也给自己留下了更多的工作，以此作表率。为此她每天要忙12小时，还经常帮一些护士解决矛盾，似乎每天总有一大堆事情要做，结果东一榔头，西一棒槌，缺乏成效，使产科的护士管理处于混乱状态。

请问：
1. 护理管理者的任务是什么？
2. 护士长的角色是什么？
3. 护理管理者应具备什么素质？

第3节 护理管理者概述

一、护理管理者任务

管理与科学技术一样是促进现代社会文明发展的支柱之一。如何从经验型管理走向科学化管理，搞好各种协调，用尽可能少的投入实现预期的目标，是对每一个护理管理者的现实要求。

（一）提高护理管理的科学化

在医院，护理人员占全院技术人员的1/2以上，遍及医院的各个部门，在医疗、教学、科研、预防、保健等工作中担负着重要任务。传统的护理管理主要是经验管理，管理者往往因缺乏科学管理理论的指导，缺少创新能力和科学的管理手段，容易忽视管理主要的职责，陷入繁杂琐碎的日常生活中，管理的效率十分低下。随着现代科学的飞速发展，各种新技术广泛运用于临床，护理学模式的转换以及人类健康观念的更新，护理服务的对象、内容、范围也在发生变化，以前传统的家长式经验管理已跟不上护理学科的发展需要。现代护理管理为了适应护理工作越来越高的科学技术性要求，管理过程中运用了科学管理学的理论和方法。管理者掌握了科学管理理论，在实践的基础上，能够合理地分配和运用各种资源、开拓创新、科学决策，在不同层次的管理岗位上达到最佳效能。因此，护理管理的科学化不仅有助于提高护理质量和增强护理专业的权威性，还有利于护理学科的发展，促进医院建设和推动医学科学的发展。

（二）更新护理管理理念，强化竞争意识

在医疗体制改革和市场经济的大背景下，我们必须有与时代同步的管理理念，重视成本、市场、效益、服务、品质与信息等因素，合理地分配资源，提高护理服务的效益和效率。各级护理管理者应有对护理质量和成本效益负责的理念。同时，将人性、仁爱与和谐的思想用于管理之中，最大限度地发挥管理效益，从而提高与国际同行竞争的能力。

（三）加强沟通，增加凝聚

凝聚力是指团体对其成员的吸引力，以及群体成员相互的吸引。管理者必须善于疏导和缓解职业应激和负性情绪，改善护理职业人员的心

理环境,注重护理人员的行为和心理的管理。

我们将管理方法从"单向灌输、机械检查型"转变为"双向沟通、耐心指导型",不是居高临下地发号施令,而是平等相待,关心解决护士的实际问题,通过定期召开不同层次人员座谈会、管理人员午餐会等多种形式,了解下属最关心的问题,听取意见和建议,并在和谐的气氛中进行引导,在情感的延伸与交流中提高认识,达成共识。

(四) 运用现代管理手段,提高护理服务质量

现代护理管理者必须有很好的领导及管理技巧,掌握和熟练运用现代管理原理和方法,实施人性化的管理。未来的管理将是以人为本的管理,护理管理者应重视调动护士的积极性,充分挖掘她们的潜能,关心她们的成长和个人需要的满足,把每一位护士当作是医院重要的一员,与她们保持相互信任和帮助的关系,及时真诚地赞扬她们好的行为,鼓励她们参与管理,参与质量提高的过程。实行全方位的质量提高系统,强调护士从工作开始就必须懂得护理制度、标准和岗位职责,并通过人道主义地使用纪律处罚手段来促进护士的成长和自我约束,改变被动的质量检查方式,主动提高护理服务水平,保证护理质量。

成功的管理者

管理专家霍尔(Holle)和布兰兹勒(Blatchley)根据护士长应具备的领导和管理能力提出"成功管理者"的角色,以十个英文字母COMPETENCE,即"胜任"一词为代表,归纳说明了作为"成功管理者"的护士长应有的角色功能。C(care-giver professional):专业的照顾提供者,O(organizer):组织者,M(manager of personal):人事管理者,P(professional manager of care):照顾患者的专业管理者,E(employee educator):员工的教育者,T(team strategist):小组的策划者,E(expert inhuman relation):人际关系的专家,N(nurse-advocator):护理人员的拥护者,C(change-agent):变革者,E(executive and leader):行政主管和领导者。

二、护士长角色模式

"角色"是社会学、社会心理学中的一个专门术语,指一个人在社会活动中因所处的某一个特定位置和所承担的特殊职责而表现出的符合社会期望的行为模式。护士长角色是医院护理管理的一个特定位置,它被赋予一定的权利和义务。护士长是医院护理管理指挥系统中数量最多的管理人员,包括科护士长和护士长。科护士长是护理管理系统中的中层管理者,起着沟通上下信息的桥梁作用,协调科室内外关系,担负着科室以及所属病房管理和专科护理业务技术的直接指导任务,为提高医院整体护理水平起着重要作用。

根据护理工作任务和特点,以及护士长在基层护理管理工作中扮演的多种角色,不同的专家对护士长的角色模式作了不同的探讨和分析。行政管理学者明兹伯格(Mintzberg)把护士长的工作特性分析、归纳为十种角色、三大类型,即"三元"角色模式,包括人际关系方面、信息传递方面、决策方面三大类十种角色。

(一) 人际关系方面角色

1. 领导者 护士长应具备领导的才能和影响他人的能力。护士长在病房8小时工作,24小时负责,带领并指导下属护理人员共同完成护理工作任务。护士长主持病区各种会议、组织查房,管理病区的教学与研究,负责排班,工作中以身作则,以优良的品格、扎实的理论知识、娴熟的专业技能和高效的管理能力激励护理人员,共同实现护理目标。

2. 联络者 负责建立内、外部联络和沟通网络关系。在工作中与上级领导、医师、其他医务人员、病人及家属、后勤人员等进行有效沟通和协调,努力为护理人员和护理对象创造一个良好的工作环境和治疗休养环境,建立各方面和谐的人际关系(图2-5)。

3. 代表者 在护理行政与业务工作中,护士长代表所属科室参加护理部或院方的各种行政和业务会议、接待来访者、签署法定文件、履行法律、社会性的例行义务。

(二) 信息传递方面角色

1. 监督者 护士长有监督并审核病区各项护理活动与资料的权利。护士长应注意寻求收集各种信息资料;检查护理计划和措施落实情况,各项技术操作、护理质量是否符合标

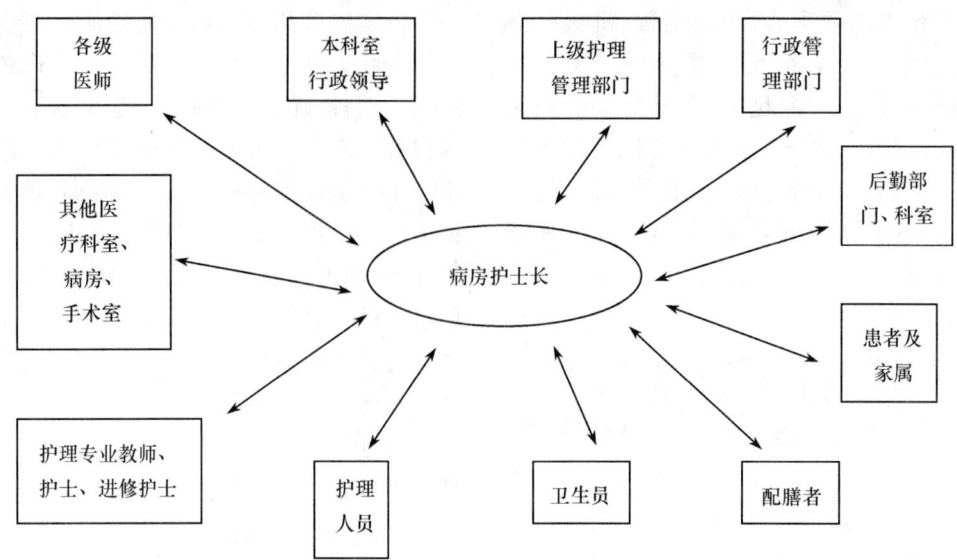

图2-5 病房护士长的沟通联络关系示意图

准;监督规章制度执行情况;维护病区秩序,保证各项工作顺利进行。

2. 代言人 作为病区护、患的代言人,护士长应维护护理人员的合理权益,代表护理人员与其他医务人员协商处理业务工作,与后勤行政部门协商沟通,争取护理人员的权益。同时,代表病人反映其需求,与相关医务人员沟通信息,满足病人的健康需求。

3. 传播者 护士长将从外部人员和上级那里获得信息、文件、命令、有关方针、政策、规章等,向护理人员宣传和传达。同时收集病区各种信息,经整理分析,汇报给相关部门和人员,做到信息准确、渠道畅通。

(三)决策方面的角色

1. 计划者 护士长制定病区有关护理业务计划,如制定年度、季度、月度工作计划,协助护理人员制定、修订护理计划,提出工作改进方案,修改并完善病区有关规章制度、工作程序和细则,明确护理人员岗位职责。

2. 资源调配者 护士长负责病区各类资源的分配,有向护理对象提供足够人力、物力和护理服务的责任。排班时合理选择人员,科学地进行调配,充分发挥人力资源优势;并负责病区各种仪器设备、办公用品的申请、领取与保管、维修与报废等,做好各项工作的准备,保证病区医疗护理工作顺利进行。

3. 协调谈判者 病区接纳的病人具有不同的个性和社会文化背景。病房任何人员之间发生冲突和矛盾,护士长必须帮助矛盾双方协商、劝告、相互理解,达成一致使矛盾化解。护士长必须经常与有关人员和部门进行正式或非正式的协商和谈判,如向上级申请调整护理人员,增添医疗仪器设备,改造病室环境,讨论护理人员的培训计划、福利待遇、医护协作等问题。

4. 变革者 护士长是医院临床第一线的管理者,有着丰富的基层护理管理经验,最能发现护理管理上的问题,对病房护理管理有一定的权威性。在病房护理的服务模式上有较大的自主权,可以大胆变革、创新,提高护理服务质量。

护士长管理角色的完善,对于护理管理改革创新至关重要。护士长要寻求组织内外环境的机会进行变革,制定战略性护理计划,开发新项目,监督某些护理计划或方案的实施,成为有效的管理者。

护士长除承担病房管理工作外,还承担专科护理、教学和科研任务,现代护理理论的学习、推广、应用,新业务、新技术的引进和开展,护理人员的业务训练与提高,护理科研的开展,护理疑难问题的解决等。

三、护理管理者素质要求

现代护理已成为一门独立的应用学科,因而应对医院护理系统中的组织者和管理者提出更高的要求,其关键就是护理管理者的自身素养。

(一) 高度的责任感和事业心

护理管理者在医院所处的地位引人注目，其自身的品质、威信、影响力与整体工作息息相关。因此，护理管理者应从专业思想、工作责任感、荣誉感和事业心等方面在本行业内做出表率，从语言、气质、神态多方面塑造自身的美好形象。护理管理者同时要有奉献精神，在处理各项工作中，应有牺牲个人利益的精神，把整个身心倾注在护理管理工作中，把管理的成效好坏同自己的工作目标结合起来，为护理事业的发展无私奉献。

(二) 业务水平高、技术娴熟

随着护理事业的不断发展，对护理管理者的业务水平要求也越来越高。护理管理者必须不断更新知识，及时掌握国内外护理专业的新动态，准确、果断地处理各种疑难问题，以得到护理人员的信赖和钦佩。

(三) 计划、决策和组织领导的才能

护理管理者应是一个实干家，也就是在工作中能够身体力行起表率作用，更重要的是要有较强的组织领导能力和全局观念。科学的护理管理的实质，就是按照护理工作的规律，从实际出发，对其各个组成部分进行组织、指挥、监督和协调；合理使用人才，充分发挥技术、物质和设备的作用。就护理管理者来说，对本单位护理工作发展方向、近期目标、前景，采取什么措施才能达到目的，应做出切合实际的决断；正确处理好工作安排及信息反馈的关系，有效地分权与授权，明确划分任务、职责范围和相应的权限，不越级指挥，充分发挥科护士长的作用，所有这些均是现代护理管理者才能的综合体现。

(四) 自身素质建设

一个合格的管理者，应该时时处处从提高自身素质入手，树立良好的自我形象。护理管理者素质要求一个很重要的方面，就是要具备良好的心理素质。要从思想、文化、气质、性格、仪表等各方面提高自身的修养，要有很好的人际交往与协调能力，对人诚恳坦率，坚持原则，办事公道。要有实事求是的科学态度及脚踏实地、深入调查研究的工作作风，同时要有管理者的"角色"意识与当好"角色"的自觉要求。

总之，护理管理者应具备高尚的医德、渊博的知识、精湛的技术、敬业的态度、进取的精神和创新意识。同时还要在工作中任劳任怨，认真负责，严谨细致，精益求精，加强学习，不断更新知识，注意自身素质的培养，逐步完善自我，以适应新形势下护理事业发展的需要。

> 1. 护理管理学是将管理学的理论在护理领域中的具体应用，也是现代护理学的分支学科之一。
> 2. 护理管理被世界卫生组织定义为：护理管理是为了提高人们的健康水平，系统地利用护士的潜在能力和其他的有关人员或设备、环境以及社会活动的过程。
> 3. 护理管理的特点包括三方面，即广泛性、实践性、专业性。护理管理的任务包括两方面，一是向服务对象提供最良好的护理；二是研究护理工作特点，形成护理管理模式。
> 4. 护理管理的意义在于保证医院各项工作的有序开展，提高医疗质量，强化护理技术的进一步规范，促进现代护理事业的发展。护理质量的高低取决于护理管理的水平，所以，护理管理是保证、协调、提高护理工作的关键。
> 5. 护理管理的研究方法：①通过理论联系实践，进行调查研究；②通过管理职能进行研究；③运用各学科知识研究；④结合国情进行研究。
> 6. 行政管理学者明兹伯格（Mintzberg）把护士长的工作特性分析，归纳为十种角色、三大类型，即"三元"角色模式，包括人际关系方面、信息传递方面、决策方面三大类十种角色。
> 7. 护理管理者素质要求是：具备高度的责任感和事业心；业务水平高、技术娴熟；具备计划、决策和组织领导的才能；加强自身素质建设，提高自身素质。

小 结

目 标 检 测

一、名词解释

护理管理

二、填充题

1. 护理管理是一门_____，又是一门_____。护理管理是一种有_____、有_____、有_____，并为完成预定的护理目标，在管理者的

带领下,共同_____。
2. 护理管理的任务是_____、_____形成护理管理模式。
3. 护理管理的特点反映在护理管理的_____、_____、_____。
4. 护理工作中参与管理的层次有_____、_____、_____、_____。

三、选择题

A₁型题
1. 护理管理主要指
   A. 是医院管理的组成部分
   B. 是对护理人员的管理
   C. 是以提高护理质量和工作效率为主要目的的活动过程
   D. 是对病人的管理
   E. 是对病区护理的管理
2. 护理管理的任务是向服务对象提供最良好的护理,不包括
   A. 提供心理咨询   B. 开展健康宣教
   C. 实施防病治病   D. 开展康复指导
   E. 提供一流的诊断技术
3. 现代护理的服务对象是
   A. 病人   B. 亚健康人
   C. 老年人   D. 儿童
   E. 人
4. 在研究护理工作特点时,设计不同服务对象的不同服务内容时,还应包括病人的
   A. 住院天数   B. 经费开支
   C. 心理咨询   D. 生活护理
   D. 健康指导
5. 护理管理的广泛性,主要体现在
   A. 内容的多样性和繁杂性
   B. 组织结构的层次性
   C. 对象的广泛性和参与管理的人员众多
   D. 时间的连续性
   E. 病员家属的不同性
6. 关于护理管理的实践性下列哪句不妥
   A. 护士为护理对象提供健康服务就是管理过程
   B. 护理工作时间性强,要按时完成护理服务
   C. 护理工作面广量大,操作技术多,护士常处于劳累状态
   D. 护理工作要保证24小时连续不休,采取日夜轮班制
   E. 护理工作责任性强,护士常处于紧张状态
7. 护理工作职业特点主要是
   A. 工作对象是人
   B. 工作范围是医院
   C. 工作内容是诊治
   D. 工作方式是做医生助手
   E. 工作时间不固定
8. 护理管理强化护理技术的
   A. 责任心   B. 操作性
   C. 规范性   D. 专业性
   E. 统一性
9. 研究护理管理的方法除下列哪项外均可考虑
   A. 通过管理实践加以研究
   B. 通过管理职能加以研究
   C. 用各学科知识进行研究
   D. 结合我国国情进行研究
   E. 结合护士编制进行研究
10. 管理学中协调研究法最重要的是相互之间的
    A. 思想交流   B. 职能交流
    C. 方法交流   D. 技术交流
    E. 角色交流

B型题
   A. 人   B. 财
   C. 物   D. 时间
   E. 信息
1. 现代护理服务对象是
2. 提高工作效率要充分利用

   A. 广泛性   B. 实践性
   C. 专业性   D. 重要性
   E. 规范性
3. 加强护理管理提高护理质量,反映了护理管理的
4. 护理管理对象范围广,参加管理的人员多,反映了护理管理的

X型题
1. 护理管理的目的是
   A. 调动组织内人员的积极性
   B. 发挥每个人的特长
   C. 将每个人的努力朝着完成组织目标的方向推进
   D. 提高护理工作的效率
   E. 提高护理工作的效益
2. 护理管理的范围包括
   A. 医院   B. 社区
   C. 家庭   D. 学校
   E. 企业
3. 护理管理的特点反映在以下几个方面
   A. 护理管理的复杂性
   B. 护理管理的广泛性
   C. 护理管理的时效性
   D. 护理管理的实践性
   E. 护理管理的专业性
4. 护理管理的专业性特别要适应以下几个特点
   A. 专业科学性   B. 专业服务性
   C. 专业技术性   D. 专业指导性
   E. 专业独立性

5. 护理管理水平将直接影响到
   A. 护士社会地位　　B. 社会效益
   C. 医疗质量　　　　D. 经济效益
   E. 医院管理水平
6. 管理学的边缘性要求组织各方面的专家参与,包括
   A. 护理专家　　　　B. 管理专家
   C. 心理专家　　　　D. 经济专家
   E. 教育专家

四、问答题
1. 说出护理管理的定义和任务。
2. 简述护理管理的特点。
3. 结合实际总结护理管理的重要意义。
4. 护理管理的研究方法有哪些?
5. 阐述护士长的角色模式?
6. 讨论护理管理者的素质要求。

第3章 计划职能

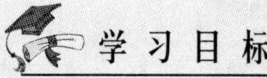

学习目标

1. 解释计划、计划工作的概念
2. 理解计划的意义、种类和形式
3. 简述计划的重要性、计划的基本原则、计划在护理管理中的作用
4. 叙述护理管理中的计划内容、作用
5. 领会计划在护理管理中的意义
6. 在老师指导下，按照计划工作步骤制订一份计划
7. 综合应用计划的步骤及原则制订一份计划方案

有效的计划是人们对未来的筹划和安排。任何组织制定目标后，都必须制定详细的计划。计划是管理的首要职能，管理的过程是从计划职能开始的。目标是组织中各种活动的指南，计划则为各项活动有条不紊地开展起到保证作用。

案例 3-1

医院每年要为护校或高等院校的护生毕业实习提供带教，以帮助完成学历教育。乔其是护理部的总带教，她每年要根据各学校所提出的实习计划，制订实施性计划，并布置落实。

请问：
1. 什么是计划？
2. 计划的意义是什么？
3. 计划有哪些类型和形式？

第1节 概 述

一、计划的概念

计划（plan）指个体或群体组织在工作或行动之前预先拟定的行动方案，包括工作的具体目标、内容、方法和步骤等。计划工作（planning）指制订计划、执行计划和检查计划三个阶段的工作过程。

制订计划是科学性很强的管理活动过程，因为计划工作的职能是根据需要解决的问题，经过科学的预测，权衡客观的需要和主观的可能，提出未来要达到的目标及实现目标的方法或途径。一份完整的计划制定过程，要经过一系列的步骤，包括评估内外环境，明确组织宗旨和任务，建立组织目标，确定可行性方案，确定执行计划的合适人选等。计划工作总是针对某种需要解决的问题和新的任务而制订方案，明显地隐含着管理上的创新精神，因而也是一个创造性的管理活动。

洋为中用——制定计划的"5W1H"

国外管理学家提出制订计划时的"5W1H"，即决定做什么 What，为什么做 Why，何时做 When？何地做 Where？由何人做 Who？怎样做 How？

这六个方面的具体含义如下：

(1) 做什么：要明确计划工作的具体任务和要求，明确每一个时期的中心任务和工作重点。

(2) 为什么做：要明确计划工作的宗旨、目标和战略，并论证可行性。

(3) 何时做：规定计划中各项工作的开始和完成的进度，以便进行有效的控制和对能量及资源进行平衡。

(4) 何地做：规定计划的实施地点或场所，了解计划实施的环境条件和限制，以便合理安排计划实施的空间组织和布局。

(5) 谁去做：即规定由哪个主管部门或人员负责。计划中要明确规定每个阶段由哪个部门负主要责任，哪些部门协助，各阶段交接时，由哪些部门和人员参加鉴定和审核等。

(6) 怎么做：制定实现计划的措施，以及相应的政策和规则，对资源进行合理分配和集中使用，对人力、生产能力进行平衡，对各种派生资源进行综合平衡等。

计划工作是管理过程最基本的职能，也是管理的最重要的活动，这种重要性一方面指计划工作在时间顺序上是处于管理职能的始发

位置上的;另一方面指计划工作对整个管理活动过程及其结果均施加影响。计划工作的含义有广义和狭义两种。广义的计划工作指制定计划、实施计划以及检查评价计划三个阶段的工作过程,它贯穿于管理工作的始终。狭义的计划工作仅指制定计划的活动过程。

二、计划工作的意义

计划工作对组织活动具有直接的指导意义。科学周密的计划可使工作事半功倍,反之则事倍功半、劳民伤财,或得不偿失。计划工作的意义如下:

(一)有利于实现组织目标

计划工作是人们针对组织目标以及实现目标的途径做出的事先安排,由此可以明确组织的发展方向,从而使行动朝着目标进行。护理工作繁杂琐碎,但所解决的每一个具体问题都与组织目标相联系。周密细致的计划可以将工作统筹安排,使工作运转井然有序,有利于实现组织目标。护理管理者工作如缺乏计划性,任由工作"推着走",就会出现行动盲目、工作杂乱、无序而偏离组织目标的现象。

(二)有利于应对突发事件,减少变化带来的失误

计划工作是面向未来的,而环境在解决问题过程中经常会不断地发生变化,具有不确定性。计划工作就在于如何适应或正确解决变化所产生的问题,达到预定的目标。虽然计划无法消除未来的不确定性和环境的变化性,但通过计划过程,可以预测未来的可能变化,以及各种变化对组织的相应影响,并制定出适应变化的最佳方案,评估各种变化所造成的结果,以弥补变化可能对目标造成的影响。例如,国家制定的"国家突发公共卫生事件应急预案"在出现突发紧急情况时,有关部门即可迅速启动程序,有效应对突发事件,避免慌乱无序,造成组织重大损失。

(三)有利于提高管理过程的效率和效益

计划工作强调效率,用尽可能少的投入实现既定目标。计划所提供的工作目标及达到目标的最佳途径,可以帮助组织成员加强合作和协调,避免无序行为发生,减少人、财、物的重复或多余的投入,从而提高了工作的效率和效益。例如,科学合理的护理分工,可使各级护理人员职责明确,充分发挥作用,并为病人提供优质护理。

(四)有利于纠正偏差,控制工作方向

计划工作为组织活动制定的目标、指标、步骤、进度、预期成果,是管理控制活动的标准和依据,计划是控制的基础,而管理中的控制目的就是纠正行动中脱离计划的偏差行为,促使行动向既定方向进行。所以计划有利于控制,控制是实现计划的保证,二者在管理活动中互相制约、互相促进,使组织活动得以顺利进行。

(五)有利于为管理活动奠定坚实基础

计划工作是管理的首要职能,是管理活动的基础和前提条件。计划制定后,管理者就可以开展组织、领导和控制活动,从而达到预定目标。正如美国管理学家哈罗德·孔茨所认为:"计划工作是一座桥梁,它把我们所处的这岸与我们要去的对岸连接起来,以克服这一天堑。"孔茨以下图(图3-1)来说明计划职能与组织、用人、领导、控制等职能的关系,说明计划是管理的基础。

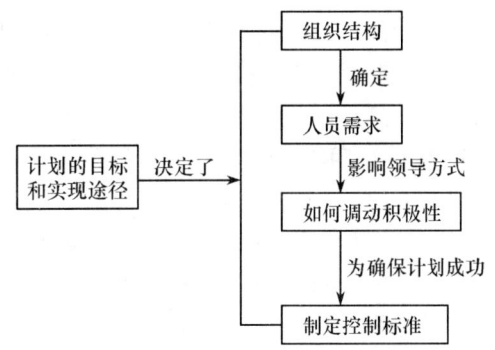

图3-1 计划是管理的基础

(六)有利于为组织成员提供努力方向

计划工作可以通过所确立的组织目标,帮助组织中的成员了解组织的未来发展方向,及其个人在实现组织目标过程中所承担的角色和工作内容,从而促进组织各成员间的沟通、

协调、合作,以及团队精神的发扬。

> **哈罗德·孔茨简介**
>
> 哈罗德·孔茨(Harold Koontz,1908—1984)是美国当代最著名的管理学家之一,是西方管理思想发展史上管理过程学派最重要的代表人物。孔茨担任过企业和政府的高级管理人员、大学教授、公司董事长和管理顾问,给世界各国高层次管理集团人员讲课。他独自或参与撰写19部专著。孔茨教授曾获以下荣誉:当选为美国管理科学院和国际管理科学院院士,并担任一届管理科学院院长,1974年获美国管理促进协会最高奖赏——"泰罗金钥匙"。此外,他被收入《美国名人录》、《金融和产业界名人录》和《全世界名人录》。他着力推广了根据管理职能对管理知识的分类,现在这种分类成为世界各国使用的一种结构体系。

三、计划的种类和形式

计划可以按照各种不同标准加以分类,现简介如下。

(一)计划的种类

计划工作是人类活动的一种形态,无论国家、企业、家庭、个人的活动都离不开计划。由于人类活动的复杂性和多元性,计划的种类也变得十分复杂和多样,从不同的角度可以对计划做出不同的分类。哈罗德·孔茨指出:"只要记住,计划包含有将来任何的行为过程,我们就能认识到计划的多样性。"

1. 按计划期限分类 可将计划分为长期计划、中期计划和短期计划。

(1)长期计划(long-term plan):一般指期限5年以上的计划,它规定在这段较长时间内组织以及组织各部分从事的活动应该达到什么样的状态和目标。长期计划是组织发展的蓝图,对组织具有战略性、纲领性的指导意义。其特点表现为:通常由高层管理者制定;具有战略性,涉及重大的方针、政策、策略;不确定因素较多;时间跨度长;以问题为中心。如医院发展的五年规划、护理人员队伍建设的长期规划等。

(2)中期计划(medium-term plan):一般指3~5年的组织计划。它是根据长期计划提出的阶段性目标和要求,并结合计划期内的实际情况和预测到的具体条件变化进行编制。它既赋予长期计划具体内容,又为短期计划指明了方向,具有衔接长期计划和短期计划的作用。其特点表现为:由中层管理人员制定;具有战役性;时间跨度较长;内容较详细,以时间为中心。

(3)短期计划(short-term plan):短期内需完成的具体工作部署,时间一般为1年或1年以内。短期计划比中期计划更为详细具体,能够满足具体实施的需要,短期计划与组织中每个成员都密切相关,它的实施是实现组织整体目标和战略计划的基础。其特点表现为:由基层或操作层管理人员制定;一般针对具体的工作任务或问题,具有战术性;时间安排短;内容详细、单纯;以任务为中心。

2. 按计划的层次分类 即根据计划对组织影响范围和程度不同,可分为战略性计划和战术性计划。

(1)战略性计划(strategic plan):是确立组织主要目标、采取行动并合理配置实现目标所需资源的一种总体规划。它是一种方向性决策,是一种受环境约束性决策。一般由组织的高层管理者制定,是关于组织长期利益最大化的决策。其基本特点为:计划所包含的时间跨度长,涉及范围宽广;计划内容抽象、概括;并且一旦实施,不易更改。因此,战略计划的制定者必须有较高的风险意识,能在不确定中选定组织未来的行动目标和发展方向。

(2)战术性计划(tactical plan):是为实现战略计划而采取的手段,比战略计划具有更大的灵活性;是针对具体工作问题,在小范围和较短时间内实施的计划。战术性计划是战略性计划的一部分,服从于战略计划,为实现战略目标服务,一般由中层管理者制定。其主要特点是:计划所涉及的时间跨度比较短,覆盖的范围也较窄;计划内容具体、明确,具有可操作性;计划的任务主要是规定如何在已知条件下,实现根据总体目标分解而出的具体行动目标,战术性计划的风险程度也远比战略性计划低。

3. 按计划的覆盖面分类 可分为整体计划和局部计划。

(1)整体计划(unitary plan):指一个组织

和系统对所有一切工作的总体设计,整体计划的范围随该组织或系统所从事工作的广度、深度及涉及的项目多少而有所不同。如整个医院的年度发展计划。

（2）局部计划(partial plan)：指为完成某个局部领域或某项具体工作而制定的计划,是整体计划的子计划。如护理部的年度发展计划,各病房的年度护理计划。

整体计划与局部计划相互配合,整体计划为局部计划规定了方向、原则、范围及重点,而局部计划是整体计划在各个部门、各种任务、各项指标上的具体化。

4. 按计划的约束程度分类 可分为指令性计划和指导性计划。

（1）指令性计划(mandatory plan)：由上级主管部门制定,以指令形式下达给执行单位,除了规定出计划的方法和步骤外,还要求严格遵守执行的、具有强制性的计划,如政策、法规。

（2）指导性计划(guidance plan)：由上级管理部门下达给下级执行单位,需要以宣传教育以及经济调节等手段来引导其执行的计划。指导性计划一般只规定需要完成任务的方向、目标及指标,而对完成任务的方法、步骤不做硬性、具体的规定,如病房护理人员业务学习计划。

(二) 计划的形式

哈罗德·孔茨按照计划的不同的表现形式,把计划分为宗旨、目的或任务、目标、策略、政策、程序与规则、规划或方案以及预算等的形式(计划的层次体系见图3-2)。现介绍如下：

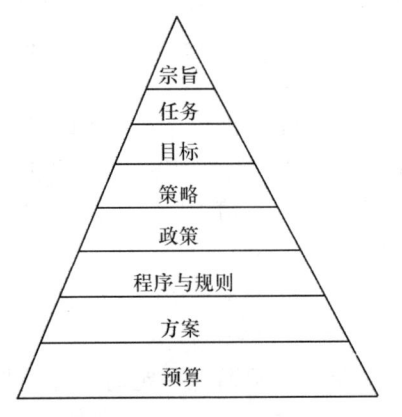

图3-2 计划的层次体系

1. 宗旨(philosophy) 是社会赋予一个组织的基本职能及使命。具体来讲,宗旨是组织或系统对其信仰、价值观的表述,它回答一个组织是干什么的和应该干什么的问题。每个组织都必须有明确的宗旨,组织内每个管理层次都应该在正确理解宗旨的基础上进行自己的工作,并注意将组织宗旨灌输到每一位成员的头脑中去,贯彻到计划的制定、执行、评价过程中去。护理工作的宗旨应涵盖护理活动、病人、护士三个方面。明确组织宗旨,是发展具体计划的前提条件。

2. 目的或任务(purpose or task) 目的是组织的作用,是社会赋予一个组织的基本职能具体反映,一个组织应该具有一个或一个以上的目的或任务。如医院的任务是"治病救人"；护士的任务是帮助人们"保持健康、预防疾病、减轻痛苦、促进康复"。这是所有国家护理组织都应该遵循的任务,并要根据各国、各地区的具体情况制定出符合实际的可行性目标。

3. 目标(objective) 是在宗旨、任务指导下,整个组织活动要达到的可测量的、具体的成果。目标是任何一项组织活动的最终结果,组织中各个管理层次都应该建立自己的目标,并且必须要使各层次目标和组织高层目标相一致。同时,成功的组织目标应尽量具体化、定量化、具有切实可行、便于评价的特点,否则,组织目标是不可能实现的。例如"本年度医院护理人员考核合格率≥95%,五种表格书写合格率≥95%"等。

4. 策略(strategy) 是为实现组织目标而采取的对策,是实现目标的总体行为过程、工作部署以及人力、物力、财力、时间、信息等资源的安排。其重要意义在于可以避免资源浪费,指出统一方向,从而完成组织全部目标。例如,医院在发展中采用有效的策略,聘请知名医学专家、学术带头人,重点发展优势专科,开展特色服务；护理部通过加强护士长的培训,来提高医院的护理管理水平等。

5. 政策(policy) 是组织在决策和处理问题时,用来指导和沟通思想和行为的明文规定。政策指明了组织活动的方向和范围,鼓励什么,限制什么,目的是保证行动目标的一致性。政策不仅限于国家规定,各级组织中均可制定执行决策时所应遵循的原则和方针。同时在不违反政策的前提下，允许在某些范围内，组织成员具有自由处理问题的决策权。如奖金分配政策、专业技术职称晋升政策等。

6. 程序（procedure） 是根据时间顺序而确定的一系列相互关联的活动，是处理重复发生的例行问题的标准方法。程序是行动的指南，而不是思想的指南。政策和程序都含有规定的性质，但程序规定的是办事细则，是执行政策的具体实施方法。一般来讲，越是基层，所规定的程序也就越详细，数量也就越多，如护理程序规定了在护理病人时解决问题的具体步骤。

7. 规则（rule） 是根据具体情况采取或不采取某个特定行动的要求，是一种最简单的计划。规则可被作为要求员工为实现计划而努力的行为规范。规则容易和政策、程序混淆，规则与政策的区别在于政策在决策时具有自由处置权，而规则在应用中不具有自由处置权，例如各项护理常规、消毒隔离制度等。规则与程序的区别在于规则指导实际，不规定时间顺序，如医院墙上挂"禁止吸烟"、"不要大声喧哗"等标示牌，就属于规则。规则是一种管理手段，制定相应的规则是必要的。但就其本质而言，过多的规则容易出现抑制思考、照章办事，因此，应将规则减少到最低限度。

8. 规划或方案（plan） 是为实施既定方针而做的一个综合性计划，包括宗旨、目标、政策、程序、规则任务分配、执行步骤、使用资源以及所需的其他因素。规划一般是粗线条的、纲要性的。规划有大有小，许多大的规划都需要有许多派生出来的小的规划来支持，小的规划设计不当或设计失误，最终会影响主要规划的完成，甚至会造成不必要的浪费和利润损失。例如护理部制定的护理人员继续教育三年发展规划，其中就派生了各层次护理人员不同类型的培训计划。

9. 预算（budget） 是组织在一定期限内（通常为一年）将所预期的收入和所计划的支出用数据形式表示出来的报告书，是用数字表示预期结果的一份报表。预算可以称为一份"数字化"的计划，这种数字形式有助于更准确地执行计划，它可以用财务术语或其他计量单位来表示。预算的主要作用就是帮助组织的高层和各级主管人员从数字角度，更全面、更细致地了解组织经营管理活动的规模、重点和预期成果。另外，预算也是一种控制方法，是实施控制职能的主要依据。护理管理者也需要参与预算的制定，例如护理预算中有年度预算、季度预算及月预算等。

案例 3-2

乔其根据不同层次的学生群体，根据实习计划和医院的实际情况，开始制订实施性计划。请问如何能制订一份完整的计划呢？
1. 制订计划的步骤有哪些？
2. 制订计划的原则有哪些？
3. 制订计划的方法有哪些？

第 2 节 计划的步骤、原则与方法

任何科学、合理、完整的计划工作都需要遵循相近的步骤、原则、方法，基本上都包括分析形式、确定目标、确定前提条件、发展可选方案、比较各种方案、选定方案、制定辅助计划、编制预算等（图 3-3）。

一、计划工作的步骤

（一）分析形势

对系统或组织现存形势的分析和估量是计划工作的起点。应将组织、部门置于更大的系统中，用动态的观点，考察环境、对手以及组织自身随时间的变化，通过适当的社会调查，获取一定的背景材料，重点作下列项目的评估：①社会需求；②社会竞争；③组织的资源情况；④服务对象的需求；⑤组织的利弊条件。例如，医院护理部门计划开设家庭护理服务项目时，首先应该评估下列内容：社会对家庭护理的需求；医院所处社区对家庭护理的需求；医院开展家庭护理服务的人力、物力资源情况；及其他医院开展家庭护理的信息资料。

（二）确定目标

目标指组织预期在一定时间内所要达到的效果，是未来的行动方向和动力源泉。通常在确定总目标后，各部门按照总目标拟定分目

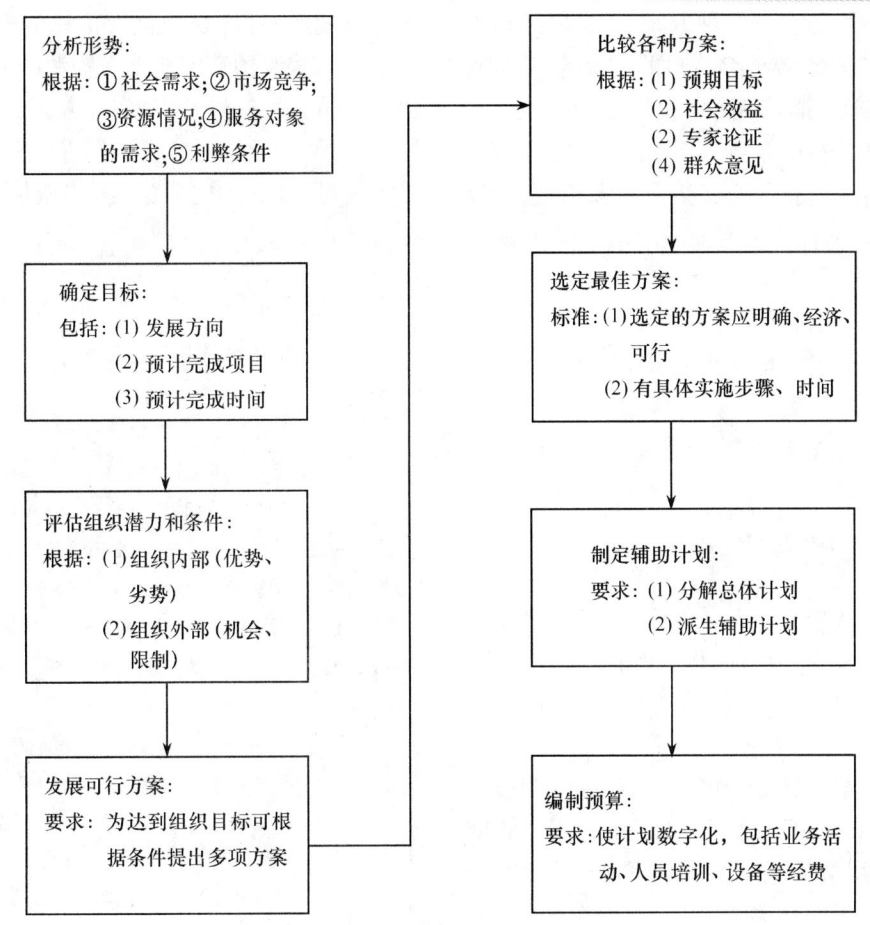

图 3-3 计划过程的步骤

标,各部门的分目标又控制其基层下属单位的目标。通过层层控制,可有效地把握全体员工努力的方向。

明确的目标应包括时间、空间、数量三方面内容:①目标的优先次序;②完成目标的时间安排;③目标的结构。另外,目标的陈述必须清晰准确,具有可操作性,否则计划编制后无法执行、检查和评价。例如:某三级医院一年内达到50%病人按护理程序进行整体护理,既有达到目标的时间,又有可衡量成果的标准。

(三) 评估组织现有的潜力和条件

正确的决策必须在组织目标、外部环境和内部条件三者之间取得动态的平衡。只有对组织现有内、外条件拥有充分、客观的认识,才能结合组织目标制定出切实可行的计划。因此,管理人员制定计划前,必须对组织内人力资源、设备物资资源、物理环境、人际关系、与相关部门的关系等进行彻底的评估,目前常用"SWOT"分析法。

"SWOT"分析法

S(strengths)是指组织内部的优势。

W(weaknesses)是指组织内部的劣势。

O(opportunities)是源于组织外部可能存在的机遇。

T(treats)是指来源于组织外部可能的威胁或不利影响。

SWOT分析法是在对组织自身的优势和劣势,以及外部环境的机会和威胁的动态分析中,确定相应的生存发展战略。

例如,护理部计划开设家庭护理服务项目,经评估:S——人力资源可得到保证,有一批经验丰富的护理人员;W——家庭护理中心场所的落实有一定难度;O——可向上级部门申请一定的经费支持;T——医院所处城市开展家庭护理的机构比较多。

(四) 发展可行方案

实现某一目标的途径是多样化的,完成某

一项任务不可能只有一种方案,每一项行动均有异途存在,这叫做异途原理。"条条道路通罗马"、"殊途同归",就是说明了这一原理。这就要求在分析的基础上,拟定尽可能多的方案。通常可供选择的方案数量越多,对选中方案的相对满意程度就越高。因此,要发扬民主,充分利用组织内外的专家,产生尽可能多的、有利于组织目标实现的方案。

发展可选方案应考虑到:①与组织目标的相关程度;②可预测的投入与效益之比;③公众的接受程度;④下属的接受程度;⑤时间因素。

(五) 比较各种方案

确定了各种可供选择的方案之后,要根据计划的前提条件和目标,将所有备选方案进行分析、比较,评价各方案的优缺点,并按优先次序进行排列。

排列方案的优先次序应根据:①所期望的社会效益;②是否符合政策规定;③公众的准备程度;④社会关系的有关因素;⑤时间安排的可行性。

(六) 选定方案

选定方案是计划工作的关键,也是决策的实质性阶段——抉择阶段。计划工作的前几步都是在为方案的选择打基础,都是为这一步服务的。通常主管人员对各种备选方案进行分析讨论后,选择出具有明确、经济、可行特点的方案。有时,经过评估会发现一个最佳方案,但更多的时候可能有两个或更多的方案是合适的,这时主管人员必须确定一个优先选择的方案,然后将另外的方案进行细化、完善,以作为备选方案。

(七) 制定辅助计划

基本方案选定后,一般要有派生计划以辅助和扶持该方案的执行,即在总计划下的分计划。例如,建立家庭护理服务的总计划中,培训家庭护理专业人才计划、护理设备添置计划等均属辅助计划。

(八) 编制预算

预算是数字化的计划。通过分析、比较、选定方案后,将计划转化为预算的形式,使之数字化。编制预算实质上是资源的分配计划,包括人员、设备、经费、时间等方面的内容。通过编制预算,组织对各类计划进行汇总和综合平衡,控制计划的完成进度,才能保证计划目标的实现。

> **计划步骤示例:正常产妇的出院护理计划**
>
> 1. 宗旨　保持和促进正常产妇身心愉悦地度过围生期、哺乳期。
> 2. 设定目标　做好正常产妇的出院计划。
> 3. 进行有关环境因素的预测　正常产妇出院时,可能会面临有关问题,如正常产妇的自我照护、饮食的选择、乳房的护理、新生儿的护理等问题。
> 4. 评估本身资源条件　产妇正常分娩后进入病房,就开始实施自我护理的健康教育,提供乳房护理、会阴护理、新生儿的喂养等方面的知识。
> 5. 制订各种可行方案　参考护理教科书及护理质量管理的有关规定,制定出可行的方案。方案可以定成条文、描述性文字、表格以及核对表等多种形式。
> 6. 比较各种方案　对各种可行方案的优缺点进行充分分析讨论。
> 7. 选定某一计划方案　以表格及核对表方式的出院计划较为理想,被选定运用。
> 8. 制定辅助计划　如正常产妇出院健康教育项目、护士健康教育能力的培训、有关表格的印制等。

二、计划工作的原则

计划工作有很强的针对性,是在一定的内外环境条件下和一定的时间内,针对某一具体情况所做出的实施方案。尽管计划工作的性质不同,内容各异,但计划工作要起作用,必须遵循以下原则:

1. 目标原则　目标原则是计划工作的首要原则。计划工作必须自始至终坚持以正确的目标为指向,紧紧围绕组织目标开展各项活动,以保证组织目标的实现。目标原则要求:计划工作必须以正确的目标为起点;各种派生和辅助计划应紧密围绕主体计划目标;计划实施过程围绕目标作好反馈控制,从目标出发协调各方面关系。

2. 整体原则 整体原则要求计划工作要从整体效益出发,局部服从全局,眼前利益服从长远利益,以国家和集体利益为重,兼顾国家、集体和个人三者利益。

3. 重点原则 计划的制定既要考虑全局,又要分清主次和轻重缓急,抓住关键及重点,解决好影响全局的问题。在确定重点时,必须以对各种因素的全面分析论证为基础,遵循一定的科学方法,避免主观性及随意性,使所确定的重点真正反映客观实际。同时应注意重点是随时间、地点、内外环境条件的变化而变化的,必须根据变化了的条件及时进行调整。

4. 连锁原则 组织目标的实现有赖于系统整体的最优化组合,而组织系统最优化的关键在于系统内部结构的有序、合理及协调。在计划中,要考虑各项活动的相互关系及连锁反应。由于这种连锁反应,往往牵一发而动全局的情况。因此,在制定计划时,要协调各个构成部分间相互关系,使组织中的不利因素和有利因素、内部条件和外部条件得到全盘考虑和统筹安排,以便有效地利用组织的各种资源,提高组织的各项效益。

5. 发展原则 计划是对未来的设想及行动方案,其本身具有前瞻性的特征。所以在制定计划时要充分预见未来的发展,并把未来的发展和组织活动的目标前景充分反映在计划之中。因此,既要敢于正视和顺应客观形势的发展,充分发挥人的能动性、创造性,对自己提出高标准,又要充分考虑到内、外条件的限制,对可实现的目标和发展水平作出合理的估计。即"既先进又合理"。

6. 弹性原则 计划工作中,尽管人们可以用各种科学方法对未来的发展作出预测,以指导计划的制定。但事物的发展变化特点是人难于准确预测的,有时也会出现一些偶然及突发事件。因此,在制定计划时必须保持必要的弹性,留有适当的余地。弹性的大小应视具体计划及相关因素的情况而定。对预测较精确、经验较多、突发事件发生的可能性较小的项目,所留弹性可小些;对难以精确预测、未来不肯定因素较多,而且缺乏经验的项目,弹性应大一些。坚持弹性原则的目的是留有可调节的余地,以预防和减少未来不确定因素对计划实施可能造成的冲击及困难,确保计划目标的实现。

三、计划工作的方法

计划的方法是指在制定计划的过程中,为使计划尽可能科学、合理、完善而采取的一系列技术性办法。在计划工作的不同阶段,采取不同的方法,例如在搜集和处理资料时常用到现状调查法、历史比较法和未来预测法;在确定计划时用了优选抉择法等。其他如线性规则、概率论等数学、计算机科学的成果也在计划工作中得到大量应用。下面简介几种。

1. 现状调查法 是制定计划的前提、出发点。现状调查法要求先列出调查的纲目,按照调查纲目进行有计划的调查,周密地掌握对象系统内部结构和外部关系的现状和作用。现状调查法必须保证调查情况的真实、具体、全面,并要求对调查所得的材料进行认真分析、综合研究,从而达到对事情现状的综合、本质的深刻了解,才能为制定计划提供可靠的依据。

2. 历史比较法 历史比较法就是把同类问题在不同时期、不同地区、单位中所呈现的不同结果作分析研究,总结历史经验教训,掌握客观规律,并用来指导计划的制定。简单地说,指计划既要根据现状,又要借鉴历史。做好历史比较,不仅要全面收集历史文献资料,还要邀请知情人进行座谈或个别采访。

3. 未来预测法 计划立足于现实,但计划的实施需要一个过程。因此,按照客观规律预测其发展的趋势和可能出现的情况,是制定计划的一个重要根据。进行未来预测要根据对象的特性和要求选择具体的预测方法,以提高预测的最大可靠性及最高准确度。

4. 综合平衡法 是从计划全局出发,对计划的各个构成部分进行全面的平衡。综合平衡法把任何一项计划都看作是一个系统,不去追求局部的、片面的、单指标的最优化,而要追求系统整体的最优化。

5. 优选决策法 计划的制定者依据严谨的逻辑和严格的程序,运用数学分析和技术经济分析的方法,并从社会学的角度,对各种可行的计划方案做出全面、科学的论证与评价,最后按照整体优化原则,从中选择一种最佳方

案或将几种方案的优点重新组合成一种新的方案,作为最终的执行计划。

案例3-3

医院病房里住着不同病种的病人,不仅要满足病人的治疗护理,还要满足病人的心理护理,并随时要应变病情突发者的抢救配合等,所以每天的护理工作就要加强计划性,保证护理工作有秩序。

请问:
1. 护理管理中计划的作用是什么?
2. 护理管理中计划的内容有哪些?
3. 护理管理中各层次的计划范围有哪些?
4. 护理管理计划的标准是什么?

第3节 护理管理中的计划过程

护理工作的特点决定了护理管理工作的突变性及繁琐性,如果没有详细、周密、全面的工作计划,护理工作可能会出现杂乱无序的现象。因此,护理管理者只有通过制定全面而详细的工作计划,才能保证护理组织目标的实施,达到为服务对象提供高质量护理服务的目标。

一、计划在护理管理中的作用

(一)有利于减少改革或变化带来的问题

计划虽然无法消除环境的变动,但可以预期未来的可能变动,对各种可能的变动作出适当的反应,而且对各种反应的可能性结果作出评估。由于护理专业的不断发展,护理学理论及科研的不断发展和完善,以及公众对健康需求的不断增加,医学护理模式的转变,护理工作范畴的扩大和护理人员角色的增多等,要求护理管理者充分考虑、作好计划以应对变化可能带来的问题,使本单位的护理工作更加完善。

(二)有利于合理使用有限的资源

计划可以促使护理工作科学、合理、有序地协调进行,可以最大限度地合理使用人力、物力、财力等资源,从而减少护理活动中不必要的浪费及重复。如制定病房物资、被服、仪器、设备等的领取、使用、保管、维护计划,可以减少不必要的物资损耗。

(三)有利于评价、控制及提高护理质量

合理、完善的计划为护理管理者提供了控制及评价护理质量的具体可行的标准及依据,使管理者能够有章可循、有据可查,工作起来前后照应,得心应手,使护理质量的控制做到量化、标准化、客观化。

(四)有利于减少护理事故的发生

科学而具体的护理管理计划,使护理工作从人员安排到仪器设备分配等方面都能够正常有序地进行,从而减少由于忙乱、无序而出现的护理差错事故,即提高了护理工作的安全性,又减轻了病人的痛苦,保证了病人生命的安全。

二、护理管理中的计划内容

护理管理中的计划内容包括三方面:人员计划、服务计划和预算计划。

(一)护理人员计划

护理人员的选择、使用、晋升以及培养方面的计划,包括以下几个方面:

1. 护理人员的选用、晋升及培养 为实现组织目标,护理管理者首先要明确本单位所需要的护理人员数量和类型。其次要对现有的护理人力资源状况进行考察,预测出人力资源的短缺程度或者超员情况,制定出满足未来人力资源需要的行动方案,包括具体招聘、解聘和甄选护理人员的行动方案。再次,由于现代护理理论及实践技能的不断更新发展,护理人员需要不断地学习,继续教育计划也将是人员计划中一个重要内容。另外,护理人员的晋升计划也属于人员计划的内容之一,具体应包括晋升的等级、原则、要求、具体标准等方面的内容。

2. 护理人员的编配及分工计划 护理部的计划包括各病区人员的管理体制、数目、类型、素质、能力要求、编制预算等方面的计划。病区的人员计划包括护士的分工与排班等。

这些计划均有相应的部门制定,但是上级部门对下级部门计划有监督、审核、指导、修正的权力。

3. 护理人员的考核、评价及奖惩计划 考核是从管理角度控制护理质量的方法。护理人员考核包括对护理人员的业务理论水平、操作技能、工作表现、素质以及能力等方面的综合考察及评价,是晋升及奖惩的依据。考核的基础是制定切实可行的考核计划,包括考核的对象、时间间隔、内容、方式、地点、费用等方面的详细计划。在考核的基础上,要制定与之配套的奖惩计划,明确规定奖惩的对象、方法、内容、手段、条件等。

(二) 护理服务计划

护理服务计划是护理管理计划的重要组成部分,包括以下内容:

1. 完善及提高服务质量计划 包括提高服务质量的目标、提高服务质量的具体措施、如何评价服务质量等。

2. 物资规划及减少资源浪费计划 包括需要的各种护理物品的计划、统筹及安排;如何通过提高护理质量,减少病人的住院天数;如何减少护理人力以及物力资源的浪费等。

3. 病人的管理及陪护的管理 包括病人、陪护的管理制度、方法等。

4. 成本及效益等方面的计划 护理总成本包括直接成本和间接成本。直接成本如护理人员工资、药品费、卫生材料费等;间接成本如行政管理、设备器材、考核、排班及护理人员教育与训练等。例如计算护士平均每小时的护理人力成本,可根据测定各项护理活动或护理工作所需的时间,计算各项护理活动的人力成本费用等。注意在衡量效益时,要结合护理实际,目的是探讨成本与效益之间的比例关系,进而达到既提高护理服务质量,又减少护理成本的目的。

(三) 预算计划

1. 人力预算 人力预算要考虑床位的分配、病人疾病性质、医院的评定标准、护理人员的数量、教育程度、职称、素质及能力、人力费用、人员流动及流失的情况等。在人员预算时要注意计算护理中的直接及间接服务时间,护理人员所付出服务的体力含量及知识含量等。

2. 物资消费预算 包括需要的物资品种、数量、功能要求、消耗程度、折旧等。如果一个病房的护士长要考虑购置一台呼吸机,在进行预算时就需要充分考虑呼吸机使用的时间、折旧率、对功能方面是否有特殊的要求、价格如何等。

3. 日常的护理运转预算 一般包括护理工作中日常使用的医疗护理器械的维修、保养等方面的费用。

三、护理管理各层次的计划范围

在护理管理中,根据管理的级别可以分为高层护理管理者、中层护理管理者和基层护理管理者,她们制定的计划范围是有区别的。

(一) 高层管理

高层管理指护理部主任层次的管理,主要根据医疗卫生部门的纲领来制定护理部的长远计划、总体工作方针政策,以及提高医院护理质量的总体规划等。

(二) 中层管理

中层管理指科护士长或总护士长层次的管理,主要是根据上级部门的计划要求,以及本部门的实际情况,制定本部门的计划,大多涉及一些具体工作程序及相关制度的制订。

(三) 基层管理

基层管理指护士长层次的管理,主要是制定具体活动安排,如每日的工作计划、日程安排、应急问题的处理及病人护理工作的安排等。

四、护理管理计划的标准

护理管理的计划工作应注意以下几点:

(1) 明确地阐明计划的目的及目标。

(2) 以整个医疗护理组织的宗旨、政策、程序、目标为计划指南。

(3) 计划的先后次序要符合逻辑、排序合理、主次分明。

(4) 要根据现有的人力、物力、财力及其他情况,设计出切实可行的行动方案。

良好的护理管理计划,可以减少资源浪费,提高工作效率,保证护理目标的落实。

护理工作关系到人类生命的健康和安全,为了减少工作中的差错及失误,有效地利用各种资源,各级护理管理人员必须做好计划工作,从而保证护理工作高效率、高质量地运行。

第4节 决策(选学)

决策(decision-making)是管理的核心,在管理活动中具有重要的地位和作用,正如著名学者西蒙所说,"管理就是决策"。科学的决策起着避免盲目性和减少风险的导向作用,管理者要按照科学的程序和方法进行决策,以达到决策的正确性。护理管理者们在制定计划、管理病房、组织开展工作、分配和训练护理人员等各项活动中,都需要决策。

一、决策的概念及特点

决策是人们为达到某一目的,运用科学的理论和方法,系统地分清主、客观条件,提出各种可行方案,从中选择最佳方案并实施活动的过程。决策是计划工作中的步骤,也是解决问题的核心。但决策并不只限于计划职能,在管理的各项职能中,几乎都会遇到决策问题。决策管理学派的代表人物赫伯特·西蒙认为"决策贯穿于管理的全过程"。

决策有以下4个特点:

1. 目标性 决策是为实现组织的某一目标而开展的管理活动,没有目标或目标不明确,就不可能做出正确的决策,决策就失去了意义。因此,需要解决的问题应该确定,目标需要明确,并尽可能量化,围绕此目标提出多种方案,并最终选择出最佳方案。

2. 选择性 是决策最显著的特点之一,是在两个或两个以上的可行方案中选择最佳方案。没有比较和选优,不可能实现决策的科学化。因此,对各种方案优劣的判断和最终方案的选择,需要决策者具有很强的判断和决策能力。

3. 风险性 决策面临着多种可行方案,每个方案都具有独特的优点,同时也隐含着缺陷,任何备选方案都是在预测未来的基础上制定的,客观事物的变化受多种因素的影响,加之人们的认识可能存在一定的局限性,所以选定的方案也会带有某种不确定性,即风险性。这一特点要求决策者不仅要有较高的决策水平,还要有敢冒风险的胆略。

4. 非零起点性 任何一项决策,都是在过去的工作基础上进行的,某些决策是对已执行过决策的延伸,另一些则可能是对已执行过决策的修正。因此,决策不可能是在与过去完全无关的状态下进行,即决策者带有"非零起点性"的特点。此特点要求决策者在决策中必须从现实出发,充分考虑组织过去的决策对当前决策的影响。

二、决策的类型

决策按划分依据的不同,有多种类型(图3-4)。

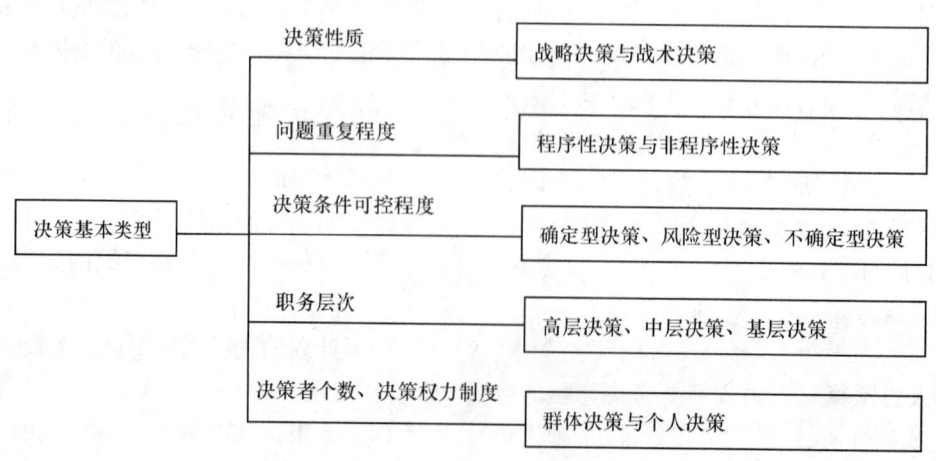

图3-4 决策基本类型图

（一）按决策的性质分为战略决策与战术决策

战略决策与战术决策属于一个完整的决策体系中的不同层次。从决策调整的对象和涉及的时限、作用影响来看，可以分为以下几点：

1. 从调整对象看 战略决策调整组织的活动方向和内容，解决"干什么"的问题，是根本性决策；战术决策调整在既定方向和内容下的活动方式，解决"如何干"的问题，是执行性决策。

2. 从涉及的时间范围来看 战略决策面对未来较长一段时期内的活动，具有长远性；而战术决策则是具体部门在未来较短时期内的行动方案。战略决策是战术决策的依据，战术决策是在其指导下制定的，是战略决策的落实。

3. 从作用和影响上看 战略决策的实施效果影响组织的效益和发展；战术决策的实施效果则主要影响组织的效率与生存。

（二）按决策所涉及的问题分为程序性决策与非程序性决策

组织中的问题可被分为两类：一类是例行问题，另一类是例外问题。例行问题指那些重复出现的、日常管理问题；例外问题则指那些偶然发生的、新颖的、性质和结构不明的、具有重大影响的问题。

1. 程序性决策 是对管理中经常重复出现的问题即例行问题，按预先规定的程序、处理方法和标准来处理的决策。程序性决策通常用于解决一般性问题，组织中大约有80%的决策可以成为程序性决策。如日常护理管理中有关病室管理、病人陪护、护理制度执行等问题，护理管理者就可按既定的程序、模式和标准进行决策。越是基层管理者，程序性决策所占的比例越大。

2. 非程序性决策 是为解决不经常重复出现的、例外问题所进行的决策，是一次性的决策。如对护理中突发事件的处理，由于非程序性决策无先例可循，它的决策主要依靠决策者的经验、学识和创造力等因素。

（三）按决策条件的可控程度分为确定型决策、风险型决策和不确定型决策

1. 确定型决策 指在稳定、可控条件下进行的决策。在确定型决策中，决策者确切知道自然状态的发生，每个方案只有一个确定的结果，最终选择哪个方案取决于对各个方案结果的比较。

2. 风险型决策 又称随机型决策，决策者不能肯定决策将来出现的结果，但对其出现的概率可以预先做出估计或计算，根据概率选择方案。

3. 不确定型决策 指在不稳定条件下进行的决策。在不确定型决策中，决策者对决策问题未来各种结果状态发生的概率毫无所知。不确定型决策中可行方案的选择和评判，主要取决于决策者的知识和经验。

（四）按决策者的职务层次可分为高层决策、中层决策和基层决策

1. 高层决策 一般指上层管理者制定的战略性决策，多属于非程序性决策。

2. 中层决策 是中层管理者制定的管理性决策。

3. 基层决策 多为基层管理人员制定的技术性决策，多属于程序性决策。

管理者的地位越高，决策的作用和影响也越大。

（五）按决策主体和决策权力制度可分为个人决策与群体决策

1. 个人决策 决策者是单个人，适用于日常事务性决策或程序性决策。个人决策优点是及时、快捷，但决策的效果受决策者的知识、智慧、能力水平的影响。

2. 群体决策 决策者可以是几个人、一群人甚至扩大到整个组织的所有成员，如护理组织中成立的评审组、委员会等组织就是群体决策的工具。群体决策适用于所有的决策活动，尤其是对组织影响重大的关键性问题的决策。现代管理倾向于群体决策，以求决策时的放大效应。

群体决策与个人决策相比的优点有：①群体通常能比个人做出质量更高的决策，因为它具有更完整的信息和更多的备选方案；②以群体方式做出决策，易于增加有关人员对决策方案的接受性。缺点是：群体决策的效果受到群体大小、成员从众现象等因素的影响，效率相

对较低,也易导致责任不清。

三、决策的基本原则

(一) 科学性原则

科学性原则指决策必须遵循客观规律,尊重科学,从实际出发,实事求是。决策是管理者的第一职能,关系到计划的成败,应尽可能地避免和减少决策中的失误。因此,决策者应力求做到以下3点:

(1) 决策者应具有科学的决策意识,尊重事实和客观规律,不弄虚作假。

(2) 一切决策应按科学程序办事,决策者应根据本部门管理实践的要求,建立符合本部门客观实际的决策程序,坚持按程序办事,防止独断专行。

(3) 决策应掌握和运用科学分析方法及现代化的科学技术手段,如决策学理论、计算机技术等,保证决策的正确性,切忌主观臆断。

(二) 经济性原则

经济性原则指节约的原则,含义有两点:

(1) 应使决策过程本身所花的费用最少,决策与其他管理活动一样,需要费用和成本,决策者必须考虑决策中的费用和成本。管理者之所以有时不可能按绝对最优结果的标准来决策,其原因就在于备选方案的成本太高,常常会得不偿失。

(2) 决策的内容应坚持经济效益原则,不同的方案可能效果相似而费用不同,决策就是要选择花费最少、效果最佳的方案。强调任何决策都要树立经济效益原则,是市场经济的基本要求,也是管理者应尽的职责。

(三) 时效原则

时效原则要求决策必须果断。决策的正确与错误总是与一定的时间界限相联系,往往机不可失,时不再来。时间就是效益,犹豫不决很可能丧失发展的机遇,给组织带来损失。能否抓住时机做出决策、实施决策,也反映了决策者的能力和水平。但是时效原则并不意味着仓促决策、盲目上马,科学与合理是时效原则的前提。

(四) 责任性原则

责任性原则主要体现了谁决策谁负责的含义。决策是为了实施,决策者最了解方案的实施措施,能较好地控制决策的实施过程,因此,决策者应负责方案的贯彻执行;另外,决策具有风险,决策失误将使组织受到不同程度的损失。为了防止滥用职权、盲目决策,并减少失误,避免损失,决策者必须对决策后果负责,这同样是一种制度保障。

(五) 群体决策原则

决策是一项对能力、水平、知识要求很高的管理活动,特别是战略性决策。由于现代生产社会化程度高、信息变化快,决策的难度增大,如果仅凭个人的能力、智慧进行决策,已难以达到科学、合理的要求,设立专家智囊团、建立群体决策体制,充分发挥集体智慧是当代科学决策的一个重要方法。常用的群体决策方法有头脑风暴法、名义群体法、德尔菲法、电子会议、鱼缸观鱼法等。

> **头脑风暴法(brain storming)**
>
> 美国创造学家A.F.奥斯本首创的一种决策方法,是比较常用的群体决策方法,便于发表创造性意见,因此,主要用于收集新设想。通常是将对解决某一问题有兴趣的人集合在一起,在完全不受约束的条件下,让所有参加者在自由愉快、畅所欲言的气氛中,"自由"提出尽可能多的方案。头脑风暴法鼓励独立思考;对别人意见不允许反驳;意见或建议越多越好;可以补充和完善他人意见,以此激发与会者创意及灵感,使各种设想在相互碰撞中激起脑海的创造性"风暴"。
>
> 头脑风暴法的目的在于创造一种畅所欲言、自由思考的氛围,诱发创造性思维的共振和连锁反应,产生更多的创造性思维。一般参加者5~6人为最佳,时间为1~2小时。

四、决策的基本程序

决策的程序实际上是一个提出问题、分析问题、解决问题的分析、判断过程。通常决策程序基本上包括以下几步:

(一) 确立问题

决策的开始应及时准确地发现问题。发

现问题并不是一件容易的事,必须不断经过调查研究,全面详细地收集资料,认真分析研究组织与环境的适应情况,才能准确找到问题的关键。发现问题后,还必须对问题进行分析,找出产生问题的内在原因,才能为决策的下一程序做好准备。

(二) 确定目标

目标是影响方案拟定、选择和实施的关键。决策目标必须具体明确,主次分明,并规定约束条件。并且目标要有明确的衡量标准,以便于考核检查。

(三) 拟定方案

科学的决策认为,如果面临的问题只有一个方案可供选择,那么必定不是最好的方案。现代决策的重要特点之一,就是要在多种方案中选择最好的方案。因此,针对决策要解决的问题,应拟订多个方案,而且方案之间必须要有原则性区别,以备比较选择。

(四) 分析评价

分析评价是对各种方案进一步综合分析,加以论证,依据已经建立的价值准则,从实用性、效益性和可行性等方面对方案进行综合评价。通过对每个方案的权衡比较,提出每一方案的执行条件和环境要求等,排列出优劣顺序,为下一步的方案择优工作做好准备。

(五) 方案选优

方案选优是决策的关键环节,选优的标准主要指在一定条件下,根据有效经济原则,从中挑选效益最佳的方案。决策者不仅要具有勇于开拓创新、敢于承担风险的心理素质,还要统筹兼顾、拥有决断的魄力。依靠经验、试验、数学分析等方法,确立正确的决策方案。需要提醒的是,最后选定的方案并不一定各项指标都是最优,但应该是主要指标较好,又能兼顾其他指标的方案。

(六) 实施方案,追踪决策

选定了方案,在付诸实施过程中,不但要运用计划、组织、指挥、协调、控制等管理职能来保证决策顺利进行,还要建立相应的信息反馈渠道。决策者要根据反馈信息,不断发现新问题,及时修订目标或修正、补充原来的决策方案,以尽量防止或减少失误的发生。

五、决策的基本要求

(一) 要解决关键性的问题

在决策中,面对众多要解决的复杂问题,决策者必须善于找出关键性问题,抓住重点和难点,才能从根本上解决问题。要做到这一点,就必须在决策前做好对所要决策问题的综合分析和评估。

(二) 要有明确的目标

目标明确是进行决策的前提条件和重要保证。应避免在目标不明、条件不清、要求模糊的状态下匆忙决策。

(三) 要有多个可行方案并对方案进行综合评价

决策的基本含义是"抉择",如果只有一种方案,无选择余地,也就无所谓决策。因此,决策至少要有两个或两个以上可供选择的方案。对每个可行方案都要进行综合的分析和评价,进行可行性研究。决策方案不但要求在技术、经济上可行,而且还要求考虑社会、政治、文化、地域等诸多方面的因素,还要考虑使决策结果的负作用减小到可以允许的范围内。

(四) 决策要集思广益和实事求是

现代社会信息变化越快,决策的难度就越大,如果仅凭个人的能力、智慧、知识进行决策,已难以达到科学、合理、全面的标准,因此设立专家智囊团、发挥群体智慧是科学决策的一个重要方法。

(五) 要敢冒风险

任何方案都需要在未来付诸实施,而人们对未来的认识能力是有限的。在现实工作中,百分之百不冒任何风险的决策是没有的,越能获得高收益的决策,其包含的风险性就可能越大。决策者既要有超人的胆识和魄力,敢于决断,又不能任性蛮干,违反客观规律。

只有清醒地估计到各项决策方案的风险程度,估计到最坏的可能性,并拟定出相应的解决对策,才能不会引起灾难性的、不可挽回的风险损失,决策必须留有风险发生后组织生存的余地。

决策是解决问题,完成目标的管理过程。正确的决策会带来高效率、高质量的工作,作为一名现代护理管理者,必须掌握决策的科学理论,运用个人的知识、智慧、经验,以及集体才智,结合护理实际工作,做出正确的决策。

小 结

1. 计划是管理的首要职能,也是实施其他管理职能的条件。所谓计划,是为实现组织既定目标而对未来的活动进行规划和安排的工作过程。

2. 计划的形式多样,包括宗旨、目的或任务、目标、策略、政策、程序、规则、规划或方案、预算等。计划工作都要遵循一定的程序。

3. 计划的基本步骤包括分析形势、确定目标、评估组织现有的潜力和条件、发展可行方案、比较各种方案、选定方案、制定辅助计划、编制预算。

4. 制定计划时要遵循目标原则、整体原则、重点原则、发展原则、弹性原则等几大原则。

5. 计划在护理管理中有重要的作用:有利于减少改革或变化带来的问题;有利于合理地使用有限的资源;有利于评价、控制及提高护理质量;有利于减少护理中差错事故的发生。计划在护理管理中的应用广泛,如人员计划、服务计划、预算计划等。

6. 决策贯穿于管理的全过程,是各项事业成功的重要保证。其含义是人们为了达到一定的目标寻求并实施某种最佳方案的活动过程。它具有目标性、选择性、风险性、非零起点性等特点。

7. 按不同的标准或分类原则,决策的类型有:①根据决策者对决策问题规律性掌握的程度可以划分为程序性和非程序性决策。②根据决策者的职务层次,可分为高层、中层、基层决策。③根据决策者掌握信息的程度,可分为确定型决策、风险型决策、非确定型决策。④按决策的风格,可把决策分为群体决策和个人决策。

8. 决策程序包括:①确立问题;②确定目标;③拟定方案;④分析评价;⑤方案选优;⑥实施方案,追踪决策。

目标检测

一、名词解释
1. 计划　　2. 计划方法

二、填空题
1. 计划的分类按时间界限划分有_____、_____、_____计划。按规模划分有_____、_____计划,按约束力划分有_____、_____计划,按覆盖面分有_____、_____计划。
2. 计划的原则有_____、_____、_____、_____、_____原则。
3. 整体原则要求计划工作要从_____、_____,以_____为重,兼顾_____和_____三者利益。
4. 护理管理中服务计划包括_____、_____、_____。

三、选择题
A₁型题
1. 关于计划的意义,下列哪一项是对的
   A. 计划可使行动朝着目标进行
   B. 计划工作是面向现在的
   C. 计划工作强调效益
   D. 计划工作在管理活动中次于首位
   E. 计划是管理者控制一切的标准
2. 下列关于计划工作不妥的是
   A. 计划可使行动朝着目标进行
   B. 计划工作是面向现代的
   C. 计划工作强调效率
   D. 通过计划可以预见未来可能发生的事
   E. 计划可使组织成员明确为实现目标需共同做出努力
3. 长期计划一般指
   A. 3年以上　　B. 4年以上
   C. 5年以上　　D. 8年以上
   E. 10年以上
4. 计划的形式是
   A. 单一的　　B. 双向的
   C. 多种多样　　D. 复杂的
   E. 统一的
5. 下列哪一项不是计划的形式
   A. 宗旨　　B. 目的
   C. 策略　　D. 政策
   E. 程序
6. 计划的步骤不包括
   A. 分析形势　　B. 确定目标
   C. 发展可选方案　　D. 比较各种方案
   E. 规定方案
7. 辅助计划是指

A. 备选方案 B. 可行方案
C. 假设方案 D. 总计划下的分计划
E. 基本计划
8. 计划的方法不包括
A. 历史比较法 B. 现状调查法
C. 未来预测法 D. 优选决策法
E. 当前分析法
9. 计划弹性的原则目的是
A. 留有可调节的余地 B. 预测未来
C. 减少误差 D. 确保计划实施
E. 指导计划制定
10. 护理管理中计划的作用不正确的是
A. 有利于减少变化带来的问题
B. 有利于合理的使用有限的资源
C. 有利于评价控制及提高护理质量
D. 有利于减少护理中医疗事故的发生
E. 有利于护理人员的选聘

B 型题
A. 长期计划 B. 中期计划
C. 短期计划 D. 整体计划
E. 局部计划
1. 以问题为中心的计划是
2. 以时间为中心的计划是
3. 以任务为中心的计划是

A. 高层管理者 B. 中层管理者
C. 基层管理者 D. 政府部门
E. 一个组织部门
4. 指令性计划的制定由
5. 战略性计划的制定由
6. 战术性计划的制定由

X 型题
1. 一份完整的计划制定过程包括
A. 评估内外环境
B. 明确组织宗旨
C. 建立组织目标

D. 确定可行性方案
E. 确定执行计划的合适人选
2. 计划工作的过程包括
A. 制定计划 B. 执行计划
C. 检查计划 D. 评价计划
E. 修改计划
3. 短期计划的特点是
A. 由中层管理人员制定
B. 由基层管理人员制定
C. 针对具体的工作任务
D. 时间安排短
E. 内容较详细
4. 关于规划的叙述正确的是
A. 是一种复杂的计划
B. 规划有大有小
C. 规划有长远和近期
D. 规范一般是粗线条的纲要性的
E. 规划是整个活动要达到的
5. 关于计划重点原则是指
A. 计划的制定要分清主次
B. 分清轻重缓急
C. 要考虑全局
D. 要考虑整体
E. 避免主观性及随意性
6. 护理管理中计划的内容包括
A. 人员计划 B. 服务计划
C. 预算计划 D. 治疗计划
E. 成本计划

四、问答题
1. 什么是计划和计划工作?
2. 计划的意义和特点是什么?
3. 计划的形式有哪些?
4. 制定计划的步骤有哪些? 试举例制定一份计划。
5. 解释群体决策和个人决策的利弊点。

第4章 目标管理

学习目标

1. 解释目标管理的概念
2. 描述目标管理的特征
3. 说出目标管理的内容
4. 认识目标管理的意义
5. 结合实际工作分析目标管理的应用

目标管理是现代管理科学中的一种先进管理思想、管理制度和管理方法,其核心在于科学的统筹安排与全体职工的自我控制。目标管理是一种程序或过程,是组织中的上级和下级一起协商,根据组织的使命确定一定时期内组织的总目标,再由此决定上、下级的责任和分目标,并把这些目标作为组织经营评估和奖励每个单位和个人贡献的标准。目标管理的精髓是共同的责任感,依靠团队合作。

案例 4-1

某医院从1995年开始推进目标管理,为了充分发挥各职能部门的作用,充分调动每位职工的积极性,该医院首先对护理部实施目标管理,经过一段时间的试点后,逐步推广到全院各部门,多年的实践后,挖掘了部门内部的潜力,增强了部门的应变能力,提高了部门工作人员素质,取得了较好的社会效益和经济效益。

请问:
1. 什么是目标和目标管理?
2. 目标管理的特点是什么?

第1节 目标管理的概念与特点

一、基本概念

(一)目标的概念

目标指一个计划或方案所要达到的最终境地或具体标准或可测量的结果。目标的选择和确定是人的主观能动性、积极性及创造性的反映。目标在管理中起主导作用,决定着管理活动的内容、管理方法的选择、人员的配备、组织的设置等。目标是导向,决定组织决策的方向;目标是动力,促使管理者和被管理者尽最大努力完成组织任务;目标是标准,可以作为工作成效的衡量尺度。

按目标范围可分为组织目标和个人目标(图4-1)。

(1)组织目标:组织目标是管理者及所有组织成员的行动指南,它明确规定了组织及组织中的个人在特定的时间范围内所要完成的具体任务。是组织为达到其宗旨所制定的可衡量的正式指标。

(2)个人目标:是个人期望在一定的时间范围内要取得的成就。组织是由个人组成的。因此,在组织内部,除了组织目标,还存在着组织成员希望通过他们个人在组织中的能力而达到的个人目标,组织中的个人目标能否实现是组织成员能否继续留在组织内工作的重要原因。管理者要努力找出个人与组织目标的结合点,使个人目标与组织目标有机的结合起来。在这种情况下,管理者不需要对组织成员进行过多的指导及管理,他们也会积极主动地完成任务,因为完成组织目标的过程也是实现他们个人目标的途径。

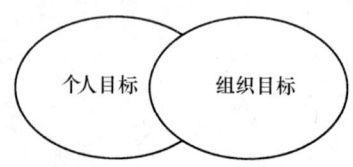

图 4-1 个人目标与组织目标的关系

(二)目标管理的概念

1954年,德鲁克提出了一个具有划时代意义的概念——目标管理(Management By Objectives,MBO),这是德鲁克最重要、最有影响的概念,并已成为当代管理学的重要组成部分。

目标管理是以科学管理和行为科学管理为基础形成的一套以目标为中心的激励式、参与式管理制度与方法。目标管理是计划管理中,目标的分解、落实、执行、调整和检查的工作制度。它应用系统的方法将许多关键的管理活动结合起来,高效率地实现组织目标及个人目标。

传统的管理形式中,目标由上级管理者制定后,指派给下属执行,目标传达过程中因上下级沟通的人为因素,可能造成下属对目标的认识不够清晰,各成员的努力方向不明确,个人目标无法与组织目标有效配合,间接地影响到组织的绩效。目标将组织整体目标转换分解为单位及个人的具体目标,使员工在参与决策的过程中明确组织目标,积极接收组织目标并产生激励性的作用,达到控制成果的目的。

德鲁克认为目标管理包括以下五个概念:

(1) 必须为各级管理人员制定目标,包括总体目标及部门目标,并以书面的方式达成协议及要求,以目标为依据来定期衡量及评价各级管理者及普通员工的工作。

(2) 目标管理是管理者的管理,是管理者强调自我评价的管理方法。

(3) 目标管理使对各级管理人员的考核有了客观的标准。

(4) 目标管理是一种分权式、参与式的管理。

(5) 目标管理是员工自我管理及自我控制。

二、目标管理的特点

目标管理是在目标明确的条件下,人们能够对自己负责。它与传统管理方式相比有鲜明的特点。

(一) 决策者与执行者共同确定目标

确定目标的方法是上级和下级在一起确定共同的目标,即组织目标;这个部门根据总目标,自己制定本部门的目标;每个职工根据部门目标,自己制定个人目标。目标的确定者就是实现目标的执行者。

(二) 自主管理、自我控制

目标管理是一种参与式的、民主的、自我控制的管理制度,也是一种把个人需求与组织目标结合起来的管理制度。在管理过程中,上级与下级是相互平等、相互尊重、相互依赖、相互支持的关系,下级在承诺目标和被授权之后是自觉、自主和自治的。在达到目标的过程中,不需上级硬性规定程序和方法,采用自主管理和自我控制的方法,激励职工的积极性和创造性,使职工自由采取各种办法来实现目标。因此,目标管理也可称为"参与管理"。

(三) 重视成果

目标管理以制定目标为起点,以目标完成情况的考核为终结。工作成果是评定目标完成程度的标准,也是人事考核和奖评的依据,成为评价管理工作绩效的唯一标志。

人物介绍

彼得·德鲁克(Peter F. Drucker)(图4-2)于1909年生于维也纳,父亲为奥地利负责文化事务的官员,母亲是奥地利率先学习医科的妇女之一。德鲁克先后在奥地利和德国受教育,于1931年获法兰克福大学法学博士。1937年移民美国。1942受聘为通用汽车公司的顾问,1950年起任纽约大学商业研究院管理学教授。德鲁克于1954年出版《管理实践》一书,从此将管理学开创成为一门学科,从而奠定管理大师的地位。他于1966年出版的《卓有成效的管理者》一书成为高级管理者必读的经典之作;1973年出版的巨著《管理:任务,责任,实践》则是一本给企业经营者的系统化管理手册。自1971年起,他一直任教于克莱蒙特大学的彼得·德鲁克管理研究生院。1990年,美国成立了"德鲁克非营利基金会"。

德鲁克对世人有卓越贡献及深远影响,被尊为"大师中的大师"、"现代管理之父"。2002年6月20日,美国总统乔治·W·布什宣布彼得·德鲁克成为当年的"总统自由勋章"的获得者,这是美国公民所能获得的最高荣誉。

图4-2 德鲁克

(四) 总目标与分目标的一致性

目标管理通过专门设计的过程,将组织的整体目标逐级分解,转换为各单位、各员工的分目标。在目标分解过程中,权、责、利三者已经明确,而且相互对称。这些目标方向一致,环环相扣,相互配合,形成协调统一的目标体系。只有每个人员完成了自己的分目标,整个组织的总目标才有完成的希望。每个职工的分目标,就是组织总目标对他的要求,同时又是每个职工对组织总目标的贡献。目标管理也可称为"整体管理"。

(五) 自我评价

对工作所取得的成果强调自我检查、自我评价,自己采取措施纠正结果与目标间的偏差。

(六) 奖励为主

对达到目标的员工给予奖励。对工作成效不好的,一般不主张采取惩罚的方式,力求在上级辅导和本人自我总结的基础上加以改正。

山田本一的秘密

1984 年,在东京国际马拉松邀请赛中,名不见经传的日本选手山田本一出人意料地夺得了世界冠军。当记者问他凭什么取得如此惊人的成绩时,他说了这么一句话:凭智慧战胜对手。

当时,许多人都认为这个偶然跑到前面的矮个子选手是在故弄玄虚。两年后,意大利国际马拉松邀请赛举行,山田本一又一次获得了世界冠军。记者再次请他谈谈经验。山田本一的回答仍是上次那句话:用智慧战胜对手。这回记者没有挖苦他,但对他所谓的智慧迷惑不解。

10 年后,这个谜终于被解开了。山田本一在他的自传中说到:"每次比赛之前,我都要乘车把比赛的线路仔细地看一遍,并把沿途比较醒目的标志画下来,比如第一个标志是银行,第二个标志是棵大树,第三个标志是一座红房子,这样一直画到赛程的终点。比赛开始后,我就以百米的速度奋力向第一目标冲去,等到达第一个目标后又以同样的速度向第二个目标冲去。40 多公里的赛程,就被我分解成这么几个小目标轻松地跑完了。起初,我并不懂这样的道理,常常把目标定在 40 公里外的终点那面旗帜上,结果我跑到十几公里时就疲惫不堪了。我被前面那段遥远的路程吓倒了。"

提示:要达到目标,应将目标分解成多个易于达到的小目标。每前进一步,每达到一个小目标,都能让人们体验到"成功的感觉",而这感觉能强化人们的自信心,推动人们发挥潜能去达到下一个目标。目标管理是目前运用比较广泛的管理方法之一,很多美国企业,如杜邦和通用汽车公司等都采用目标管理方法。根据美国《幸福》杂志最近的调查,在美国最大的 500 家工业公司中有 40% 的公司采用了目标管理。许多组织应用目标管理取得了显著的成效。目标管理的全部好处可以用一句话概括,那就是它能导致管理工作的全面提高。

目标管理产生的历史背景

目标管理作为一种先进的管理制度及方法,是在实践中发展起来的,目标管理的思想产生于 20 世纪 50 年代初的美国,它产生的主要背景是: 20 世纪 40 年代后期,美国的科学及经济在第二次世界大战后迅速发展,组织内部的分工越来越细,专业化分工越来越强,使各部门的本位主义滋长,忽视了组织的整体性及协调性。组织内部因不协调而造成了大量的内耗,而管理者只能疲于奔命应付危机管理。当时的组织管理在泰罗的管理思想的指导下,形成了只重视生产效率的监督式、压迫式管理方法,而忽视了人性管理在管理中的巨大作用,造成了管理者与被管理者之间的对立。而梅奥的行为科学研究冲击了泰罗的管理思想,提出了人性管理的概念。在这种情况下,美国著名的管理学家德鲁克 1954 年在《管理实践》一书中首先提出了目标管理的概念,他认为,一个组织的宗旨及任务,必须转化为特定的目标,各级管理者只有通过这些特定目标对下级进行领导,并以目标来衡量每个员工贡献的大小,从而保证组织总目标的实现。

案例 4-2

在年度工作总结会上,各科护士长汇报了一年的工作情况,既有成绩,也存在不足,并都谈到了今后的努力方向。等各科护士长汇报完以后,护理部主任结合医院新一年的工作计划要求各科护士长确立新一年的工作目标,管理的内容及过程。

请问:
1. 目标管理的内容有哪些?
2. 目标管理的基本过程可分几个阶段?

第 2 节 目标管理的内容及基本过程

一、目标管理的内容

组织的总目标是目标管理的主要内容,是一个组织在一定的时期内生产技术及经营活动的主要依据,组织的所有活动都是围绕实现组织总目标而进行的。而组织目标必须是一个量化的实体。目标量化的实体是由项目和数值两个方面组成,即选择目标及确定目标值。

(一) 目标项目的确定

目标项目的确定必须建立在对组织外部的条件的评估,组织中现有主、客观条件的分析,及对组织未来充分预测3个基础上。然后,确定组织的总体目标,并使总目标具体化。

(二) 目标值的确定

目标值是目标项目的量化,确定目标值有一定的原则及要求。

1. 目标值确定的原则

(1) 确定的目标值直接或间接地和社会、经济效益相联系。

(2) 确定的目标值必须具有激励、诱导作用,以提高各级人员的积极性和工作能力。

2. 目标值确定的要求

(1) 目标的词义表达必须清楚:目标用词必须明确地表达其内容,使执行者能明确并领会其含义,而不会产生模糊不清的概念,在确定目标时,应该注意措辞,防止发生一词多意,而引起误会或含糊。

(2) 要明确规定期限:目标的规定要有一定的时间期限,如世界卫生组织在1978年规定的战略管理目标是"2000年人人享有最基本的医疗保健",该目标明确规定了战略实现的时间及期限。

(3) 要有一定的约束条件:管理目标一般都规定了达到目标的约束条件,目标的约束条件包括①客观资源条件,如人力、物力、财力、信息及时间等。②法律、法令、条理、制度等方面的限制性规定。③其他的主观要求:如某医院的目标之一是"在提高服务质量的前提下,1年内的床位周转率提高10%",其中,"在提高服务质量的前提下"是约束条件。④目标值应尽量以量化指标来表示:如果能用数据、统计数值等量化指标来表示,尽量用直接量化法。如不能用直接量化法,也要尽可能避免模棱两可概念的表述,可以用间接量化法或定性的方式来表示,否则无法考核及评价结果。

(4) 目标值应具有良好的预测:目标值应略高于指标,使之具有激励作用。凡已达到的标准,不能再用作目标值,否则就失去了目标管理的意义。

(5) 目标值必须具有可行性:确定目标值必须考虑组织的内外部条件,将确定目标与实施目标有机地结合起来,将目标层层落实,使目标能够实现。如果目标制定得太高,不仅不能实现,而且会挫伤员工的积极性。

二、目标管理的基本过程

目标管理可分为以下三个阶段(图4-3):制定、实施、考核。三个阶段相互制约,周而复始,形成循环周期,下一期可提出更高的目标。

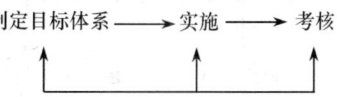

图 4-3 目标管理的基本过程

(一) 制定目标

制定一套完整而明确的目标管理体系。这是目标管理的第一步,是实施及评价目标的依据和保证。可分成4个步骤(图4-4)。

(1) 准备阶段,即做好目标计划到评价各个阶段各方面的全面准备,不打无准备之仗。

(2) 组织高层领导制定战略性目标,包括明确上级的任务,预测未来,调查研究,分析比较等一系列论证活动。确定的管理目标要求目标方向正确,目标值适当,目标措施及对策具体,针对性强,让下级充分讨论协商,能正确指导管理活动,以保证获得满意的管理绩效。

(3) 在各级管理阶层制定试探性的策略目标。上级应明确各个部门、各级人员的权限,领导者应给下级提出要求、交底,使大家知道组织内可以提供的人力、物力、财力的情况。总目标应指导分目标,分目标保证总目标。

(4) 各级管理人员提出各种建议,相互进行讨论并修改。主要从以下几个角度考虑:目标

确定高层管理目标 → 上级部门经调查、论证与下级充分讨论后确定的管理目标
↓
目标的协商和职责分工 → 将总体目标分解并具体化，明晰分工，责任到人
↓
确定下级和个人的分目标 → 下级部门及个人在总目标指导下，按职责范围、内容制定分目标
↓
对每个具体目标进行审核 → 目标内容是否清晰、明确；目标制定的高低是否适当；完成的标准及奖惩措施进行审核；并给予一定的政策支持和授予下级一定的权利；而达成协议，完成目标的制定工作

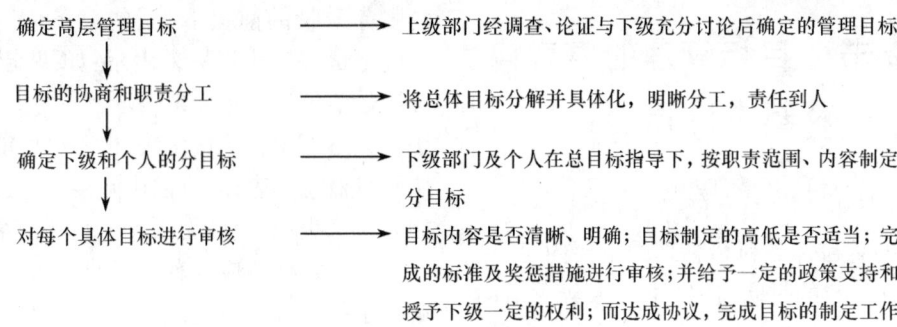

图 4-4 制定目标的程序

是否得当，内容是否清晰明白；目标管理水平的高低要恰当；目标分解是否客观，内容是否具体、实际，有无时限、有无主次，尽量使用客观指标。

最后就各项目标和评价标准达成协议。

（二）实施目标

由执行者根据目标内容进行自我管理，自行采取完成目标的方法和手段。上级的管理只表现为指导、协助，提出问题、提供情报、提供良好的工作环境，以及对例外发生的重大问题进行指导和控制。在上下目标体系中，环环相扣。双方共同完成。目标实施过程可分三步（图 4-5），即检查指导、协调支持、反馈控制。

（三）考核评价

在目标实施达到预定的期限之后，应及时对目标成果进行考核评价，可通过 5 个步骤进行（图 4-6）：自查、商谈、评价、奖励、总结。

检查指导 → 对目标实施过程中出现的问题给予指导
↓
协调支持 → 对目标进展过程的方方面面进行横向协调，提供良好的工作环境和信息情报
↓
反馈控制 → 定期检查工作进度及绩效，全面掌握目标的实施情况，以确保目标的实现

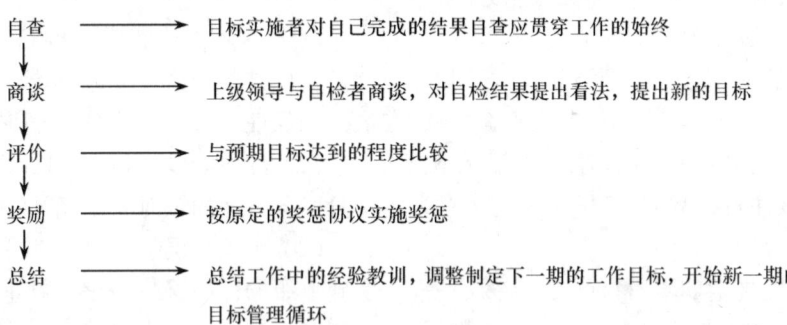

图 4-5 实施目标的程序

自查 → 目标实施者对自己完成的结果自查应贯穿工作的始终
↓
商谈 → 上级领导与自检者商谈，对自检结果提出看法，提出新的目标
↓
评价 → 与预期目标达到的程度比较
↓
奖励 → 按原定的奖惩协议实施奖惩
↓
总结 → 总结工作中的经验教训，调整制定下一期的工作目标，开始新一期的目标管理循环

图 4-6 考核评价的程序

案例 4-3

莉沙是一位优秀的护士长，每年都被评上优秀，她所管理的科室环境洁净明亮，物资排放井井有条，护士工作热情很高，在护士长例会上，大家让她介绍经验，她说："我用目标管理调动一切积极因素，做好一切工作。"

请问：

1. 目标管理如何应用在护理管理中？
2. 护理工作运用目标管理的主要步骤有哪些？
3. 影响目标管理成功的因素及注意事项有哪些？

笔记栏

第3节 目标管理在护理工作中的应用

(一) 目标管理的应用

目标管理作为现代管理的方法之一,已广泛地应用于社会各项管理活动中,目标管理同样适用于护理管理工作。各医院护理部在制定全年工作计划时,可将整体目标逐层转变为各科室病房及护士个人的目标。在护理组织结构中,建立目标管理体系,实施具体化的管理行为,并确定完成目标的时间要求,评定检查办法,计划结束后进行检查评价,酌情给予奖惩。

实施目标管理可使护理人员明确组织总目标与个人分目标之间的关系;明确实现目标的意义、作用以及目标与个人利益的关系;增进了计划任务和人员之间的联系和了解;有效地调动职工的积极性、创造性和主动性,并更加关心组织目标的实现,提高了管理效能。

(二) 护理工作运用目标管理的主要步骤

(1) 说明护理部实施目标管理的目的。
(2) 列出参与实施此项目标管理有关的单位与病房。
(3) 澄清各有关部门及病房之间的关系。
(4) 列举出各级护理管理者实施目标管理的责任。
(5) 设定实施目标管理各阶段的时间表,以便定期检查与考核实施进度。

(三) 影响目标管理成功的因素

(1) 管理高层对目标管理缺乏真正的认识,不予支持。
(2) 事先缺乏充分的教育工作。
(3) 目标选择不当。
(4) 上下级关系恶劣。
(5) 实施期间未能给予正强化刺激。
(6) 过分重视文书作业的注意事项。

(四) 护理目标管理应用中的注意事项

(1) 对各级护理人员进行有关目标管理的知识教育。
(2) 护理部应使下属了解护理部的任务、工作标准、资源及限制。
(3) 组织内分目标的选择要恰当。
(4) 实施目标管理期间应定期开会,了解进度,在会议中给予支持和帮助,并激励下属。

护理管理者应注意的是,并非实施目标管理就一定会产生效应,当实施环境、方式不当时,目标管理同样会遭受失败。

---

1. 目标管理是以科学管理和行为管理为基础形成的一套以目标为中心的激励式、参与式管理制度与方法。目标管理是计划管理中,目标的分解、落实、执行、调整和检查的工作制度,它应用系统的方法将许多关键的管理活动结合起来,高效率地实现组织目标及个人目标。

2. 目标管理的特点:①确定目标的方法是上级和下级在一起确定共同的目标;②目标管理是一种参与的、民主的、自我控制的管理制度;③目标管理以制定目标为起点,以目标完成情况的考核为终结;④总目标与分目标的一致性;⑤对达到的结果强调自我检查、自我评价,自己采取措施纠正偏差;⑥对达到目标的成果给予奖励。

3. 目标管理的内容是目标项目的确定和目标值的确定。

4. 目标管理对提高护理人员的积极性及创造性有一定的作用。目标管理过程涉及目标的制定,目标的实施及目标结果的评价考核。护理管理者只有完全明确目标管理的真正含义、性质、原则及方法,才能做好目标管理。

小 结

目 标 检 测

一、名词解释
1. 目标　　2. 目标管理

二、填空题
1. 德鲁克认为目标管理包括5个概念,即_____、_____、_____、_____、_____。
2. 目标管理的特点是_____、_____、_____、_____、_____。
3. 目标管理的内容_____、_____。
4. 制定目标分4个步骤:_____、_____、_____、_____。
5. 实施目标的程序是_____、_____、_____。
6. 考核评价通过5个步骤进行,即_____、

三、选择题

A_1 型题

1. 关于目标的叙述不妥的是
   A. 目标在管理中起主导作用
   B. 目标决定组织决策的方向
   C. 目标促使管理者和被管理者尽最大努力完成组织任务
   D. 目标是标准,可成为工作成效的衡量尺度
   E. 目标即指组织目标

2. 目标管理是由谁提出的
   A. 德鲁克 B. 法约尔
   C. 西蒙   D. 泰勒
   E. 韦伯

3. 目标管理特点下列说法正确的是
   A. 决策者确定目标
   B. 目标管理是一种参与的、民主的、自我控制的管理制度
   C. 目标管理以实施目标为起点
   D. 总目标与分目标相区分
   E. 对工作所取得的结果强调相互检查、评价

4. 目标管理的主要内容是
   A. 目标值   B. 组织目标
   C. 目标项目 D. 组织的总目标
   E. 确定目标

5. 目标值确定的要求,正确的是
   A. 目标的词义表达必须清楚
   B. 要有一定的充分条件
   C. 规定的时限可长可短
   D. 目标值应低于指针
   E. 目标值可用概念表述

6. 目标管理的最后阶段是
   A. 制定 B. 确认
   C. 实施 D. 考核
   E. 评价

7. 目标管理的第一步是
   A. 评估 B. 制定
   C. 计划 D. 实施
   E. 反馈

8. 对目标成果进行考核评价指
   A. 完成结果与目标是否一致
   B. 上级领导与被查者商谈
   C. 与预期目标达到程度比较
   D. 将结果给予奖励
   E. 总结工作中的经验教训

9. 下列不属影响目标管理成功因素的内容是
   A. 管理高层对目标管理缺乏认识
   B. 事先缺乏充分的教育工作
   C. 目标选择不当
   D. 上下级关系和睦
   E. 实施期间未能给予正强化的刺激

10. 护理目标管理中重点注意的是
    A. 对初级护士进行管理知识教育
    B. 护理部应了解工作任务、标准
    C. 组织内分目标的选择要恰当
    D. 定期开会了解进度
    E. 奖惩分明

B 型题

A. 决策者与执行者共同确定目标
B. 自主管理,自我控制
C. 重视成果
D. 总目标与分目标一致性
E. 奖励为主

1. 每位员工根据部门目标,制定个人目标,其特点是
2. 把个人需求与组织目标结合起来的管理制度的特点是
3. 达到目标给予奖励,未达到不惩罚的方法是

A. 确定高层管理目标
B. 确定下级和个人的分目标
C. 检查指导
D. 自查
E. 总结反馈

4. 制定目标的程序初步是
5. 实施目标的程序初步是
6. 考核评价的程序初步是

X 型题

1. 目标按范围分
   A. 组织目标 B. 人事目标
   C. 个人目标 D. 工作目标
   E. 制度目标

2. 关于目标管理的概念正确的是
   A. 形成的基础是科学管理、行为管理
   B. 是激励式、参与式管理制度与方法
   C. 是计划管理中目标的分解、落实、执行、调整和检查的制度
   D. 应用系统方法将所有活动结合起来
   E. 高效率地实现个人目标

3. 德鲁克认为目标管理包括以下哪些概念
   A. 必须为各级管理人员制定目标
   B. 目标管理是对管理者的管理
   C. 目标管理是各级管理人员考核的客观标准
   D. 目标管理是一种分权式、参与式的管理
   E. 目标管理是员工的自我管理及自我控制

4. 目标管理的特点是
   A. 确定目标是由上下级共同完成
   B. 是一种把个人需求与组织目标结合起来的管理制度
   C. 自我评价

D. 重视成果
   E. 奖惩分明
5. 目标项目的确定必须建立在
   A. 对组织外部条件的评估
   B. 组织中现有主、客观条件的分析
   C. 对组织未来充分的预测
   D. 对现有环境的确认
   E. 对现有专案的量化
6. 目标的约束条件包括
   A. 客观资源条件
   B. 法律、法规条文、制度等方面的限制性规定
   C. 其他的主观要求
   D. 其他的客观指标
   E. 时限规定
7. 实施目标的程序
   A. 计划实施   B. 检查指导
   C. 协调支持   D. 修整计划
   E. 反馈控制
8. 目标管理失败原因是
   A. 实施环境不当   B. 实施性质不明
   C. 实施方式不当   D. 实施途径不当
   E. 实施部门不清
9. 自我评价强调
   A. 自我检查   B. 自我评价
   C. 自我纠正   D. 自我评定
   E. 自我激励
10. 目标管理的基本过程有三个阶段组成
    A. 制定目标体系   B. 实施
    C. 考核   D. 评价
    E. 反馈

四、问答题
1. 简述目标管理的概念和特点。
2. 请结合护理工作实际举例说明目标管理和基本过程。
3. 在目标管理中应注意些什么?

第5章 时间管理

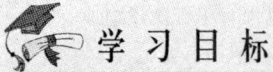

1. 解释时间管理的概念
2. 认识时间的本质和时间管理的意义
3. 分析自身时间浪费的因素,学会运用消除时间浪费的策略
4. 说出时间管理的主要方法
5. 学会运用ABC时间管理法,领会其他的时间管理的方法和艺术

护理工作是快节奏的工作。工作繁杂,常有意外情况发生,护理管理者的工作时间经常被许多非计划内的随机事件所占用,因此,很多人抱怨时间不够用。其实工作是很多的,时间却是有限的。管理者要很好地完成工作就必须善于管理自己的时间,提高时间的利用率,才有助于既定组织目标和个人目标的实现。

案例 5-1

一天 24 小时,对每一个人是公平的,有的人能很好地利用和计划好时间,得到事半功倍的成效,而有的人却碌碌无为,浪费时间,虚度了年华。你会用好时间吗?

请问:
1. 什么是时间?
2. 时间的本质和特征是什么?
3. 什么是时间管理?
4. 时间管理的意义和作用有哪些?

第1节 概 述

一、时间的概念

古往今来,人们从不同的角度概括了对时间的认识,说时间是财富、是生命、是速度、是知识、是胜利等等。马克思主义的时空观认为:"时间是运动着的物质的存在形式。"时间不能脱离物质而独立存在,没有物质也就没有时间;同时,物质也不能脱离时间而存在,运动着的物质也只能在时间内才能运动。物质、运动、空间、时间是不能分割的。时间是以物质在空间中的运动来测定的。

二、时间的本质和特征

(一)时间的本质

彼德·德鲁克曾说:"时间是最高贵而有限的资源。"时间是最平凡的,也是最珍贵的。金钱买不到它,地位留不住它。时间给予每个人每天的数量是固定的,都是24小时,但是做出很大贡献的科学家与普通人的时间价值却不同。时间的价值是以一个人(或社会群体)在一定时间里取得的成果及对社会的贡献与作用来衡量的。对社会的贡献越大,时间的价值也就越大。

(二)时间的特征

1. **客观性** 时间虽然无形,却又同物质一样是客观存在的。人们可以通过认识和利用它的客观规律,从而较快地实现既定目标。

2. **方向性** 时间具有一定顺序且无法改变方向性。一旦丧失则永远失去,即所谓一去不复返。时间的方向性在哲学上也称"一维性"。

3. **无存储性** 莎士比亚说过:"时间的无声的脚步,是不会因为我们有许多事情要处理而稍停片刻。"时间资源与其他资源相区别的重要一点就是无存储性。无论你是否使用,时间都照常消耗,既无法储存,也不能预支。

三、时间管理的概念

时间管理(time management)就是在同样的时间消耗下,为提高时间的利用率和有效率而进行的一系列的控制工作。时间管理包括对时间进行的计划和分配,保证重要工作的顺利完成,并留出足够的余地处理那些突发事件

或紧急变化。

四、时间管理的意义和作用

(一) 提高工作效率,防止工作拖延

时间管理通过研究时间消耗的规律,认识时间的特征,以探索科学地安排和使用时间的方法。并且消除时间浪费的因素,从而提高工作效率。因为从本质上讲,我们所能管理的不是时间本身,而是我们的行动。

(二) 有序地处理问题

有效地管理时间要求对时间资源进行科学的使用,管理者应按照事情的轻重缓急排列优先的顺序,从而把有限的时间用在更有意义的事情上,避免被淹没在繁杂的事务中为工作所左右,做到事半功倍,有助于实现工作的目标。

(三) 激发员工的事业心和成就感

时间管理是发展生产力的客观需要,也是对社会做贡献从而实现个人价值和获得成就的需要。有效利用时间可以使员工最大限度地发挥自己的作用,获得更多的成功和业绩,从而激发其成就感和事业心,满足自我实现的需要。又能进一步调动人的工作积极性,将更多的精力投入到工作中。

案例 5-2

马琳是病区主任助理,她每天要协助主任完成查房后还要完成一些行政事务工作。时间对她来说总是显得非常宝贵,她每天要精心安排好各项工作,然后再汇报给主任,主任对她的工作非常满意,说她时间管理得非常好。

请问:
1. 时间管理的基本程序有哪些?
2. 时间管理的条件有哪些?

第2节 时间管理的基本程序和条件

一、时间管理的基本程序

时间管理是一个包括"评估—计划—实施—评价(反馈)"的动态过程(图5-1),包括:评估时间利用情况;确定工作目标和工作优先顺序;选择利用时间的策略;列出时间安排表并实施;评价时间花费的有效性。

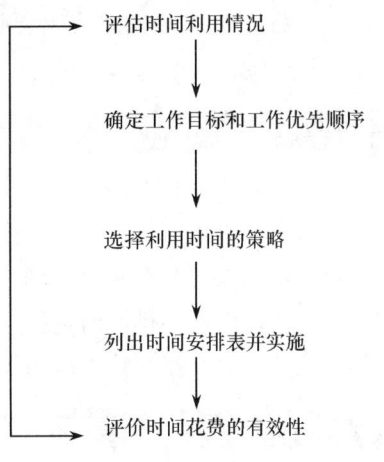

图 5-1 时间管理程序

(一) 评估时间利用情况

列出行动目录,评估时间是如何消耗的。如护理时间管理需要评估以下内容:

(1) 都有哪些护理活动及护理管理活动?每一项需要多少时间?

(2) 时间的安排是根据什么来确定的?

(3) 需要处理的紧急事务是什么?

(4) 需要增加及减少哪些活动?

(5) 存在哪些浪费时间的因素?

(6) 如何才能减少时间浪费?

(7) 护士最忙及最闲的时间段?

(7) 个人每日最佳及最差的工作时间段?

(8) 时间的安排是否符合护理管理者的时间安排标准?

> **名人名言:确保完成重要事项**
>
> "做正确的事"要比"按正确的方法把事情做对"来得重要。
> ——德鲁克(Peter F. Drucker)
>
> 要将你的百分之百的时间,用于关键问题的处理。
> ——汤森(Robert Townsend)
> Avis-Rent-a-Car, Inc. 总裁

(二) 确定工作目标和工作优先顺序

明确组织在单位时间内要完成的具体工

作目标,以及自己每日预期完成的工作,并不是所有的预期目标和任务都是同等重要的,要分清主次,按照目标的重要性确定优先顺序,以便在时间安排上确保首先完成重要目标和事项。

(三) 选择利用时间的策略

一般需要明确以下几个问题:
(1) 实现工作目标需进行哪些活动?
(2) 每项活动需要花费多少时间?
(3) 哪些活动能够安排同时进行?
(4) 哪些活动能够授权让下属去做?

(四) 列出时间安排表并实施

时间安排表应包括为完成目标所需的活动及预定的完成时间。此外,还要为每日留出一定的计划时间及自由时间,并根据事情的主次安排时间次序,完成工作。

(五) 评价时间花费的有效性

(1) 评价时间的安排是否合理有效?是否完成了组织或个人的任务,达到了目标?
(2) 是否在恰当的时间内完成了需要完成的工作?
(3) 是否在安排各项活动时主次分明?
(4) 有无时间的浪费?
(5) 是否可以减少时间的浪费?可采用哪些策略?
(6) 是否合理地安排了自己的管理时间?授权是否有效?

二、时间管理的条件

(一) 应树立时间观念

管理者必须从思想上认识时间是宝贵的无形资源,浪费时间就是浪费生命、浪费金钱。要具有管理时间资源的自觉性和提高时间利用率的意识,除了来自快节奏的生活和任务要求等环境压力外,更主要的是个人要具有责任感、成就欲,要具有高尚的人生观、价值观和明确的生活目标。

(二) 应具有时间成本效益观念

时间成本效益,即支出的单位时间所获得的"目标效果"。浪费时间,就是浪费财富。很多人十分辛苦,疲于奔命,但如果加以认真研究,仍可发现,许多工作是在白白浪费时间。如没有效益的"文山会海"就是浪费大家的时间。要考察时间利用的有效性,做到在规定时间内完成任务,获得成果,力争用最少的时间获得最大的经济效益或管理效益。

(三) 应具有时效观念

管理者要认识到机不可失,时不再来,把握时机,才能创造机会。很多时候,机会对每一个人都是均等的,行动快的人得到了它,行动慢的人自己错过了它。所以,要抓住机会,就必须与时间竞争。

(四) 应具有时间控制的能力与技巧

具有时间控制的能力即具有科学的计划安排自己时间和按计划执行的能力。准确判断工作的先后顺序,评估时间的花费,减少自己的时间浪费,适当的授权,将有效的时间用于完成重要的工作。

(五) 认识自己的思维特征

每个人由于个性、文化背景及人格的不同,具有不同的思维特征,一些人是单项思维型,任务明确,每次只做一件事,一般会及时完成任务;另一些人属于多项思维型,一般容易改变自己的计划,层次性及结构性差,易影响任务的完成。因此,护理管理者在时间管理过程中,要认识和尽量减少思维特征对时间利用的影响。

案例 5-3

由于马琳的工作出色,一次被邀请到兄弟科室去介绍工作经验,当谈到在繁杂的事务中为什么能做得井井有条,她说:"我的时间观念较强,换句话说,我对时间管理很严,而且我有自己管理的策略和方法。"

请问:
1. 时间管理的策略是什么?
2. 如何消除时间浪费?
3. 时间管理的方法有哪些?

第3节 时间管理的策略和方法

一、时间管理的策略

(一) 评估时间浪费的影响因素,采取相应的控制措施

1. 时间浪费的因素 时间浪费指花费了时间但未取得任何对完成组织或个人目标有益的行为。很多管理者都存在时间浪费的现象,其原因可分为主观和客观两个方面,常见主要因素见表5-1。

表5-1 时间浪费因素表

客观因素	主观因素
1. 计划外的来访或电话	1. 缺乏有效使用时间的意识和技巧
2. 社交应酬过多	2. 计划不周全或无计划
3. 会议过多	3. 未设定目标和排序
4. 信息来源缺乏	4. 未充分授权
5. 沟通无效	5. 不善用拒绝
6. 缺乏反馈	6. 缺乏决策力
7. 政策与程序不清	7. 处理问题犹豫,缺乏决断力
8. 协作者能力低	8. 随时接待来访者
9. 突发事件	9. 文件、物品无序,查找困难
10. 文书工作繁杂	10. 工作时精神不集中,有拖拉的习惯

2. 消除时间浪费的策略

(1) 对于电话干扰,要缩短谈话时间,尽量谈重要的事情,手边准备纸、笔,可随时记录。

(2) 对于顺道来访者,尽量不要在办公室交谈,以缩短谈话时间,必要时可预约时间,以后再去拜访。

(3) 有计划、有选择地参加会议及社交活动。

(4) 有意识地锻炼自己的沟通交流能力,包括保持上下沟通渠道的畅通、有效倾听、管理指示明确等。

(5) 学会拒绝非职责范围内的工作及责任。

(6) 有意识地改变犹豫不决的性格。

(7) 制定具体而切合实际的计划。

(8) 列出管理活动的先后次序。

(9) 应用备忘录,以提醒自己首先应完成的事情。

(10) 合理而实际地安排管理活动,及时完成各项工作,避免拖拉。

(11) 决策果断,处理问题得当,工作有条不紊。

(12) 在安排时间时留出一定的自由时间以处理突发事件,并设立突发事件或危机处理机构及预案。

(13) 利用5S技巧(整理、整顿、清扫、清洁、养成习惯),及时清理办公桌和办公室,丢弃无用的文件。

(14) 文件、案卷及时整理入卷、入柜,并编好目录。

(15) 适当的授权。

> **改变拖延习惯的六个方法**
>
> ◆ 问自己:现在最重要的是做什么?而非问:我现在最想做什么?
>
> ◆ 先把最令你讨厌、最困难的事解决掉,不要让它一直困扰你。
>
> ◆ 将工作分解成几个较小的部分,比较容易进行。
>
> ◆ 不要等所有资料都到手才开始工作,有什么就做什么。
>
> ◆ 找出自己拖延时间的原因,例如聊天等,规定自己某段时间内禁止做这些事。
>
> ◆ 对于自己不拖延的行为设定目标,并进行自我奖励。

(二) 时间消耗的计划性、标准化、定量化

要做出合理的时间安排和达到目标的计划,对自己的时间使用要有标准,并进行时间预分配,对自己的实际的时间支出要按标准进行有效控制。

(三) 充分利用自己的最佳工作时区

人的最佳工作年龄时区通常在25~50岁,对管理者而言,一般35~55岁是效益最佳时区。另外,由于每个人的生物钟不同,在每个季度、每周、每日不同时间的脑力、体力都有所不同,每个人都有自己最佳的工作时区。如有些人的最佳工作时间是清晨和上午,而另一些人则可能在晚上。因此,应掌握自己身体机能的周期性,在效率最高的时段,管理者可以

集中精力于棘手或困难的问题、创造性思考、复杂的工作、讨论或制定工作计划；在效率中等的时段，可以与他人交换意见、处理回信、规划行程表等。在效率最差的时段，可以处理例行性事务、电话联络事情、接待访客、基本行政工作等。

（四）保持时间利用的相对连续性和弹性

心理学研究认为，人们专心做一件事或思考一个问题时，最好能连续完成，不要间断。如果出现间断，又需要一段时间集中注意力，有时甚至在间断后再也达不到间断前的效果。因此，在处理关键工作时，要排除各种干扰，使精力完全集中。护理管理过程中容易出现突发事件，在计划时间时要留有余地，并需注意劳逸结合，有利于工作的持久性。

二、时间管理的方法

（一）ABC 时间管理分类法

美国管理学家艾伦·莱金（Lakein）提出：有效利用时间，每个人都需要三个阶段的工作目标：长、中、短期目标，即分别在五年内、六个月以及现阶段要达到的目标。又将每阶段的目标分级，如 A 为最优先（必须完成的）；B 为次优先（很想完成的）；C 为较不重要的（目前可以暂时搁置的）。其中抓紧做的是 A 类，B 类次之，C 类在大多数情况下不必理会。ABC 时间管理法的核心是抓住主要问题，解决主要矛盾，保证重点工作，兼顾全面，有效利用时间，提高工作效率。

1. ABC 事件分类特征及管理要点（表 5-2）。

表 5-2 ABC 事件分类特征及管理要点

分类	占每日工作数量的比例	特征	管理要点	时间分配
A 类	20%~30%，每日 1~3 件	（1）最重要 （2）最迫切 （3）后果影响大	重点管理 （1）必须做好 （2）现在必须做好 （3）亲自去做好	占总工作时数的 60%~80%
B 类	30%~40%，每日 5 件以内	（1）重要 （2）一般迫切 （3）后果影响不大	一般管理 最好亲自做或授权下属去做	占总工作时数的 20%~40%
C 类	40%~50%	（1）无关紧要 （2）不迫切 （3）影响小或无后果	不必管理 有时间就去做，否则可延迟或授权	0

2. ABC 时间管理法的步骤

（1）每日工作开始前，列出全天的工作清单。

（2）对清单上的工作进行归类，清单上的工作如是常规的，就按程序办理，如召开交班会、核对医嘱。

（3）根据工作内容的特征、重要性及紧急程度进行分析，确定 ABC 顺序。

（4）按 ABC 顺序设定时间分配方案，做出全日工作分类表（见表 5-3）。

（5）按工作分类表进行工作，首先要抓紧做完 A 类，A 类全部完成后再做 B 类，C 类在大多数情况下可暂时搁置，不必理会，或委派他人去做。若有人催问时，可将其纳入 B 类。大胆减少 C 类工作，避免浪费过多时间。

表 5-3 ABC 工作分类卡

类别	工作项目	时间预分配	实际消耗时间
A	（1）…… （2）…… （3）……		
B	（1）…… （2）…… （3）……		
C	（1）…… （2）……		

（6）每天循环进行自我训练，并不断总结评价。

（二）时间管理的四"象限"法

为何总把自己搞得团团转？为何终日忙

碌却毫无收获？究竟什么占据了人们的时间？著名管理学家斯蒂芬·科维提出了一个时间管理的理论，把工作按照重要和紧急两个不同的程度进行了划分，基本上可以分为四个"象限"：既紧急又重要、重要但不紧急、紧急但不重要、既不紧急也不重要(表5-4)。

表5-4 时间管理的四个"象限"

	重要	不重要
紧急	Ⅰ(危机任务)	Ⅲ(日常事务)
不紧急	Ⅱ(新的机遇)	Ⅳ(杂乱琐事)

Ⅰ(重要而且紧急)：需要护理管理者马上去处理，如抢救病人、人员短缺、资源缺乏等。

Ⅱ(重要但不紧急)：包括那些对于完成工作目标很重要，但可能不会引起即刻注意的工作，如：制定计划、训练下属、定期检查工作质量、建立人际关系等，需要好好规划。在这上面花费时间可以减少紧急状态下需花的时间，科维指出主要的精力和工作时间应有重点地放在此类工作上。这样可以做到未雨绸缪，防患于未然。

Ⅲ(不重要但很紧急)：常常占有管理者大部分的时间，如：按照上级要求书写报告、建议、计划、电话铃声、不速之客等，对于单位或管理者的目标却非必需。管理者可采取：①马上办，但只花一点时间；②请人代办；③集中处理。

Ⅳ(不重要也不紧急)：常是时间浪费的主要原因。如：组织不完善的会议、电话漫谈、重复性公文等，可等有空再做。

(三) 时间管理统计法

时间管理统计法的目的是对时间进行记录和总结，并分析时间浪费的原因，以采取节约时间的措施。记录形式可参照表5-5，记录

表5-5 时间管理记录格式

日期	星期	上午	工作项目	下午	工作项目
3月26日	星期一	8:00~		13:30~	
		9:00~		14:30~	
		10:00~		15:30~	
		11:00~		16:30~	
3月27日	星期二	8:00~		13:30~	
		9:00~		14:30~	
		10:00~		15:30~	
		11:00~		16:30~	

方法可利用台历或效率手册。记录时应注意真实性与准确性，以达到管理时间的目的。

(四) 学会授权

在时间管理上，授权是一个重要的要素。作为一个主管或一个项目的负责人，得到一个任务后一定要把它分出去，让最擅长的人来负责项目内的一部分。授权的方法等于延长管理者的工作时间，在行使中要注意以下几点：

(1) 找出哪些工作可以授权他人去做。

(2) 选择有能力的下属承担授权工作，并在授权中培养提高其工作能力，使之受益，从而产生一定的动力。

(3) 信任对方，尊重对方。

(4) 清楚地说明你对工作的要求、方式与时间限制。

(5) 赋予下属相应的权利，以便于开展工作。

(6) 授权不是推卸责任，在下属执行中要进行督促、指导。

> **时间管理的原则——帕累托原则**
>
> 帕累托原则又叫"犹太法则"、"80比20"的法则、"重要的少数与琐碎的多数"等，是由19世纪末意大利经济学家及社会学家帕累托(Vilfredo Pareto)提出。它的大意是：在任何特定的群体中，重要的因素通常只占少数，而不重要的因素则占多数，因此，只要能控制关键性的少数因素即能控制全局。帕累托原则反映了一种无法解释的不平衡性，但它却在社会、经济及生活中无处不在。如20%的人身上集中了人类80%的智慧，他们一生卓越；80%的社会财富集中在20%的人手里，而80%的人只拥有社会财富的20%；一个企业或一个组织往往是20%的人完成80%的工作任务，创造80%的财富；市场上80%的产品可能是20%的企业生产的；20%的顾客可能给商家带来80%的利润；完成20%的目标可能获得80%的效果。如果你每天的记事本上有十个事项要做，你只要能圆满达成其中最重要的两个项目，就可以得到八成的效果。因此，列出这两三项事情，各花上一段时间集中精力把它们完成。那么最大的好处，你已经获得。帕累托原则表明应该把最佳的时间用在最重要的事件上，所谓"好钢用在刀刃上"。

(五)学会拒绝

作为护理管理者必须明确:一个人不可能在一定的时间范围内完成所有的任务,达到所有人的期望,满足所有人的要求。因此,护理管理者应学会拒绝。例如以下几种情况:所请求的事情不符合个人的专业或职务目标;不属于自己职责范围内的事情;自己不感兴趣或感觉无聊的事情;非自己能力所及,且需花费工作时间以外时间的事情;会影响到自己正常职责范围内的工作的事情。护理管理者要巧妙果断地说"不",不要怕拒绝别人而影响同事间的关系,以更好地达成工作目标。

(六)学会避免"时间陷阱"

为了有效地运用时间,管理者必须学会避免几个常发生的"时间陷阱",如:活动轮回、欠缺计划、事必躬亲、会议病、电话及不速之客的干扰、文件满桌、做事拖拉等。其中最危险的是活动轮回,即漫无目的的行为反复循环出现,对此宜采取的措施为:明确列出有价值的工作目标和事项,并为之安排适当的完成时间,按照计划实施,并定期进行阶段性的评估。

(七)护理工作中的时间管理办法

护理人员在日常工作中要尽量减少干扰。对"开门办公"政策要有正确的认识,开门是指对病人、病人家属敞开办公,但不等于他们可以随时进入打断正在进行的管理工作。接待来访者或接听电话很大程度地影响了护理人员的正常工作,一不小心就会陷入"时间陷阱"。

针对护理工作的干扰因素,可以采取以下措施:①根据工作目标判断事情的重要性和紧急性,如对病人病情突然变化后的某些意外情况要立即采取措施,而对一般性的问题就按轻重缓急纳入日常工作中处理;②对于与工作目标无关的电话和来访者,可由助手阻挡,紧急和重要情况除外;③打电话时要抓住要点,电话边上放置纸、笔,便于记录重要事项;④尽量安排在办公室外的走廊中接待来访者,如果事情重要再请到办公室内细谈;⑤尽量缩短谈话时间,如果谈话内容不重要,可尽量使用肢体语言,如合上笔记本、整理桌上的文件或将身体移到椅子的边缘、或站起身、或看看表、或向门口走去、或礼貌地直接解释有紧急事件要处理,表示谈话可以结束或预约以后再谈;⑥对于内部人员的谈话,可安排在每日工作松闲的下午时间或定期召开员工会议,提供交流的机会;⑦对于护理有关的档案资料进行分档管理,按重要程度或使用频繁程度而分类放置,并及时处理、阅读、抓住要领。

节省时间的10个方法

1. 设定目标,将事情依轻重缓急作处置。
2. 事先做好规划,降低变数。
3. 找出自己最有效率的时段以合理安排工作内容。
4. 组织办公桌及办公室,提升工作效率。
5. 进行充分、合理的授权。
6. 养成做备忘录管理时间的习惯。
7. 第一次就做好。
8. 速战速决,分秒必争。
9. 技巧地对待访客,让时间的控制权在自己手上。
10. 善用零碎时间处理比较简单、快速的事。

---

1. 马克思主义的时空观认为:时间是运动着的物质的存在形式。时间具有客观性、一维性、无存储性。

2. 时间管理是一个包括"评估—计划—实施—评价(反馈)"的动态过程,包括:评估时间利用情况;确定工作目标和工作优先顺序;选择利用时间的策略;列出时间安排表并实施;评价时间花费的有效性。

3. 时间浪费的原因可分为主观和客观两个方面,管理者应利用消除时间浪费的策略,合理有效地利用自己的时间。

4. 管理者应树立时间观念、时间成本效益观念、时效观念,具有鉴别关键工作的能力和控制时间的能力与技巧。

5. 管理者要熟悉ABC时间管理法、时间管理的四象限法、时间管理统计法、授权和拒绝的技巧以及其他的节省时间、提高工作效率的方法。

小 结

目标检测

一、名词解释

1. 时间管理　　2. 时间浪费

二、填空题

1. 选择排除时间浪费有效利用时间的策略要明确以下几个问题：_____、_____、_____、_____。
2. 时间管理的条件_____、_____、_____、_____。
3. 时间管理的策略_____、_____、_____。
4. 优先性工作包括两方面含义：①最重要_____；②需要_____，并属于_____。

三、选择题

A_1 型题

1. 关于时间的概念正确的是
   - A. 时间是财产
   - B. 时间是运动
   - C. 时间是运动着的物质的存在形式
   - D. 时间能脱离物质而独立存在
   - E. 没有物质就有时间
2. 时间的方向性指
   - A. 时间具有一定顺序且无法改变方向性
   - B. 时间常处于消耗中
   - C. 时间具有计划性
   - D. 时间具有分配性
   - E. 时间具有多维性
3. 时间资源与其他资源相区别有重要一点是
   - A. 数量性　　B. 价值性
   - C. 无存储性　D. 方向性
   - E. 客观性
4. 时间成本效益是指
   - A. 不要错过时间
   - B. 具有控制时间的能力
   - C. 减少时间浪费
   - D. 单位时间所获得的目标效益
   - E. 工作有成效感
5. 不要错过时机，机会是达到个人或组织目标的特殊条件，这句话指时间管理的
   - A. 时间观念
   - B. 时间成本效益观念
   - C. 时效观念
   - D. 时控观念
   - E. 思维特征
6. 消除时间浪费的策略，正确的是
   - A. 参加一切有益的活动
   - B. 学会命令指挥工作
   - C. 决策果断,工作下放
   - D. 不重要的工作可拖延一段时间
   - E. 学会拒绝非职责范围的工作及责任
7. 人的最佳工作年龄时区通常在
   - A. 3～5岁　　　B. 6～12岁
   - C. 13～18岁　　D. 20～24岁
   - E. 25～50岁
8. 对管理者而言,最佳效益时区是
   - A. 20～25岁　　B. 20～30岁
   - C. 35～55岁　　D. 女性25～45岁
   - E. 男性30～60岁
9. 管理工作中最危险的"时间陷阱"是
   - A. 活动轮回
   - B. 工作无重点
   - C. 做非自己力所能及的事
   - D. 选择助手
   - E. 授权他人
10. 护理工作中的"开门办公"指
    - A. 对社会敞开办公
    - B. 对护士敞开办公
    - C. 对病人及家属敞开办公
    - D. 对医生敞开办公
    - E. 对行政敞开办公

B 型题

- A. 具有时间观念
- B. 具有时间成本效益观念
- C. 具有时效观念
- D. 具有时控能力
- E. 具有个人的思维特征

1. 在规定时间内完成任务获得成果属于
2. 具有对时间资源的自觉性和提高效率的意识属于
3. 不失时机做好工作属于

- A. 学会授权　　B. 学会拒绝
- C. 应用助手　　D. 避免"时间陷阱"
- E. 应用请求

4. 将自己的某些责任改派给另一个人属于
5. 请求的事项非自己能力所及要

X 型题

1. 关于描述时间的本质正确的是
   - A. 时间是无形而有价值的资源
   - B. 时间是给每个人的数量是固定的
   - C. 做任何事情都需要时间
   - D. 每个人在单位时间内获得价值是不同的
   - E. 时间价值是无法衡量的
2. 时间的特征表现
   - A. 客观性　　B. 方向性
   - C. 空间性　　D. 无存储性
   - E. 多维性

3. 时间管理的过程
   A. 评估　　　B. 计划
   C. 执行　　　D. 评价
   E. 反馈
4. 消除时间浪费的策略有
   A. 有选择的参加社交活动
   B. 有意识地锻炼自己的沟通交流能力
   C. 列出管理活动中的先后次序
   D. 制定谈话时间
   E. 适当控权
5. 时间管理的方法
   A. ABC时间管理法
   B. 确定优先性工作的方法
   C. 时间管理记录统计法
   D. 分工合作法
   E. 群体参与法
6. 护理管理中"开门办公"指对下列哪些人敞开办公
   A. 病人　　　B. 病人家属
   C. 医生　　　D. 护士
   E. 工勤人员

四、问答题
1. 什么是时间管理？
2. 时间有哪些特征？如何进行时间管理？
3. 影响护理管理者时间浪费的因素有哪些？
4. 分析你自己对时间利用的情况及浪费时间的原因。
5. 根据你所掌握的时间管理的知识，结合自己一天或一周的工作或学习内容制订一份时间管理卡。

第6章 组织结构与设计

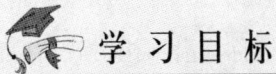

1. 解释组织、组织结构、医院等概念
2. 说出组织结构的类型、我国卫生组织分类及功能
3. 描述组织设计的原则
4. 结合医院特点,分析医院的功能
5. 说出医院内护理组织系统、中华护理学会和卫生部护理中心的任务

组织是管理的一项基本职能。组织存在的基础是人们活动的社会性。社会的需求日趋复杂化、多样化,要不断满足这种需求单靠个人努力是无法实现的,因此,不得不依靠众多人的共同努力。为此人们形成了组织,在组织中统筹安排人力、物力、和财力,力求用尽可能小的消耗取得尽可能大的成果。这种统筹安排并不是人力、物力、财力的简单叠加,它产生的组织效用可能将成倍增加。组织的存在对人类的发展起着重要的作用。管理者的主要任务之一就是要使组织不断发展、完善,使之更加富有成效。

案例6-1

每年的5月12日是国际护士节,各医院的护理部都会组织各种形式的活动来纪念护理界的鼻祖南丁格尔,同时也激励在职护士为人类健康努力工作,为此各种小组活动也会应运而生。

请问:
1. 组织的含义是什么?
2. 组织分哪几类?

第1节 概　　述

一、组织的概念

组织(organization)具有名词性和动词性两种含义。名词性意义上的"组织"指两个或两个以上的个体,为了实现共同的目标而组成的社会团体,如学校、医院、工厂等。动词性意义的"组织"指一种工作过程,是对人、财、物、信息、时间进行有效组合,为实现目标而进行的活动。管理职能上的"组织"包括以下三方面内容。

(一) 组织具有明确的目标

组织必须有目标,因为任何组织都是为目标而存在的。目标是组织存在的前提,是组织活动所要达到的目的。如医院目标就是治愈病人,保障人民健康,医务人员为此目标而开展各项救死扶伤的工作。凡是组织中的成员,都是为共同的目标而努力工作。

(二) 组织包括不同层次的分工合作

组织的目标是单独的个体所无法达到的,组织的效率也是单独的个体所无法比拟的。组织为达到预订的目标和效率,在内部进行不同层次的组织分工合作,组织的分工合作是有上下层次的。如医院的院长、科室主任、护士长,各有明确的职责和工作目标。

(三) 组织有不同层次的权利与责任制度

组织任务分工之后,要赋予每个部门、每个人相应的权力和责任,以便于实现组织目标。要完成任何一种工作,都需要具有完成该项工作所必须的权力,同时又必须负有相应的责任。仅有权力而无责任,就可能导致滥用权力。权力和责任是达成组织目标的必要保证。构成不同层次的权责结构,并需要不同的权力和责任制度来保证。构成一个权责角色结构系统。

组织从管理学的角度说,组织有静态和动态两种含义。从静态方面看,组织作为一个实体,如机关、团体、学校、医院、军队、工厂、商店和公司等社会单位,指人们通过某种结构形态,

通过分工、合作以及不同层次的权力和责任制度,为实现共同目标而协调努力的集合体。从动态方面看,组织作为一种活动,是为实现目标而进行的各项活动,指将实现目标所必须进行的业务活动加以分类,并据此拟定职务、建立机构、选用人员、配备物材、明确职权的全部过程。我们所说的组织职能指为实现管理目标而进行的组织活动,它是保证决策目标实现和计划有效执行的一种重要功能。

摩西率众长征的故事

《圣经》里说,摩洛哥大旱,居民们为了活命,就跟一个叫摩西的人去欧洲逃荒,一路上是"扶老携幼、将男带女","乱乱纷纷,熙熙攘攘",每天只走十来里路,而且大事小情都找摩西解决,弄得摩西狼狈不堪。他老丈人看着不忍,给他出了个主意,就是每十个人推选一个人当"头儿",头儿们再推选精明的人当大头儿,大头儿再推选更精明的人当更大的"头儿",这些更大的"头儿"由摩西指挥。居民有事,逐级上报,摩西有令,逐级下达。这样一来,居民们就成了有秩序的队伍,行进速度加快了,胜利地到达了目的地。他们为什么走得快了呢?就是因为他们被组织起来了。

二、组织分类

组织可分为正式组织与非正式组织。在管理学上有很重要的意义。现代管理学是以正式组织为认识对象的。人群关系论是以非正式组织为认识对象的。

(一)正式组织

正式组织亦称为显结构,指为了实现组织目标,有目的、有意识地设计和建立的各种关系体系。这个关系体系主要包括组织中各种职位之间的责任、权力、利益关系;一些相关职位形成的各个不同的工作群体、工作部门之间的责任、权利、利益关系。即通过设计而形成的职务或职位结构。一般有组织系统图、组织章程、职位及工作标准说明的文件。如医院内护理组织,是具有共同的护理目标、正式的设计、各层次职位结构的正式组织。正式组织的实质就是有自觉的共同活动的目标。正式组织一般具有以下特点:

(1)有明确的组织宗旨及共同的目标。

(2)有协作的意愿,讲究效率。

(3)有正式的机构编制,有赋予领导的正式权力及上下隶属关系。

(4)有明确的章程及管理制度。

(5)有明确的角色关系,分工专业化,强调成员工作须服从组织目标。

(二)非正式组织

非正式组织亦被称为潜结构,指没有自觉的共同目标的人们根据个人需要,自然地、自发地形成的联合群体。我们一般讲组织管理,都是针对正式组织而言,着重研究其结构、章程、规范等,但是在霍桑实验中,人们发现了非正式组织的存在,而且发现其对管理工作起着不可忽视的作用,由此而引起重视。我们这里讲的非正式组织,主要指正式组织里的非正式结构,是组织中占据各种职位的组织成员在较长时期的相互接触、相互作用过程中,逐渐形成的超出组织正式关系体系的、稳定的非正式关系模式。这种关系直接和间接地影响成员的个别及集体行为,对于一个组织的工作效率有极重要的影响。霍桑试验发现,每个职工在其集体中的融洽性和安全感较奖励工资计划有更为重要的作用。非正式组织具有以下特点:

(1)没有明确目标的自发组织。

(2)没有法定的组织结构及职位。

(3)用不成文的规范约束控制成员行为。

(4)领导无法定的权力,但有较大的号召力和影响力。

案例 6-2

在医院护理管理系统中,从护理部主任、科护士长、护士各自任务分工明确,完成各自的工作,达到组织的目标,这三个要素之间是如何联结起来的,有哪些组织模式呢?

1. 组织结构是什么?
2. 组织结构的基本类型有哪些?

第2节 组织结构的概念与基本类型

一、组织结构的概念

结构是所有学科中的一个基本概念。组织

中对各个组成部分的搭配和排列称为结构。生物学家要了解细胞的结构,物理学家要探索原子的结构。对于组织结构来说,正式组织结构是经过认真研究后才建立起来的。管理者根据组织的目标,把任务进行分工,再按一定的关系把他们联结起来而形成组织结构。组织结构是稳定的、连续的、逐渐演变的。

组织结构指构成组织的各要素之间的相对稳定的关系模式。组织结构是表现组织各部分排列顺序、空间位置、聚集状态、联系方式以及各要素之间相互关系的一种模式,是执行管理任务的结构。

组织结构在管理系统中起到"框架"作用,组织结构使组织中的人流、物流、信息流正常流通,使组织目标的实现成为可能。就像人类由骨骼确定体型一样,组织也是由结构来决定其形状。组织能否顺利达到目标和促进个人在实现目标过程中作出贡献,在很大程度上取决于组织结构的完善程度。因此组织结构设计是组织管理中的关键而重要的内容。

二、组织结构的基本类型

组织的结构模式大致分为机械式组织模式和有机式组织模式两类。

(一)机械式组织模式

权威管理学家称传统意义上的组织结构为机械式组织,是坚持统一指挥下的正式职权层级结构,高度劳动分工、高层管理主要使用规则条例,工作常规化、标准化、专业化、部门化。机械式组织模式有五种基本类型,即直线型、职能型、直线-职能参谋型、矩阵式以及委员会组织。在现实中,大部分组织并不是"纯粹"的某一种类型,而是多种类型的综合体。管理人员在这些类型的结构框架中协调人们的活动。

1. 直线型组织结构 又称单线型组织,是工业发展初期的一种最简单的组织结构形式。组织系统从最高管理层到最低管理层按垂直系统建立的管理形式,结构简单而职权明确,一个员工只对一个主管负责,接受一个主管的命令(图6-1)。其优点是机构简单,权力集中,命令统一,决策迅速;缺点是当组织规模大、业务复杂时,所有管理职能集中由个人承担比较困难;多数的主管人须负全责,有违专业化分工的原则;同时因事物杂多,对问题处理容易流于草率;组织所需的这种管理人才要求通晓多方面的知识和工作能力,求之不易。直线型组织结构适用于规模小、目标单一、任务简单的组织管理。不适用于规模较大、管理比较复杂的组织机构。

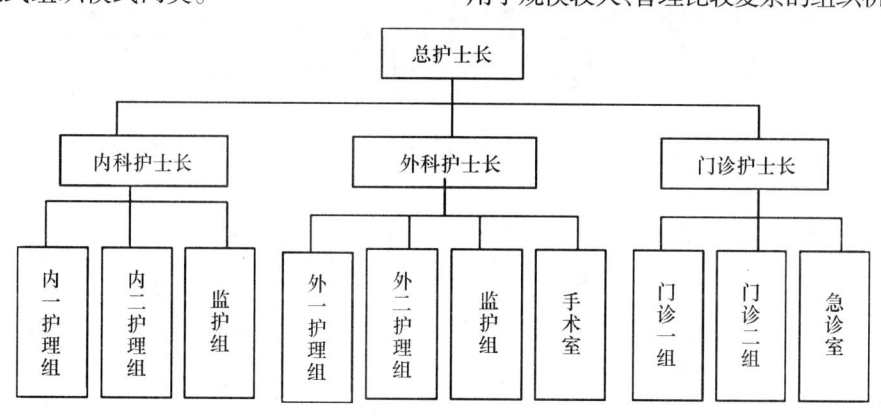

图6-1 直线型组织结构示意图

2. 职能型组织结构 又称多线型。职能部门或岗位是为分管某项业务而设立的单位,有一定职权。各部门在其业务范围内,有权向下级发布命令和下达指示,下级领导者既服从上级领导者的指挥,也听从上级职能部门的指挥,各职能部门在分管业务范围内直接指挥下属(图6-2)。这种组织机构优点是管理分工较细,有利于提高专业管理水平,对培养专门人才,有效地发挥专家特长,促进组织的发展,能充分发挥职能机构专业管理作用,减轻上层管理者负担。但它的最大缺点是:每个职能部门都有权指挥,易导致基层要接受多方领导而无所适从;不利于组织统一指挥;职能机构横向联系差;当环境变化时适应性差。实际工作中,纯粹的此类型组织结构较少。

3. 直线-职能参谋型组织结构 这种组

织形式把管理人员分成两类:一类是直线指挥人员,他们拥有对下级实行指挥和命令的权力,并对该组织的工作负全部的责任;另一类是职能管理人员,对指挥系统起参谋助手作用,对下级可提建议与业务指导,可在特殊情况时指挥下属,并对直线主管负责。有时直线领导为充分发挥职能管理部门的作用,可授予某些职能部门一定的决策权、控制权(图6-3)。其优点是既可统一指挥、严格责任制,又可依分工不同和授权程度,发挥职能人员的作用。这种组织结构分工严密,职责清楚,有利于发挥职能部门的作用,有利于提高组织的管理效能。但是各职能部门之间工作内容和工作目标不同,在实际工作中容易发生直线领导与职能管理部门以及职能部门之间的职权冲突。

4. 委员会型组织结构 一个机构,尤其是处于发展中的机构,有许多重要的专业计划,很难指派组织中的某个单位独立负责时,多会以委员会的形式与上述组织机构相结合,发挥咨询、合作、协调作用,由来自不同单位的专业人员、专家等组成,共同研究各种管理问题,便于沟通,以弥补正式组织中一些管理上的功能,如护理职称评审委员会由护理专家、护理行政领导者等组成。它的性质有别于永久性的组织,它多半具有特殊之意义,在时间上是较短的或定期的。委员会的优点是:可以集思广益;防止权力过分集中;利于沟通;能够代表集体利益;具有一定权威性;易获得群众信任;促进管理人员成长。缺点是:费时间;职责分离。

5. 矩阵式组织结构 矩阵式结构是借用数学上把多个元素按横行、纵行排列的矩阵概念,由纵、横两套管理系统相配合而组成的组织结构,即按组织目标管理与专业分工管理相结合的组织。此组织的下属人员必须同时向

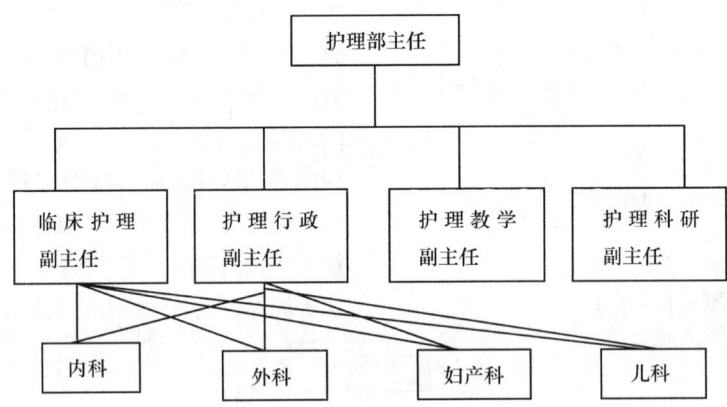

图6-2 职能型组织结构示意图

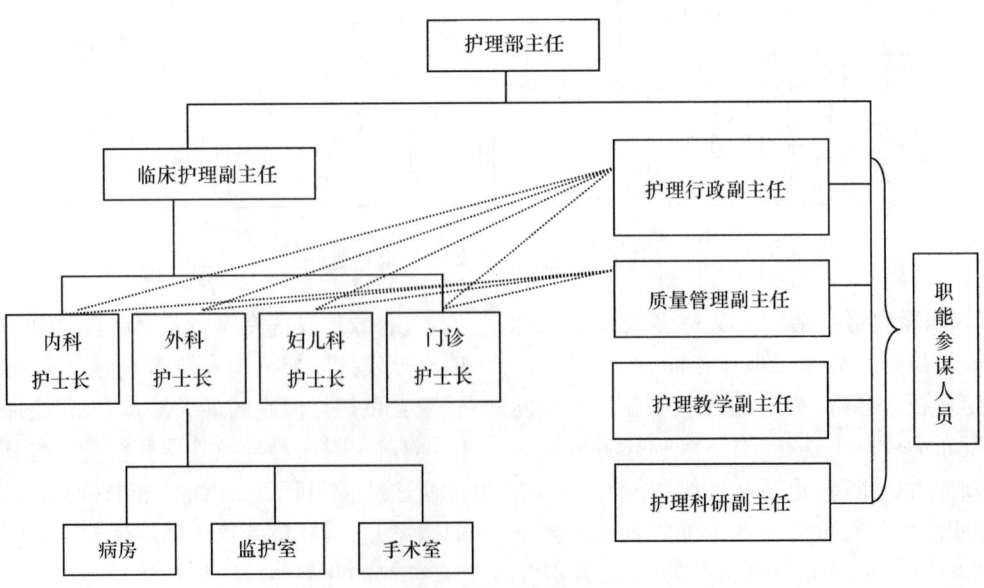

图6-3 直线-职能参谋型组织结构示意图

本部门管理者与职能管理者两个以上的上级汇报。由于这种结构在领导关系上的多重性，难免发生矛盾，因此，该结构不利于统一指挥。

在矩阵式组织中，命令路线有纵横两个方面（图6-4）。直线部门管理者有纵向指挥权，按职能分工的管理者有横向指挥权。在矩阵式护理管理组织中，既有直线参谋组织，又有横线联系的矩阵组织。按目标负责的护理副主任与护理行政、质量、教学、科研等职能管理的副主任共同负责各护理单位工作。部门管理者对工作任务的完成负全面职责，职能部门的管理者拥有分管职能的重要领导作用。护理部主任居于矩阵之外，基本职能是协调，包括平衡权力、处理各种关系和建立工作标准与目标。

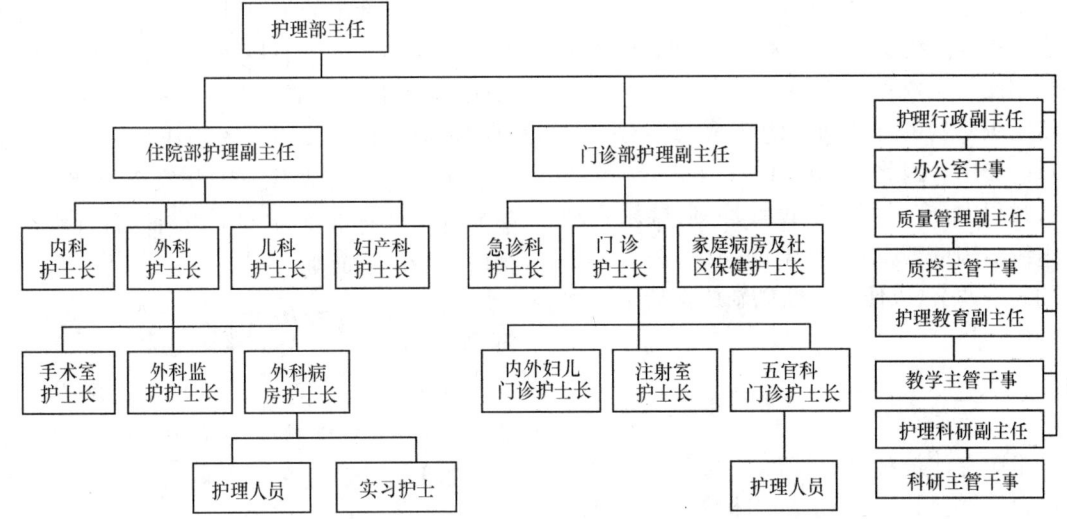

图6-4 矩阵式护理组织结构示意图

（二）有机式组织模式

20世纪80年代初开始，为适应不断变化的形势、加强组织的竞争力和运行效率、增强灵活性和工作的主动性，一些组织的主管人员开始设计新型的组织结构。如团队结构、虚拟组织、无边界组织、女性化组织等。管理界对新型的组织结构称为有机式组织，是一种松散、灵活、具有高度适应性能的组织。

团队结构是当今盛行的一种组织运作形式。团队是由来自组织同一等级不同工作领域（不同部门）的成员为完成一项任务而组成的，是通过其成员的共同努力能够产生积极协同作用，推动团队成员共同努力，使团队的绩效水平远大于个体成员绩效的总和。

根据团队存在的目的，常见类型有：问题解决型团队、自我管理型团队和多功能型团队。例如，质量管理中的"质量圈"就是一种有机式问题解决型团队：由8～10名成员和基层管理者组成，共同承担解决质量问题的责任，定期聚会，讨论质量问题，探讨问题形成的原因、提出解决建议，以及实施纠正的措施。团队比传统的部门结构或其他稳定的组织形式更灵活、反应更迅速，其优点是：可以打破部门界限快速地组合、重组、解散，能促进成员参与决策、增强民主气氛，调动积极性，可以作为传统的部门结构的有益补充。

此外，新型组织结构的类型还有虚拟组织（是从组织外部寻找各种资源来执行各项最擅长的基本职能），无边界组织（通过取消组织垂直界限而使组织趋向扁平化，等级秩序作用降到最低限度，组织松散，无定型）和女性化组织（重视人际关系和人际交往的组织）等。

案例6-3

某医院准备新建一幢骨科病房大楼，计划用一年时间完成，其中大楼的建造、人力的安排、设备的安置等都要进行周密的组织设计和技术设计。

请问：
1. 什么是组织设计？
2. 组织设计应遵循的原则是什么？
3. 组织设计步骤有哪些？
4. 组织设计要求有哪些？

第3节 组织设计

一个成功的组织,不仅取决于组成组织的各基本要素,而且取决于这些基本要素的安排和在此基础上的管理。在复杂多变的外部环境下,要素安排显得十分关键。国外一些学者作过统计,所有组织在管理方面出现的问题绝大多数都是由组织结构不合理造成的,这些问题轻则使组织效率降低,重则使组织解体。可以说组织结构的好坏对于组织成功具有举足轻重的作用。因此,在组织设计或组织结构改革的过程中,应根据组织设计原则,寻求合理的组织结构框架,设置科学的岗位,进行动态化的运行调节,以便在不断创新中保持组织运行上的优势。

一、组织设计的概念

组织设计是对组织进行有效管理的工作基础,是对组织活动和组织结构的设计过程,是把有关组织要素如任务、责权、工作程序等合理组合并加以制度化的动态设计过程。主要包括两个方面:

(1) 确定组织总目标和需要完成的全部任务,设置机构、安排部门和岗位,明确职责权限、工作程序,合理配置资源,建立有效的相互关系。

> **阿波罗登月计划**
>
> 美国的阿波罗登月计划中,所有的零部件日本都可以造出来,但由于日本的整体计划、设计和管理水平较低,它无法将人送上月球。阿波罗计划可以说是人类历史上空前庞大的计划,它动员了2万多家工厂、120多所大学参加,参与该项计划的人数多达400多万,需要生产300多万个零部件,耗资250亿美元。计划的每一步骤都要经过周密的计算,而每一主要步骤又需要次级计划和第三级计划的支持。计划中的人力、物力、财力都需要周密地组织。为顺利完成设计、制造、发射、回收,人们进行了精确无误的组织设计,使这一伟大计划得以实现。

(2) 设计同时要考虑组织内部诸要素的协调和外部环境的影响。设计的结果形成组织结构。例如病房护理组织的设计,要对护理人员的职责、权限、护理工作秩序与其他各项工作程序科学合理的进行组合,既考虑本病区人、财、物等内环境因素,又要考虑医院整体及专业发展的外环境因素,以使病区护理组织形成具有生命力的合理结构。

二、组织设计遵循的原则

要使设计出的组织既有效率又有效果,组织的形成如人的器官既分工又合作的有机整体,必须遵循一些基本原则。这些原则凝聚了管理理论家在组织设计方面成功的经验与失败的教训。组织结构是否科学、合理对组织功能的发挥具有重要的作用。因此,设计组织结构应遵循以下原则。

(一) 统一指挥的原则

每一位员工仅对一位上级管理人员负责,即一个人只能接受一位领导的命令和指挥。如果两个以上的领导同时对一个下级或一项工作行使权力,就会出现混乱局面,使下级无所适从,影响组织目标的实现。因此,为了避免多头指挥和无人负责的现象,提高管理效果,组织机构的设置必须有利于统一指挥。

所设计的每个部门均须有助于组织目标的实现。各部门和岗位的分目标必须服从组织的总目标。如病房、门诊、急诊、供应室、手术室等护理单位均须成为有助于完成全院护理总目标的分组织。

(二) 专业化分工与协作的原则

要提高管理的效能,就需要有分工和协作。分工是根据组织的任务、目标按专业进行合理分工,使各个部门和每个人明确各自应该做的工作,以及完成工作的手段、方式和方法。分工是实现组织目标的需要,但要更好地实现组织的目标,还必须进行有效的协作。协作是各项工作顺利进行的保障,协调则是促进组织成员有效协作的手段。

将全部工作划分成各种专业化的服务,再分派到群体或个人,形成不同的部门。例如,医院护理任务可按内、外、妇、儿等专业及消化、呼吸、内分泌、心血管等亚专业划分成不同病房;也可按急性期、恢复期等不同时期的住

院患者划分病房。护理工作依此分派到群体或个体，使不同的人员在各自岗位上发挥应有的作用。

(三) 管理层次的原则

将组织的职权、职责按上下级关系划分。层次是从上级到下级建立明确的职责、职权和联系的正式渠道。凡是组织都有层次结构，组织越大往往层次越多。指令和命令必须通过组织层次逐层下达，上级指挥下级、下级听从上级指挥，组成垂直等级结构，实现统一指挥。但如果层次过多，上、下级之间的信息沟通就会受到影响，因此，组织中的层次应越少越好，命令路线越短越好。一般来说，从最高层领导到基层领导之间以2~4个层次(级)为宜。如护理组织可划分为"护理部—科护士长—护士长—护士"的垂直四级结构。

(四) 管辖幅度的原则

管辖幅度指管理人员有效地监督、指挥、管辖其直接下属成员数量的限度。有效的监督及管理只有在合理的管辖幅度下才能实现，此原则要求所设计的组织部门或岗位管辖幅度要适宜，这也是组织设计中的重要依据之一。管辖幅度受工作的性质、类型、特点，工作人员的素质、技术水平、经验，管理者的能力等因素影响。因此，应根据具体条件确立适当的管辖幅度，以有效地监督和管理。

一般而言，高职位的行政管理者管辖幅度应较小，因为最困难、最复杂的决策性和方向性问题往往是由上层领导来承担，所以直接领导的人数不宜多，管理者与受监督者人数之比为1:(4~8)；而基层管理活动属于执行性工作，处理的问题多是日常事情，有较多的重复性质，所以直接领导的人数就可以多些，约为1:(10~15)。而某些领域狭小的高深研究工作，也许根本无须监管。因此，要根据具体条件来确立适当的管辖幅度。如护理管理中，护理部主任、科护士长、护士长的管辖幅度要适当。如果管理幅度过宽，管理的人数过多，任务范围过大，使护理人员接受的指导控制受到影响，管理者则会感到工作难度较大；如果管理宽度过窄，又会使管理者不能充分发挥作用，造成人力浪费。

(五) 责权一致原则

组织中对承担任务部门或人员，应赋予相应的职权，即职权和职责保持对等。就是说有什么样的职位，就应拥有相应的权力，权力是完成任务的必要工具，而有多大的权力，就应负多大的责任。遵循这一原则，对上级来说有一个正确的授权问题，上级对下级授予的职权不应大于或小于下级的职责，下级也不能向上级索要要职责范围以外的更多职权。有权无责会助长瞎指挥和官僚主义，有职无权或权限太小，又会束缚了管理人员的积极性、主动性。正确的职权分配要求上级只掌握总的权限，将其他权限逐级分配给下级，既统一领导，又分级负责。

(六) 需要与发展原则

组织设计首先要立足于现实的需要。组织设计的根本目的是为了保证组织目标的实现，是使目标活动的各项内容都落实到具体的机构、部门和岗位。从组织结构上看，组织的各个机构、部门和岗位都有着明确的任务目标，它们与整体目标一致，相互联系，构成一个有机的整体。组织机构、部门和岗位的设置必须以承担某些职责、完成特定的任务目标为前提，即按需设计和设置构成组织的部门、机构和岗位。

坚持需要与发展的原则，就是要求我们采取从现实出发的务实态度，一方面立足于当前的管理需要，另一方面着手于未来的发展需要。要实现这一要求，必须考虑到今后的管理，即将发展和需要结合起来进行组织的整体化设计。

此外，在设计组织的指挥机构时，还要注意精干，以避免头重脚轻，人浮于事。

三、组织设计的步骤

(一) 组织调查与方案论证

组织设计从组织的现状调查入手，在分析组织建设需要与可能的情况下，经论证提出系统的设计方案，编写任务书。

（二）组织要素分析与目标定位

在已定方案的基础上，详细分析构成组织的各要素与要素的关联作用，进行目标选择与定位。

（三）组织结构设计与机构设置

根据总体目标，按组织设计的规范进行组织要素配置，构建科学的组织体系，在此基础上确定组织机构，明确机构之间的基本关系，提交完整的结构与机构建设方案，按方案进行组织机构建设。

（四）组织岗位设计与权力分配

按机构设置框架和组织建设的原则要求，根据责、权对等的原则，按优化的模式设岗，按岗定责，按责定权，以此为基础确立组织的权力结构体系。

（五）组织运行设计与制度安排

通过对组织目标的分析，进行运行模式设计，在验证模式的可靠性与可行性的基础上，进行运行管理方法的规范，在制度上规定组织运行的原则、办法与体制，并在组织运行中不断完善这一工作。

（六）组织变革、创新与再造

针对组织运行中的新问题和社会环境、技术环境、资源环境的变化，不断改进组织的结构体系、责权分配和运行管理制度，达到组织创新。在创新基础上创造条件，进行组织再造（再造工作基本上按前述的步骤进行）。

（七）组织发展

通过组织设计、建设与再造，寻求新的发展机会，确立持续的稳定发展机制。

四、组织设计的要求

组织设计的具体工作要求，主要包括以下几个方面：

（一）科学的劳动分工

组织的劳动分工指将一项完整的复杂工作分解成若干相对简单的工作，安排专人从事某一工作任务的分工组织活动。以泰勒为代表的科学管理学派采用把工作划分为一系列简单化、标准化和专门化的动作，然后把这些动作分派给单个人员去重复进行，形成流水作业，其目的是为了最大限度地提高生产效率。例如分配病房护理组成员分别负责做"静脉给药"、"测体温、脉搏、呼吸、血压"、"生活护理"等专项工作。劳动分工使复杂的工作变得相对简单，其专业化的操作与管理，有助于组织效率的提高；劳动分工具有相对性，过度细化分工的负面效应是会使操作与管理变得过于单调和枯燥，永远只承担一种简单工序的组织成员必然缺乏对完整性全局工作的理解，因而降低满意度与激励力，也压抑了个人希望在工作中成长与发展的需要。同时，复杂的分工将导致环节增多，这给组织成员的沟通和协调带来了新的困难。可见，劳动分工必须实现科学化，其基本要求一是适当控制操作与管理的分工度，使每一分工适应人本管理与技术条件的需要；二是分工内容应合理，其分工应协调；三是在分工基础上强调分工后的统一管理与配合。

为克服上述消极后果，后来管理学家提出了工作扩大化和工作丰富化的新设计方法。工作扩大化是使工作人员增加工作种类以克服单调和厌倦感。这需要人们提高各种技能，不仅增加了工作多样性，而且提供了成就感。例如护士治疗、护理、主班等各种班次轮换制，要求护士各种工作均能胜任。

工作丰富化是使职工在工作中有更多的选择方法、评价结果和参与决策的自由，要求完成更复杂的任务、负更大的责任、有更多的自主权，因而对工作者的能力和技术也提出了更高的要求。例如责任制护理使护士有机会从事内容更复杂的工作，参与护理计划的决策、评价护理结果，负更大的责任和有更多的自主权，也满足其工作中发展提高和成就感的个人需要。工作内容丰富化强调消除工作中执行与控制的界限，例如责任制护理消除了单纯"执行"、受人控制的状况，使护士对工作产生兴趣，增加了自主性与满意感，同时也提高了工作质量。

（二）完善的组织结构

组织结构是组织建设的总框架，是组织中

各要素的结构性组合体系。组织结构设计作为组织设计的一项关键性工作,要求设计的结构完善、组织有序、关系清楚、层次分明,以便在此基础上设置机构,划分部门或安排岗位。

(三) 优化的管理部门

组织设计的一个重要问题是如何实行管理部门化。按管理专业化分工原则,管理部门以发挥专门管理职能为基础,是管理职能的专门化分解,包括纵向和横向两个方面的分解。纵向的分解是根据管理的有效作用范围和对象的限制,确定管理的系统层次以及各层次上的部门或岗位;横向的分解是根据不同的组织活动内容,按一定的标准将组织管理系统分解成相互配合的若干个职能部门或岗位。组织的管理部门可以按多重标准设置,但优化设置应该是管理效率最高、管理职位最省、最有利组织发展的设置方案。

(四) 合理的责权体系

管理部门设置以后就会有管理职责与职权安排问题。从管理实施的角度看,管理职责和职权的确认必须有利于组织管理与运行,在规范管理职责的前提下给予相应的职权,就是以管理目标决定职责,以职责决定职权。

(五) 高效的运行机制

组织设计的最终目的是确立高效的组织运行机制。这种机制不仅要适应目前的组织运行环境,具备对未来发展的适应性,而且要适应组织的业务工作,满足实现组织目标的基本要求。

案例 6-4

姗姗毕业后,在一所三级甲等医院工作,在一次护士继续教育学习的考核中有一道题:请说出我国医疗卫生体系的功能?谈谈我国卫生工作方针是什么?由于姗姗平时比较注重学习,很快就完成了考题,并获得了好成绩。

请问:
1. 我国卫生组织的分类及功能有哪些?
2. 医院组织系统是什么?
3. 医院的功能及特点有哪些?
4. 护理管理的组织系统是什么?

第4节 我国医疗卫生组织管理系统

我国医疗卫生组织管理系统是贯彻实施国家卫生工作方针政策,领导和指导全国与地方卫生工作,制定具体政策,组织卫生专业人员和广大群众应用医药卫生科学技术,开展卫生工作的专业组织机构。它的主要任务是防治疾病,保障人类健康和提高人口素质。医疗卫生体系指以医疗、预防、保健、医疗教育和科研工作为功能,由不同层次的医疗卫生机构所组成的有机整体。

一、我国卫生组织的分类及功能

根据我国医疗卫生组织系统的工作性质和功能,医疗卫生组织的设置大致可以分为三类:卫生行政组织、卫生事业组织和群众卫生组织。无论在哪一个卫生组织系统中都有一批护理工作者和相对应的护理管理部门。护理人员活跃在医疗保健、卫生防疫、护理教育和科研的第一线。

(一) 卫生行政组织

卫生行政组织是贯彻实施党和政府的卫生工作方针政策,领导全国与地方卫生工作,提出卫生事业发展的战略目标、规划,制定医药卫生法规和进行督促检查的国家行政机构。目前我国卫生行政组织的体制:国家设卫生部,是国务院综合管理全国卫生工作的职能部门;省、自治区、直辖市设卫生厅(局),地区、市、县设卫生局(科),乡镇或城市街道办事处设卫生专职干部,负责所辖地区的卫生工作。

卫生部、厅、局是主管省、自治区、市、县卫生工作的职能部门,各级卫生行政组织的主要任务:根据党和国家对国民经济和社会发展的统一要求,贯彻国家卫生工作方针、政策;结合各地实际情况,制定卫生事业发展的总体规划和工作计划,如制定有关卫生工作的法律、法规、技术标准和重大疾病防治规划等;制定医学科研发展规划,组织科研攻关;进行监督检查工作,依据卫生法规、标准对社会公共卫生、劳动卫生、食品、药品、医用生物制品和医疗器械行使监督权;对重大疾病及医

疗质量等实行监测；制定爱国卫生方针、政策和措施；组织调研，了解实际情况，交流经验，总结推广提高。

（二）卫生事业组织

卫生事业组织是具体开展业务工作的专业机构。按工作性质可分为：

1. 医疗预防机构 包括各级综合医院、专科医院、门诊部、医疗保健院（所）、疗养院、康复医院、护理院等。主要承担诊疗和预防疾病的任务。目前是我国分布最广、任务繁重、卫生工作人员最集中的机构。

2. 卫生防疫机构 包括各级卫生防疫站，职业病、地方病、寄生虫病防治机构及国家卫生检疫机构。主要承担预防疾病的任务。并对危害人体健康的影响因素，如环境卫生、食品卫生以及学校卫生等进行监测和监督。

3. 妇幼保健机构 包括妇幼保健院（所、站）、妇产科医院、儿童医院及计划生育专业机构（如计划生育门诊部、咨询站等）。主要承担保护占我国总人口2/3的妇女、儿童健康任务的业务组织。负责制定对妇女、儿童卫生保健的规划，计划生育技术质量标准的监督检查和新技术的开发研究与优生优育工作。

4. 药品、生物制品、卫生材料的生产、供销及管理检测机构 包括药品检验所、生物制品研究所等。主要承担发展我国医药科学和保证安全用药的任务。

5. 医学教育机构 包括各类医学院校、卫生学校和卫生进修学院等，是培养、输送各级各类卫生人员的专业组织。主要承担发展医学教育，培养医药卫生人才，并对在职人员进行专业培训的任务。

6. 医学科学研究机构 包括医学科学院、中医研究院、预防医学中心、各种研究所等。主要承担医药卫生科学研究的任务，推动医学科学和人民卫生事业的发展，为我国医学科学的发展奠定知识基础。

（三）群众卫生组织

群众卫生组织是由专业或非专业人员组成的机构，按人员组成和活动内容不同，可分为以下三类：

1. 由国家机关和人民团体的代表组成的卫生组织 由各级党政组织和群众团体负责人参加，组织有关单位、部门共同做好卫生工作的群众组织，此组织以协调有关各方的力量，推动群众性除害灭病、卫生防病为主要任务。如爱国卫生运动委员会、血吸虫病或地方病防治委员会等。

2. 由卫生专业人员组成的学术性团体 如中华护理学会、中华医学会、中华药学会等在全国各地成立的分会或地方性学会。开展各种学术活动和培训讲座，通过交流经验等形式活动组织会员学习，开展群众性科普咨询，以提高医药卫生技术水平为主要任务。

3. 由群众卫生积极分子组成的基层群众卫生组织 中国红十字会就是这个组织的代表机构，以协助各级政府的有关部门，开展群众卫生和社区福利救济工作为主要任务。在各级政府的领导下，在中国红十字会统一组织下，遍及全国各地的红十字会是基层卫生工作的主要力量。

二、医院的组织系统

医院是以诊治疾病、照顾患者为主要目的的医疗机构。医院是当今社会中医疗卫生机构的主体形式，目前我国护理人员主要分布在各级各类医院中开展护理工作。

（一）医院的概念

医院（hospital）是为群众或特定人群进行防病治病的场所，备有一定数量的病床设施、相应的医务人员和必要的设备，通过医务人员的集体协作，运用医学科学理论和技术，以达到对住院或门诊患者实施科学的和正确的诊疗、护理为目的的医疗事业机构。构成一所医院必须具备以下基本条件：

（1）医院以实施住院诊疗为主，并设有门诊部。

（2）应有正式病房和一定数量（按医院分级管理标准，不得少于20张）的病床等设施。应具备基本的医疗、休养环境及卫生管理设施。

（3）应有能力对住院患者提供合格的护理和基本生活服务，如营养饮食服务等。

（4）应有基本医疗设备，设有药剂、检验、

放射、手术及消毒供应等医技诊疗部门。

（5）应有相应的、系统的人员编配。包括医务人员和行政、后勤人员，构成整体医疗功能。

（6）应有基本的工作制度，如查房、病历书写、各种技术操作、消毒隔离等医疗护理制度。以保证医疗质量和患者的安全。

现代医院是以收容住院为主要形式，按照防治结合的原则实施综合治疗，同时开展对人群生活的全面指导、监督和保护，从而提高人的健康素质为目的的医疗卫生机构。医院应对患者提供门诊、社区、家庭病床等卫生服务形式；防治结合是标志医院职能的扩大，尤其是在三级预防中的二、三级预防中，医院更负有直接的责任；综合治疗包括心理、技术、社会等各方面。

（二）医院的基本性质

医院是社会系统中一个有机组成部分，必须适应社会环境的改变和发展。医院的社会功能是提供医疗服务，与卫生系统的其他部门（如预防、保健、医学教育和科研机构）互补，共同承担保障人民健康的社会职能。

卫生部颁发的《全国医院工作条例》指出："医院是治病防病、保障人民健康的社会主义卫生事业单位，必须贯彻国家的卫生工作方针政策，遵守政府法令，为社会主义现代化建设服务。"

（三）医院的类型和分级

1. 医院的类型 根据不同划分条件，可将医院划分为不同类型（表6-1）。

表6-1 医院分类

划分条件	类型
按收治范围	综合医院、专科医院、康复医院、职业病医院
按特定任务	军队医院、企业医院、医学院校附属医院
按地区	城市医院（市、区、街道医院）、农村医院（县、乡、镇医院）
按所有制	全民所有制医院、集体所有制医院、个体所有制医院、中外合资医院
按经营目的	营利性医疗机构、非营利性医疗机构
按卫生部分级管理制度	一级医院（甲、乙、丙）、二级医院（甲、乙、丙）、三级医院（特、甲、乙、丙）

注：表中有的医院兼有几种类型

综合医院是各类型医院的主体。综合医院根据规模设有一定数量的病床，分内、外、妇产、儿、眼、耳鼻喉、皮肤、中医科等各专科及药剂、检验、影像等医技部门和相应人员、设备的医院。综合医院采取对各科疾病进行诊疗的体制，有利于发挥现代医疗的多学科协作会诊、治疗功能；对患者具有综合整体治疗、护理能力，通过医务人员的协作，解决急、难、危、重患者的健康问题。

专科医院是为防治专科疾病而设置的医院，如传染病医院、结核病防治院、精神病防治院、妇产科医院、眼科医院、口腔医院、胸科医院、肿瘤医院等。设置专科医院是医学科技发达的象征，有利于发挥医疗技术和设备的优势，集中人力、物力，开展专科疾病的预防、治疗和护理。

营利性医疗机构指医疗服务所得收益可用于投资者经济回报的医疗机构。医院经报卫生行政部门核准后，根据市场需求，可自主确定医疗服务项目，依法自主经营。

非营利性医疗机构指为社会公众福利利益设立和运营的医疗机构，不以营利为目的政府创办的非营利性医院，其收入用于弥补医疗服务成本，实际运营中的收支结余不能用于投资者的回报，只能用于自身的发展，如改善医疗条件、引进技术、开展新的医疗服务项目等。

2. 医院的分级 1989年，我国医院实行标准化管理，实施医院分级管理制度。医院分级管理就是按照医院的功能和相应规模、服务地域范围和隶属关系、技术力量、管理水平及服务质量等综合水平，将其划分为一定级别和等次的标准化管理。在卫生部提出的医院管理方案中，将医院分为三级（一、二、三级）、十等（每级分甲、乙、丙等，三级医院增设特等）。

一级医院是直接为社区提供医疗卫生服务的基层医疗卫生机构。主要指农村乡、镇卫生院和城市街道卫生院（社区卫生服务中心）。一级医院的主要功能是直接对人群提供一级预防，并进行多发病、常见病的预防管理，对疑难重症做好正确转诊，协助高层次医院搞好住院前后的服务。

二级医院是为一个地区提供医疗卫生服务的医院，是地区性医疗预防的技术中心。主

要指一般市、县医院及省辖市的区级医院和具有相当规模的厂矿、企事业单位的职工医院。主要功能是提供医疗护理、预防保健和康复服务，参与指导对高危人群的监测，能与医疗相结合进行教学科研工作，接受一级医院转诊，并对一级医院进行业务指导。

三级医院为国家高层次的医疗卫生服务机构，是跨地区、省、市以及向全国范围提供医疗卫生服务的医院，是具有全面医疗、护理、教学、科研能力的医疗预防技术中心。三级医院主要指国家、省、市直属的市级大医院及医学院校的附属医院。主要功能是提供全面连续的医疗护理、预防保健、康复服务和高水平的专科医疗服务，解决危重疑难病症，接受二级医院转诊，对下级医院进行指导和培训，并承担教学、科研任务。

在各级卫生行政部门的规划与指导下，一、二、三级医院之间建立并完善双向转诊制度和逐级技术指导的关系。

（四）医院的组织机构

当前医院的组织机构模式，大致可分为三大系统，即诊疗部门、辅助诊疗部门和行政后勤部门（图6-5）。

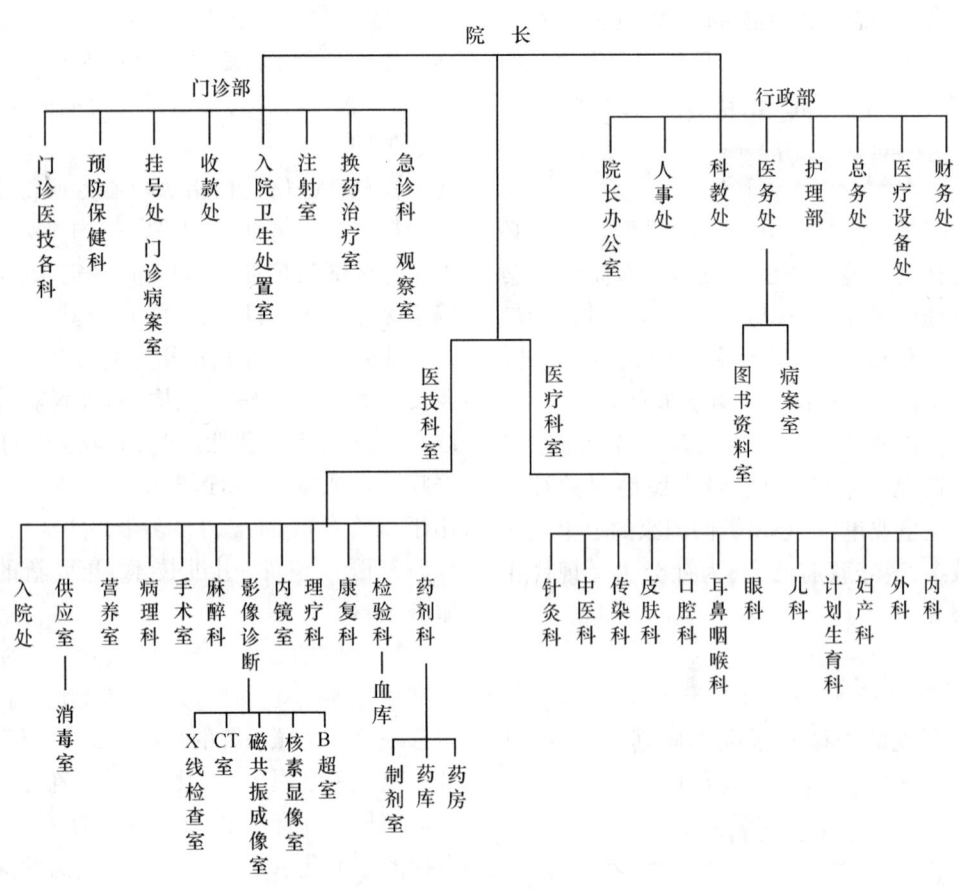

图6-5 医院的组织机构

三、医院的功能及特点

（一）医院的功能

医院是社会系统中一个有机组成部分，必须适应社会环境的改变和发展。医院的社会功能是提供医疗服务，与卫生系统的其他部门，如预防、保健、医学教育和科研机构互补，共同承担保障人民健康的社会职能。

医院的功能即医院的任务。卫生部颁发的《全国医院工作条例》明确指出，医院的任务是"以医疗为中心，在提高医疗质量的基础上，保证教学和科研任务的完成，并不断提高教学质量和科研水平。同时做好扩大预防，指导基层和计划生育的技术工作"。随着医学模式的转变，人们对健康的概念和需求的提升，医院从单纯的诊治照顾患者向医疗、预防保健、康复的方向发展。综合医院的基本功能是医疗、教学、科研和预防。

1. 医疗 医疗是医院的主要功能,是设立医院的根本目的。医院医疗工作以诊治和护理两大业务为主体,并同医院的医技部门协作配合形成医疗整体为患者服务。医院的各项工作必须保证和服从这一主要任务。医院医疗一般分为门诊医疗、住院医疗、康复医疗和急救医疗。门诊、急诊医疗是医疗第一线,住院医疗是对较复杂或疑难重危病人进行诊疗的重要方式。康复医疗是利用理疗或体育、心理等方法对由于疾病或外伤等原因造成的功能障碍进行诊治和调节,以促进体能和器官功能恢复到良好状态。

2. 教学 医院应在保证医疗质量,完成医疗任务的基础上,根据各自的技术条件与业务能力,承担一定的教学任务,培养训练医务人员。医学教育的一个显著特点:对每个不同专业、不同层次的专业技术人员的培养都必须经过学校教育和临床实践两个阶段。在职人员也需不断接受继续教育,更新知识和提高技术,才能适应医学科技发展的需要。因此,教学是医院的一项重要功能。医学教育任务的比重,可根据医院性质决定。

3. 科学研究 是医院提高业务水平的需要,也是发展医学科学的需要。医院是医疗实践的场所,是医学科学研究的主要基地,医院的科研应以结合临床的研究为主,如许多临床上的问题就是研究的课题。有条件的医院或教学医院,还应开展基础医学理论的研究。各医院要重视科学研究,只有这样,才能促进医学事业的发展,提高医疗质量和水平。

4. 预防保健和社区卫生服务 医院不仅要诊治患者,还须进行预防保健工作,提供社区医疗护理服务,成为人民群众健康保健服务的中心。各级医院要发挥预防保健功能,开展社区家庭服务;指导基层做好计划生育工作;进行健康教育、健康咨询及疾病普查工作;以医院为中心指导地方和工矿企业,开展慢性病、多发病、职业病、传染病的防治工作。提倡健康的生活方式和加强自我保健意识,贯彻预防为主的方针,以延长人们的寿命和提高生活质量。

以上四项功能不是孤立的,而是相互联系、相辅相成的。应以医疗为中心,医疗与其他三项功能相结合,围绕医疗工作统筹安排,全面完成各项任务。

(二) 医院工作的特点

医院的服务对象主要是病人和社会人群,服务手段是医学科学技术,这是医院的基本特点。医院的特点反映医院工作的规律性,是医院系统区别于其他系统的本质特点。医院领导应从医院的基本特点出发,在管理上应注意其特殊要求,根据具体特点开展工作,才能管理好医院。医院工作具有以下特点:

1. 医院工作综合性、整体性强 医院工作综合性是对服务对象而言的。医院内所有服务对象,不分性别、年龄,不管疾病属于什么类别,医院对其服务的内容应体现医疗、预防、保健、康复、健康教育为一体的综合性服务。整体性指对个体的服务层面应包括生物、心理和社会三个方面,服务范围应包括个人、家庭和社区。

2. 医院工作服务性、协调性强 医院是一个开放性服务系统,应树立以患者为中心的服务理念,要求医务人员发扬主动、负责的精神,以医疗为主体,医院各个部门的工作都要围绕患者进行,一切为了病人开展工作;医院各部门之间又有着广泛的联系,如诊疗部门、辅助诊疗部门和行政后勤部门之间都要相互协调、相互支持和配合,保证医院工作正常运行,满足患者对医疗、护理的需求。

3. 医院工作科学性、技术性强 人是一个非常复杂的有机整体,这就要求医务人员必须遵循生物、心理、社会医学的模式去开展工作。医务人员要有全面、扎实的医学理论知识、熟练的技术操作能力和丰富的临床经验,更要有团结协作精神和高尚的职业道德。同时还要熟悉人文科学、心理学、社会学与流行病学相关学科的知识,重视人才培训和技术提高,注意设备的装备、更新和管理。

4. 医院工作随机性大、规范性强 医院各科的病种繁多,病情千变万化,需要严密观察和及时处理;加上时有突发的抢救任务和难以预料的灾害事件发生,需随时应对和及时抢救,因此,医院必须具有随机应变和应急的能力。医院工作对象是人,任何医疗行为关系到人的生命安全。因此，医院必须要有严密合理的组织结构，严格的规章制度，明确的岗位责任制，在医疗、护理工作程序、技术操作上严格规范，一丝不苟，及时、准确、有效地完成各项医疗任务。

5. 医院工作时间性、连续性强 时间就是生命，医院在诊治抢救工作中必须分秒必争，对垂危病人来说赢得时间就能保住生命。同时医务工作要求医务人员连续、严密地观察病情变化，因此，医院工作是24小时工作，长年昼夜不间断，医院要顺应这个特点安排工作时间。如值班、节假日工作安排等，都是为适应医疗工作连续性的要求。

6. 医院工作社会性、群众性强 医院是一个开放系统，其服务范围广，关系到社会、家庭和个人，每个人的生、老、病、死都离不开医院，因此，医务人员要发扬救死扶伤的人道主义精神，满足社会对医疗、护理的需求，同时也应争取社会的支持。

7. 医院工作是脑力劳动和体力劳动相结合的复合型劳动，也是复杂的创造性劳动 医院医疗工作的完成既需要医务人员掌握医学知识和技能的脑力，同时又要具有与实施劳动相适应的体力来完成。医院管理者应重视人才培训和技术的提高，提高医疗服务水平，充分调动医院工作人员的积极性、主动性和创造性，发挥医务人员的内在动力。

四、护理管理组织系统

由于受护理工作从属于医疗的传统观念影响，我国的护理管理一直未能完全形成独立的体系。为切实改善护理工作的管理状况，适应医院现代化发展的要求，1986年召开的全国首届护理工作会议，提出《关于加强护理工作领导，理顺管理体制的意见》，要求大医院设护理副院长。卫生部公布的医院工作人员职责中也明确规定了护理部主任对各科护士长进行直接领导的体制，各科室主任与护士长是业务指导关系。国内外护理学科的发展实践均已充分证明由于护士工作的专业特点和专业需要，应建立健全科学的护理组织和管理系统。逐步实现医院护理管理自成体系，建立独立的护理指挥系统，对提高护理工作的地位与水平具有十分重要的意义。

（一）卫生行政部门的护理管理组织机构

我国卫生行政组织中的护理管理系统近些年才逐步建立，是在总结护理工作的经验教训基础上，参考国外做法，为改进护理管理工作而采取的一项措施。我国现已初步形成适合我国护理工作需要的行政护理管理系统（图6-6）。

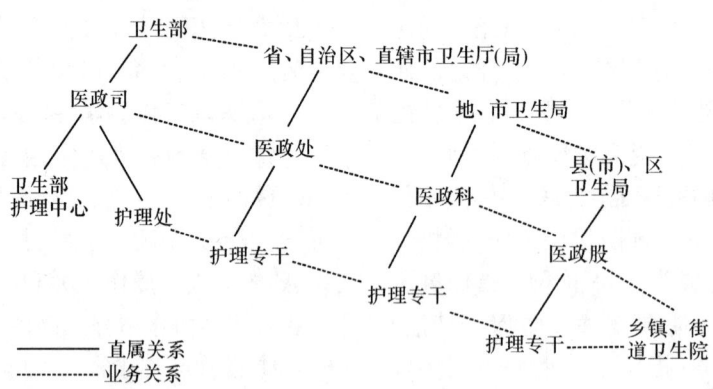

图6-6 卫生行政部门的护理管理系统

1. 卫生部护理管理机构 目前我国的中央卫生行政部门护理管理机构：卫生部下设的医政司护理处，是卫生部主管护理工作的职能机构。负责为全国城乡医疗机构制定和组织实施有关护理工作的政策、法规、人员编制、规划、管理条例、工作制度、职责和技术质量标准等；配合教育、人事等部门对护理教育、人事等项工作进行管理；并通过卫生部护理中心进行护理质量控制和技术的指导，以及专业骨干培训和国际合作交流。

2. 卫生部护理中心 卫生部护理中心(national nursing center)系经中华护理学会提议、卫生部批准于1985年9月建立,是卫生部领导全国护理工作的主要参谋和咨询机构,现隶属于卫生部医院管理研究中心。

卫生部护理中心的主要任务:

(1) 负责对我国护理教育、临床护理质量控制及技术指导。

(2) 组织护理师资及在职护理骨干的培训提高。

(3) 收集国内外护理科技信息和情报资料。

(4) 开展护理科学研究和学术交流等。

3. 各级地方卫生行政部门的护理管理机构 各省、自治区、直辖市政府卫生厅下设医政处,地(市)、自治州政府卫生局下的医政科,并普遍配备一名主管护师(或主管护师以上技术职称)全面负责本地区的护理管理,没有的则配备相应的助手。部分县(市)卫生局也配备了专职护理干部。此外,卫生厅(局)均有一名副厅长(副局长)分管医疗和护理工作,对加强护理管理发挥了重要作用。

各省、自治区、直辖市及其下属各级卫生行政部门的护理管理机构与人员的职责任务是:在各级主管护理工作的厅、局管理者的领导下,根据上级的精神和实际情况,负责制定本地区护理工作的具体方针、政策、法规和技术标准;提出发展规划和工作计划,并检查执行情况,组织经验交流;定期听取护理工作汇报,研究解决存在的问题;并与护理学会的各分会互相配合,共同做好工作。

4. 中华护理学会 中华护理学会(chinese nursing association)是我国卫生系统中由护理科技工作者组成的专业学术性群众团体,是全国性的护理学术组织,是中国科学技术协会下属的一个专门学会,受卫生部和中国科协的双重领导。

学会的宗旨和任务:团结全国广大护理人员,为繁荣和发展中国的护理事业,为促进护理学科出成果、出人才,积极开展国内外学术交流和技术培训;组织重点学术课题的探讨和科学研究;编辑出版《中华护理杂志》和其他护理学术资料,如《华护信息》、《中华护理学会会刊》等;向广大群众普及卫生保健和护理知识;开展对会员的继续教育,努力提高会员的学术水平;推荐、奖励优秀学术论文和科普作品;对国家重要的护理技术、政策和有关问题提供咨询,提出合理化建议;反映护理科技工作者的意见和呼声,维护其正当权益。

中华护理学会的成立与发展

中华护理学会成立于1909年,原名"中华护士会",1936年改称"中华护士学会",1964年改名为"中华护理学会"。于1922年参加国际护士会,成为第11个会员国。90多年来,学会经历了旧中国和新中国两个历史时期。

新中国建立后,在党和政府以及国家领导人的关怀支持下,学会组织有了长足的发展。自1950~1999年共召开过七届全国会员代表大会,选举产生了七届理事会。全国会员代表大会是中华护理学会的最高领导机构,每四年召开一次。在全国会员代表大会选举产生理事会,理事会设理事长、副理事长、秘书长及常务理事。学会在全国30个省、直辖市、自治区设有分会并形成网络,现有会员33万余名。

中华护理学会为培养护理科技人才和为加强全国护士队伍的建设等方面均做出了积极的贡献。改革开放以来,中华护理学会通过与国外护士团体、专家、学者的联系和友好交往,促进了中国与世界护理界的信息交流。通过开展活动,学会成为党和政府联系广大护理科技工作者的纽带,为推动护理事业前进做出了很大贡献。

(二) 医院的护理组织系统

改革开放以来,与医院相对独立的护理管理体制逐步建立起来,少数医院增设了护理副院长,护理部从医务部独立出来,成为医院的一个职能部门。护理部的职权不断扩大,护理部主任直接进入医院领导层,参与整个医院管理活动。新的管理体制,使中国护理学发展步入现代化时期。

1. 医院护理管理体制 医院护理组织系统是医院总系统中的一个分系统。目前我国医院护理管理体制均已实行在院长领导下,设护理部主任、科护士长、护士长三级管理或设总护士长、护士长两级管理的护理指挥系统。病室护理管理实行护士长负责制。为保证各项任务的完成,护理部的组织结构和人员配置必须科学、合理,以体现高素质、高效率为原则。根据卫生部规定,医院护理组织及其指挥系统设置情况如下：

（1）护理部（或总护士长）：县和县以上医院设护理部，实行院长领导下的护理部主任负责制。要求500床位以上的医院积极创造条件，配备专职的护理副院长，并兼任护理部主任，另设护理部副主任2名；300~500床位，或不足300床位，但医、教、研任务繁重的医院，设护理部主任1名，副主任1~2名；300床位以下的医院，设总护士长1名。

（2）科护士长：100床位或设有三个护理单元以上的科室，以及任务繁重的手术室、急诊科、门诊部设科护士长。科护士长在护理部主任的领导和科主任的业务指导下，全面负责本科的护理管理工作。

（3）护士长：护士长是医院病房和其他基层单位（如门诊、急诊、手术室、供应室、产房、婴儿室、重症监护室等）护理工作的管理者。病房护理管理实行护士长负责制。护士长在护理部主任（或总护士长）、科护士长领导和科主任业务指导下工作，护士长与主治医师（医师组长）共同配合，负责病房全面管理工作。

根据管理宽度原则，病房一般设30~40张病床为宜。在其他独立的护理单元有5位以上护理人员时，应设护士长1名。护士任务重、人员多的护理单元，设副护士长1名。

2. 护理部的地位、作用

（1）护理部的地位：护理部是医院管理中的职能部门，在院长或主管护理的副院长领导下，负责组织和管理医院的护理工作。既是医院的参谋机构，也是管理机构，护理部负责组织实施与管理护理临床、护理科研、护理教学等工作，处于承上启下的枢纽地位；它与医务行政、教学、科研、后勤管理等职能部门并列，相互配合，共同完成医院各项工作。护理部在护理垂直领导体制中有指挥权，这对加强护理管理，提高指挥效能有重要意义，但该指挥权属院长职责范围，是院长"授予"的。

（2）护理部的作用：护理部在医院管理和完成医疗、教学、科研和预防保健任务中具有重要作用。医院工作的质量，是医、护、教、研、防等各方面工作质量的综合反映。护理部对全院护理人员进行统一管理，制定各种护理技术操作规程和疾病护理常规，确立各项护理质量标准；建立完备的工作制度和规范；安排继续教育计划、培训各级护理人员等措施，以保证各项任务的完成，并不断提高护理质量。护理部的作用主要有以下几点：

第一，护理部具有参谋助手作用。现代医院管理日趋复杂多变，护理部作为医院的职能机构应主动当好院领导的参谋、助手。根据护理工作的规律、特点和任务，在调查研究的基础上，定期分析估计护理工作形势，及时提供有关资料、信息及建设性意见，为领导决策服务。在贯彻实施领导决策的过程中主动搞好跟踪检查，及时发现问题，反馈信息，为领导调整计划提供科学依据，为实现医院总目标服务。

第二，护理部具有组织指挥作用。按照医院组织结构的规定，护理部虽然不是一级领导层次，无指挥命令权限，但在院领导授权下，在业务工作范围内可行使组织指挥职能。如对护理活动中的人、财、物、时间和信息等卫生资源进行合理组织，使人尽其才，物尽其用；对全院临床护理、教育与科研等工作统筹安排，进行有效的指挥、领导和监督等。

第三，护理部具有协调沟通作用。医院的护理组织机构是一个由各个相互联系又相互独立的专业组成的多层次的有机整体，不仅机构内部关系错综复杂，而且与外界环境也有着千丝万缕的联系。因此，协调好各种关系和沟通各方面的信息，建立和维持医院良好的内外关系，使护理工作保持惯性运行是护理部的重要工作。

3. 护理部主任（总护士长）基本职责

（1）在院长或护理副院长的领导下，组织和管理护理部，负责全院的护理业务和行政管理。参加科主任以上人员的会议及医院学术委员会、事故鉴定委员会、药事委员会、医院感染管理委员会等组织活动。

（2）负责制订护理工作的长远规划和根据医院中心任务安排具体计划，并组织落实。

（3）负责制订和修改全院护理规章制度、护理常规、技术操作规程、质量标准等，并组织实施。检查指导工作，不断分析评价、提高、创新。

（4）建立和健全护理组织系统，合理配备人员，与人事部门合作安排护理人员的调动、任免、晋升、奖惩。实施护理人员在职教育与业务技术训练，提高护理管理人员的素质。

（5）教育护理人员热爱专业，关心他们的思想、工作和生活，协助解决实际问题，以充分调动积极性。

（6）定期检查评价护理质量，防止差错、事故的发生。

（7）组织领导护理专业学生及进修人员的临床教学，认真完成教学与实习计划，对实习、进修的医学生也负有一定的技术指导责任。

（8）组织护理科研和技术革新，并结合临床总结经验，开展学术交流。

小 结

1. 组织是管理的一项基本职能。组织具有名词性和动词性两种含义。名词性意义上的"组织"指两个或两个以上的个体，为了实现共同的目标而组成的社会团体。动词性意义的"组织"指一种工作过程，是对人、财、物、信息、时间进行有效组合，为实现目标而进行的活动。

2. 组织结构指构成组织的各要素之间的相对稳定的关系模式。管理者应重视非正式组织的存在和作用。组织结构是表现组织各部分排列顺序、空间位置、聚集状态、联系方式以及各要素之间相互关系的一种模式，是执行管理任务的结构。

3. 组织的结构模式大致分为机械式组织模式和有机式组织模式两类。

4. 组织设计是对组织进行有效管理的基础性工作，是对组织活动和组织结构的设计过程，是把有关组织要素如任务、责权、工作程序等合理组合并加以制度化的动态设计过程。组织设计应遵循统一指挥、专业化分工与协作、管理层次、管辖幅度、责权一致等原则。

5. 我国卫生组织大致可以分为三类：卫生行政组织、卫生事业组织和群众卫生组织。中华护理学会是由护理科技工作者组成的专业学术性群众团体，是全国性的护理学术组织。卫生部护理中心是卫生部领导全国护理工作的主要参谋和咨询机构。

6. 医院是对群众或特定的人群进行防病治病的场所，对住院或门诊患者实施科学的和正确的诊疗、护理为目的的医疗事业机构。医院分成三级十等。医院的基本功能是医疗、教学、科研和预防。医院工作具有以患者为中心、医疗为主体，一切为了病人等特点。

7 目前我国已建立健全科学的护理组织和管理系统，医院护理管理已实行在院长领导下，设护理部主任、科护士长、护士长三级管理或设总护士长、护士长两级管理的护理指挥系统。护理部是医院管理中的职能部门，具有参谋助手作用、组织指挥作用、协调沟通作用。

目标检测

一、名词解释

1. 组织结构　　2. 组织设计

二、填空题

1. 医院目标是_____、_____，医务人员为此目标而开展_____各项工作。

2. 组织可分为_____与_____。现代管理学是以_____为认识对象的，人群关系论则以_____为认识对象的。

3. 有机式组织模式的优点是可以_____，快速地_____、_____、_____，能促进成员参与决策，增强_____，调动_____。

4. 组织设计的步骤_____、_____、_____、_____、_____。

5. 组织设计的要求是_____、_____、_____、_____、_____。

三、选择题

A_1 型题

1. 关于组织的概念下列描述不正确的是
   A. 组织是由领导决定的
   B. 组织具有名词和动词两种含义
   C. 组织指两个或两个以上的个体为实现共同目标而组成的社会团体
   D. 组织指一种工作过程
   E. 组织是对人、财、物、信息、时间进行有效组合为实现目标而进行的活动

2. 组织结构在管理系统中起到
   A. 合力作用　　B. 设计作用
   C. 框架作用　　D. 权力作用
   E. 要素作用

3. 职能型组织结构的优点是
   A. 每个职能部门都有权指挥
   B. 基层要接受多方领导
   C. 有利组织统一指挥
   D. 管理分工较细，有利于提高专业管理水平
   E. 当环境变化时适应性强

4. 护理组织可划分为
   A. 2级　　　　B. 3级
   C. 4级　　　　D. 5级
   E. 6级

5. 组织设计的要求不包括
   A. 科学的劳动分工
   B. 完善的组织结构
   C. 优化的管理部门
   D. 合理的责权体系
   E. 运行机制平衡

B 型题
   A. 直线型组织结构
   B. 直线-职能参谋型组织结构
   C. 职能型组织结构
   D. 委员会型组织结构
   E. 矩阵型组织结构
1. 一个员工只对一个主管负责,属于
2. 各职能部门在分管业务范围内直接指挥下属,属于
3. 费时,职责分散属于

   A. 统一指挥的原则
   B. 专业化分工与协作的原则
   C. 管理层次的原则
   D. 管辖幅度的原则
   E. 责权一致原则
4. 一个人只接受一位领导的命令和指挥是
5. 上级指挥下级,下级听从上级指挥是
6. 职权与职责保持对等是

X 型题
1. 管理职能上,组织包括三方面内容
   A. 组织具有名词和动词性
   B. 组织具有明确的目标
   C. 组织包括不同层次的分工合作
   D. 组织具有正式组织和非正式组织
   E. 组织有不同层次的权力与责任制度
2. 直线型组织结构优点是
   A. 机构简单   B. 机构复杂
   C. 权力集中   D. 命令统一
   E. 决策迅速
3. 组织设计遵循的原则是
   A. 统一指挥的原则
   B. 专业化分工与协作的原则
   C. 管理层次的原则
   D. 管辖幅度的原则
   E. 责权一致原则
4. 组织设计的要求
   A. 科学的劳动分工
   B. 完善的组织结构
   C. 优化的管理部门
   D. 合理的责权体系
   E. 高效的运行机制
5. 正式组织具有的特点有
   A. 有明确的组织宗旨及目标
   B. 有协作的意愿,讲究效率
   C. 有正式的机构编制,赋予领导的正式权力
   D. 强调工作独立性
   E. 专业角色细化

四、问答题
1. 正式组织与非正式组织的区别是什么?
2. 简述组织结构的基本类型,并举例说明。
3. 组织设计应遵循哪些原则?
4. 举例说出我国卫生组织的分类。
5. 简述医院的性质、任务。
6. 说出医院护理管理组织系统。

第7章 护理人力资源管理

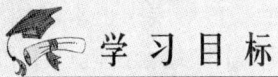

1. 解释人力资源
2. 说出人力资源的内容和在护理管理中的重要性
3. 描述护理人员的编设原则
4. 认识几种护理人员编设计算
5. 运用公式对护理人员工作量和人员编设进行计算
6. 描述两大类护理人员分工方法
7. 比较三种排班类型的优缺点,并综合运用

护理人力资源管理就是运用现代人力资源管理的新观念对医院护理人员进行有效开发、合理利用和科学管理。对基层护理管理者(病房护士长)还是中高层护理管理者(科护士长、护理部主任)都是十分重要的。因为要提高本部门本单位的护理品质,选聘适宜的、优秀的护理人员、护理人员的合理使用、护理人员培养等等都是各层次护理管理者工作内容。可以说,一个医院有了卓越的护理人力资源管理,就有了护理竞争优势。

管理的视角

随着知识经济时代的来临,人的因素越来越成为组织实现自己战略目标的关键因素。无论是什么类型的组织,也不管组织的规模是大是小,组织中的人都将决定着组织的兴衰与成败!人力资源是第一资源!人力资源管理是所有管理工作的核心!

 案例7-1

一所医院根据其规模和核定的床位,必须配制一定的医生、护士、工勤人员、行政管理人员等,才能提供基本医疗服务,其中护理人员应按国家规定的比例进行配制,并加以管理,即所谓人力资源管理。

请问:
1. 什么叫人力资源管理?
2. 护理人力资源管理在护理管理中的作用有哪些?

第1节 概 述

(一)人力资源的概念和主要内容

1. 人力资源(human resource) 对于人力资源这一概念,广义上说,凡正常智力的人都属于人力资源。而狭义的认为有各种各样,如:①人力资源是推动经济和社会发展的具有劳动能力(智力和体力)的人们的总和,它包括数量和质量两项指标。②人力资源指一个国家具有或区域内有劳动能力的人们总和。③人力资源指包括人体内的生产能力。若该项能力未发挥出来,就是潜在的劳动力,若开发出来,就是现实的劳动力。④人力资源指一切能为社会创造物质文化财富、为社会提供劳务和服务的人。护理人力资源指从事护理工作,具有一定护理知识技能和服务素质的各层次护理人员。

在当今企业中,凡是与人有关的事情均与人力资源开发与管理有关。而人力资源开发与管理的部门,其主要工作涉及选人、育人、用人、留人四方面。这四方面的工作既是独立的,也是交叉的和相互影响的。

2. 人力资源管理(human resource management) 指企业为了获取、开发、保持和有效利用在生产和经营过程中必不可少的人力资源,通过运用科学、系统的技术和方法进行各种相关的计划、组织、领导和控制活动,以实现企业的既定目标。

3. 护理人力资源管理(nursing human resource management) 是人力资源的微观管理。是卫生服务组织为实现组织目标,提高服务水平,利用护理学与相关学科的知识,对组织中的护理人员进行规划、培训、开发、利用等活动。

(二) 人力资源管理在护理管理中的重要性

人力资源管理在护理管理中是非常重要的。在目前市场竞争异常激烈的时代，人是第一生产力，人力资源的开发与管理的优劣，直接关系到企业的成败已形成共识。在激烈竞争中人力资源是企业生存、发展的最重要的特殊资源，人才是财富，管理中一定要以人为本。通过人员管理可以发现、选聘和培养最优秀的人才。可以调动人的主动性、积极性、创造性。

护理人力资源的管理直接关系到护理生产力、护理质量、护理服务道德、护理成本消耗，甚至影响护理人员的流动及流失率。同时护理人才的储备、培养直接影响到护理队伍的发展和护理专业的发展，因而，要加强护理人员管理，满足护理人员的物质需要、精神需要，提高护理人员的生活质量，实现人的全面发展和人的才能的全面发挥。所以说，只有有效地开发人力资源和合理地、科学地管理人力资源，医院护理工作才能蓬勃发展，蒸蒸日上。

案例 7-2

一所三级甲等医院有1200张床位，如何合理配置护理人力资源，作为医院领导是如何做的？
1. 医院护理人员编设的原则有哪些？
2. 医院护理人员编设的依据是什么？如何计算的？

第2节　护理人员的编设

随着医药卫生事业的发展，护理工作的量与质也相应地发生变化，护理人员不但要以高度的娴熟的技巧，完成大量的护理技术工作，还要提高民众的生活质量，提高病人的生理、心理的功能和社会适应的能力。因此，必须具备一定数量的具有相当水平的护理人员。

一、护理人员编设原则

合理的编制和科学的分工，是完成医院各项护理任务，满足为病人提供各种治疗和生活、心理护理，确保护理工作的顺利完成。为此，确定护理人员编制的主要原则有：

(一) 功能需要原则

各级医院的性质（不同等级）、规模（病床数）、任务（综合性、专科性）、科室设置、技术装备、建筑布局等情况各不相同，所需要的护理人员的数量、类别、技能等要求也不尽相同。因此，在护理人员编配上应结合医院性质和护理工作的特点，以及目前我国护理人员均以女性为主体的特点，为满足病人对护理工作的需求，进行全面考虑。

(二) 优化组合原则

优化组合原则是运用科学管理方法，对医院内的一定数量的不同层次结构的护理人员，在编制上进行人才组织结构优化、配置合理，使不同年龄、不同个性、不同智能、不同学历、不同特长的护士组合，充分发挥各自的潜能，优势互补，达到管理上的最少投入获得最大效益。

(三) 合理比例原则

根据我国医院分级管理标准规定，二、三级医院护理人员占技术人员总数的50%，医师与护理人员之比为1:2，病房床位与病房护理人员之比为1:0.4等基本要求，其目的是保证护士群体的数量，能够完成各部门的基本护理任务。但随着医疗服务市场的变化，各地区各单位在医疗服务中所承担的任务和医院的规模不同，可根据实际情况进行调整。

(四) 经济效能原则

预算中需要考虑护理人员的人工成本消耗和经济效益，要使人力需求与护理工作量相适应，使护理人力资源进行合理的利用，维护护理人员的利益并保障病人所需求的护理工作的实施。

(五) 动态发展原则

随着疾病谱的变化和护理工作范围的延伸，我国民众对护理需求水准的提高，护理人员与医院技术人员的比例合理性在不同时代有所不同，有待于不断地探讨。现在医院的发展，在诊断、治疗、护理、预防、康复等方面都提出新要求,仪器设备不断更新,医疗护理技术项目不断增加,以病人为中心的服务宗旨,护理管理体制、制度、机构等不断改革,因此,人员编制也要适应发展的需要。护理管理者不断进行人员动态调整,要有预见能力,重视和落实在编人员的继续教育,在人事工作上发挥对护理人员的筛选、调配、选用、培养的权利,为配合医院总体发展,提供护理人员编配的决策性建议,发挥管理职能应有的作用。

二、护理人员编设依据和计算

(一) 医院护理人员的编设依据

护理人员编设的科学计算方法是确定人力需要的重要手段,是正确制定人力资源规划的必要步骤,是护理管理人员应掌握的基本知识。医院的床位与工作人员编制的比例是在总平均比例范围内,根据每个医院的类型、任务、床位数量、分科情况和技术设备能力,以及所处环境、病室设备条件等具体情况确定。

我国目前医院人员的编设方案,主要参照卫生部(1978)卫医字(1689)号文《关于县及县以上综合性医院组织编制原则(试行)草案》(以下简称《编制原则》),因此,医院护理人员的编设,要以《编制原则》为依据。随着现代医学的发展,医院内新业务、新技术的开展,仪器设备不断更新,对各类技术人员都提出新的要求。护理人员编设方案也逐步考虑到职称、职位和结构比例等方面,如何合理制定护理人员编设方案,需要医院护理行政管理者进一步参与和研究。

(二) 医院护理人员编设计算方法

1. 按《编设原则》计算法

(1) 人员编设比例:综合性医院病床与工作人员之比,根据各地区各医院规模和所担负的任务为三类:300张床位以下的计算,按1:(1.30~1.40);300~500张床位的计算,按1:(1.40~1.50);500张床位以上的计算,按1:(1.60~1.70)。

(2) 医院各类人员比例:行政管理和工勤人员占总编制的28%~30%。其中行政管理人员占总编制的8%~10%;卫技人员占70%~72%,其中各级医师占25%、护理人员占50%、其他卫技人员占25%(药剂人员8%、检验人员4.6%、放射人员4.4%、其他医技8%)。

(3) 每名护理人员承担的病床数:每名护理人员承担的病床数与科室工作量有关,各种科室不同。内科、外科、妇产科、结核科、传染科,每名护士承担床位数是日班12~14张、小夜班(中班)18~22张、大夜班(晚班)34~36张;眼科、耳鼻喉科、口腔科、皮肤科、中医科,每名护士承担床位数是日班14~16张、小夜班(中班)24~26张、大夜班(晚班)38~42张;小儿科每名护士承担床位数是日班8~10张、小夜班(中班)14~16张、大夜班(晚班)24~26张。

(4) 护理人员和助产士的配设:护理人员包括护士(师)和护理员,护士和护理员之比以3:1为宜;病房护理人员所承担的护理工作量,不包括发药和治疗工作,因此,每40~50张床还需要增设3~4名护士;门诊护理人员与门诊医师之比为1:2;住院处护理人员与病床之比为(1~1.2):100;急诊室护理人员与病床之比为(1~1.5):100;急诊观察室护理人员与观察床之比为1:(2~3);婴儿室护理人员与病床之比为1:(3~6);注射室护理人员与病床之比为(1.2~1.4):100;供应室护理人员与病床之比为(2~2.5):100;手术室护理人员与手术台之比为(2~3):1;助产士与妇产科病床之比为1:(8~10);以上各部门每6名护理人员(助产士)另增加替班1名;特种科室如血液透析室、内镜室、高压氧舱、CT室、ICU、CCU等部门的护理人员配备,根据医院分级管理标准和医院实际需求进行配备。

(5) 护理管理人员配备:每个护理单元设护士长,病床多时可设副职。护理部正副主任(总护士长)及科护士长的配备根据1986年卫生部规定,县和县以上医院及300张床以上医院都要设护理部,实行在分管医疗、护理工作或专职护理副院长领导之下的护理部主任、科护士长、护士长三级管理负责制;300张床位以下医院实行总护士长、护士长二级管理负责制。100张床位以上或3个护理单元以上的大科,以及任务繁重的手术室、急诊室、门诊部专设科护士长1名。

(6) 护师以上专业技术职务的岗位设置

及编配比例:卫生部于1985年在试行专业技术职务聘任制中,对聘任护师以上的专业技术职务的岗位设置,作了如下规定。

1) 一般病房:护师与床位数之比为1:(15~20),主管护师与床位数之比为1:(30~40),正副主任护师是在医教研任务较重,护理专业技术要求较高的单位,具有3种专业和床位150张以上的大科,设1~2名。

2) 手术室:护师与手术台数之比为1:2,主管护师与手术台数之比为1:(6~8);适用在开展4种以上专科(普外、胸外、脑外、泌尿科、骨科、妇产科、五官科等)手术者时。

3) 特种病房(ICU、CCU、血液透析、烧伤等):护师与病床数之比为(1~2):1,主管护师与病床数之比为1:4,副主任护师:重症监护中心设1名。

4) 门诊各科:根据不同科别的护理任务确定。凡具有较复杂的护理、治疗技术、开展卫生宣教咨询和护理管理任务较重的科别,可设护师:门诊护士为1:(3~4),主管护师:门诊护师为1:(3~4),副主任护师:门诊主管护师为1:(2~3)。

5) 急诊室(科):因规模、任务、条件的不同,人员的配置也有所不同,一般护师与护士的比为1:5;在综合急诊室(含内、外、妇、儿科急诊任务)主管护师与护师之比为1:(2~3),急诊室设副主任护师1名。

6) 供应室、营养科(室):300张床以上的医院,任务繁重,设备复杂,开展多种消毒灭菌业务、卫生监测和营养技术工作,设护师或主管护师1~3名。300张床位以下的医院,仅完成一般消毒灭菌、供应和营养技术工作,设护师1~2名。

7) 保健科:包括家庭病床、地段保健等。根据工作任务和所需护理专业技术水平,适当设置各级护师。

8) 护理部:护理部管理人员与病床位数之比1:(150~200),此数据为《上海市各级各类医院组织机构及人员编制标准暂行规定》。护理部管理人员中配置正副主任护师1~3名和主管护师若干名。

上述岗位及编制比例,需根据护理专业的实际工作需要和发展拟订。各级岗位聘任和相应职务人选,还须通过培养提高逐步达到要求。

2. 按工作量和工时单位计算法 常用的方法是工时测定法。科学合理地培植护理人员,主要是根据其所承担的工作量及完成这些工作量所需要消耗的时间。

(1) 工时单位与工时单位值:工时单位常以"分"计算,它是完成某项工作任务所消耗的平均工时。而工时单位值是分析人员劳动效率的单位值,也就是每小时完成的工时单位,以工时单位/小时表示。一般以为每小时一个人最有效的劳动效率时间是45分钟,即工时单位值是45工时单位/小时。所以说,护理人员每天工作时间是8小时,但达到有效理想的劳动时间是6小时。

(2) 工时测定方法和步骤:工时测定法是研究工作量和消耗时间之间的内在联系的方法。是对完成某项工作任务全过程的每一环节必须进行的程序和动作所耗费时间的测定。

1) 确定被测定者:选择具有代表性的被测定者,即操作技术熟练程度与速度适中。

2) 列出步骤与环节:即列出所测项目的全部操作步骤与环节,如静脉注射,从用物准备到注射完毕之后用物处理,每个必须操作的步骤需列出。

3) 测定工时和平均工时:用秒表测定每一操作步骤所耗费时间,其之和即为该项目的工时。在不同环境、时间里反复测定,找出所测项目平均值,以达到尽可能地消除因个体差异、环境因素所造成的测定误差。

4) 被测定者数量和计算:被测定者抽样须按照样本抽样标准方法进行,并按统计学方法处理,使所测定的工时值具有代表性。

(3) 按工作量计算护理人员编制

1) 根据分级护理的各级护理所需时间,求得应编护士数。公式如下:

$$应编护士数 = \frac{各级护理所需时间总和}{每名护士每天工作时间} + 机动数$$

式中,机动数按20%计算。

目前对病人直接护理的分级护理是根据其病情危重程度与生活自理程度而定,一般分为特别护理、一级护理、二级护理、三级护理四大类。

一级护理病人每日所需直接护理时数为4.5小时;二级护理病人每日所需直接护理时数为2.5小时;三级护理病人每日所需直接护理时数为0.5小时。间接护理40张床位每日平均护理时数为13.3小时。

直接护理与间接护理

直接护理指护理人员直接参与病人及家属的护理活动所需要的时间。间接护理指护理人员花费在非直接参与病人及家属护理的时间，如准备工作、记录、沟通联络。与单位有关的活动指与护理单位的管理、协调、教育有关的活动，并非针对某一特定病人，而是指与全体病人权益有关，如交接班、补充单位用品、联络、会议等。

举例：

东海医院外科病房病人总数 40 名，一级护理病人 4 名；二级护理 12 名；三级护理 24 名，求该病房护士应编数。

$$应编护士数 = \frac{4.5 \times 4 + 2.5 \times 12 + 0.5 \times 24 + 13.3}{8} \times (1 + 20\%)$$

$$= \frac{73.3}{8} \times 120\% = 10.99（名）$$

2）根据床位数，求得应编护士数。公式如下：

$$应编护士数 = \frac{病房床位数 \times 床位使用率 \times 平均护理时数（分）}{每名护士每天工作时间（分）} + 机动数$$

其中：

$$平均护理时数 = \frac{各级病人护理时数的总和}{该病房病人总数}$$

$$床位使用率 = \frac{占用床位数}{开放床位数} \times 100\%$$

卫生部规定各级医院病床使用率，一级医院 ≥ 60%；二级医院 85% ~ 90%；三级医院 93%。

每名护士平均每日工作时间为 8 小时（480 分钟）。

机动数一般按 17% ~ 25% 计算，是对全年法定假日、护士的产假、病假等缺勤的补充。

举例：

张江医院为三级综合性医院，内科病房 40 张床位，每名病人平均护理时数为 170 分钟，该病房应编护士数是多少？

$$应编护士人数 = \frac{40 \times 93\% \times 170}{480} \times (1 + 25\%)$$

$$= \frac{6324}{480} \times 125\% = 16.47（名）$$

(4) 按工时单位计算护理人员编制：每名护理人员每日提供有效工时为 6 小时（360 分钟）。机动数按 25% 计算。

1) 运用工时单位，根据分级护理的各级护理所需时间，求得应编护士数。公式如下：

$$应编护士数 = \frac{各级护理所需时间总和}{每名护士每天有效工时值} + 机动数$$

举例：

同样以张江医院为例，三级综合性医院，内科病房 40 张床位，每名病人平均护理时数为 170 分钟，该病房应编护士数是多少？

$$应编护士数 = \frac{40 \times 93\% \times 170}{360} \times (1 + 25\%)$$

$$= \frac{6324}{360} \times 125\% = 21.96（名）$$

2) 运用工时单位，根据床位数，求得应编护士数。公式如下：

$$应编护士数 = \frac{病房床位数 \times 床位使用率 \times 平均护理时数（分）}{每名护士每日有效工时值（分）} + 机动数$$

同样以东海医院为例，外科病房病人总数 40 名，一级护理病人 4 名；二级护理 12 名；三级护理 24 名，求该病房护士应编数。

首先计算平均护理时数 $= \frac{4.5 \times 4 + 2.5 \times 12 + 0.5 \times 24 + 13.3}{40}$

$$= 1.8325 \text{ 小时}（109.95 \text{ 分}）$$

$$应编护士数 = \frac{40 \times 93\% \times 109.95}{360} \times (1 + 25\%)$$

$$= 14.2（名）$$

所以说，在同等条件下，应用工时单位计算应编护士数比应用工作量计算应编人数多。

案例 7-3

每一所医院里，每年有退休的护士离开岗位，那么必须有新的护士加入到护士队伍中，在医院的发展中，护理人员的招聘显得尤为重要，选聘后如何使用，这也是护理人力资源管理的重要内容。

请问：
1. 如何做好护理人员的招聘管理？
2. 如何做好护理人员的分工？
3. 如何对护理人员进行合理排班？

第 3 节 护理人员的选聘、分工与排班

一、护理人员选聘

(一) 招聘部门和招聘者要求

我国大多数医院对护理人员招聘是由人

事部门及护理部共同进行的,有些是人事部门独立进行,而有些是护理部独立进行。负责选拔和招聘员工的人员一定要能维护医院的形象,除了对医院的宗旨、设立的目的及招聘目标了解清楚外,招聘人员的外貌方面要求有礼貌、有亲切感,言语表达方面要求口齿清晰、条理分明,了解医院的政策、制度、福利并可说明清楚,才能吸引应聘者。

(二) 人事档案的建立

招聘或选拔前,首先建立护理人员人事档案,做好聘选计划,拟订招聘方法和选聘人员标准,才能选对人。一般护理人事档案的建立须包括以下内容:

(1) 个人资料:姓名、年龄、出生年月、身份证号、建卡日期、工号、籍贯、通讯地址、电话、个人专长等资料。

(2) 专业资料:护士执业执照证书号、助产师执业执照证书号、各职称证书登记号(护理师证书号、主管护师证书号)、各学会登记号、专业训练经历、护理工作记录及专长等。

(3) 学历:包括毕业时间、学校及学位。

(4) 经历:重要的经历和单位、职位,以及起止时间。

(5) 著作、研究、获奖和荣誉。

(6) 考绩。

(7) 公休、病、事假资料。

(8) 其他。

二、护理人员分工

科学的护理分工,既能满足病人的需要,又能调动每个护理人员的工作积极性。护理人员的分工是为实现医院宗旨和任务而进行的。我国目前医院内常用的护理人员分工有两大类,即按职务分工和按任务分工。

1. 按职务分工 包括按行政职务分工和按技术职务(即职称)分工。行政职务指专职护理副院长、护理部主任、护理部副主任(总护士长)、科护士长、护士长。技术职务指主任护师、副主任护师、主管护师、护师、护士、助理护士(护理员)。其各级人员的职责,在1982年卫生部颁发的《医院工作人员职责》中明确规定。各级医院结合自己的情况制订相应的制度,要求执行,并与考核及晋升相结合。

2. 按工作任务分工 包括按工作内容分工和按工作方式分工。按工作内容分工,例如病房护士、监护室护士、门诊护士、急诊护士、手术室护士、供应室护士等;按工作方式分工,例如功能制护理、小组护理、个案护理、责任制护理、个案管理、综合护理等。各级医院根据实际人力、经费、病人需求选择适宜的护理工作方式,目的为提高病人的满意程度,提高护理水准,同时降低护理人力成本,使护理管理不但考虑质量保证,同时提高效率成本。

(1) 个案护理(case nursing):是由一名护理人员负责对一名病人实施其所需要的全部护理。也称为"特别护理"或"专人护理"。常在病人大手术后或危重病人抢救时采用,如ICU、CCU病房,由于患者病情严重、复杂,对护理需要量大,护士需24小时守候,当班护士完成对指定病人的全部护理。

个案护理的方式优点:①有利于护士对病人全面了解,提供细致、全面、符合病人需要的护理。②有利于护士与病人沟通,促进及时解决病人的身、心问题。③有利于提供适合病人生活方式的护理需要,护士可根据病人的病情和其生活方式有机地安排护理工作。④有利于加强护士责任感培养和独立工作能力的培养。

个案护理的缺点:①投入的人力较大,费用也增加,在人力资源和经济资源并不富裕时,不能适合所有病人。②对护士素质要求较高,不但要有很强的责任性,还要求有过硬的各临床护理专业知识和技能,更具备综合地判断和解决问题的能力,以及沟通技巧。

(2) 小组护理(team nursing):是将护理人员和病人均分成若干组,每组在组长的带领下完成一组病人的护理工作。一般一组护士有3~4名,根据技术职称(主管护师、护师、护士、助理护士)组成,或按护理工龄(由高到低)组成,小组成员相互合作,共同完成负责病人的护理活动,一般一组病人为10~20名。小组护理产生在20世纪50年代初期,管理的人际关系学说和行为科学形成以后,护理工作

更注重人的心理需要；其次二战之后正规的护校毕业的合格护士数量不足，一些专业训练不足的护理人员进入护理队伍。

小组护理的优点：①小组成员协助工作，有利于新护士和年轻护士的成长。②护理任务明确，成果显著，有利于护理人员对工作的满意度提高。③小组成员为各层次护理人员，优势互补，可使不同水平成员发挥特长。

小组护理的缺点：①病人接受的护理是片段的，一个病人的护理工作是由一组护理人员完成。一组护士很难对一组中每个病人全面了解，一位病人也很难认同一组护士。②护士与病人的沟通是片段的、零星的。③小组护理的小组长素质要求较高，需要一定的专业知识和专业技能，以及组织、协调能力。

（3）功能制护理（functional nursing）：指以护理工作为中心的护理方法。是将护理工作分为主班、治疗班、护理组、大小夜班等，由护士长分配给每个护士固定的工作，病人所需要的全部护理是由各班护理人员相互配合共同完成。各班职责是根据各医院各部门的实际情况制定的。

功能制护理的优点：①比较经济，节省人力、经费、设备、时间，在护理人员不足时，较为合适。②工作效率较高，有利于提高护士的技能熟练程度和完成各项量化指标。③分工和任务明确，每位护士只承担几个环节的护理工作。

功能制护理的缺点：①护理工作分工是以提高护理工作效率为中心，而忽视以病人为中心。②对病人无法获得整体性认识。忽视对病人的心理、社会因素的了解。③护士与病人的沟通是片段的，容易产生冲突。④护士由于重复性的机械工作，容易产生疲劳、厌倦，降低对工作的满足感。

（4）责任制护理（primary nursing）：指病人从入院到出院，由一位护士全面负责，提供整体的连续的护理。护士通过对病人的生理、心理、方面的评估，作出护理诊断，制订护理计划，并实施护理计划，达到整体的护理。病人从入院到出院，由一位责任护士负责全部护理活动的计划、实施到评价，达到连续性。护士是8小时上班，24小时负责，责任护士不上班时，护理计划由其他责任护士代替完成。

责任制护理的优点：①病人的安全感增加，病人有"我的护士"所属感，护士有"我的病人"责任感。②护士独立工作能力增加，对工作的满意度增加。③增加了护士与病人和病人家属的沟通，加强了护士对病人的全面了解，及时地解决病人的护理需要。

责任制护理的缺点：①护士职业素质要求较高。②人力投入较多，经费需要较大。

（5）个案管理（case management）：个案管理是一种多学科合作以个案形式提供的护理方式。对病人的护理从入院到出院，并延伸到家庭，使病人的住院费用得到有效的控制，做好出院后的管理，有利于病人的康复。

20世纪80年代末，国外一些医院为减少病人的住院医疗开支，减轻住院对病人的心理压力，缩短住院时间，将恢复期病人的医疗和护理工作延伸到家庭，居家护理得以迅速发展。医院内组成由护士、营养师、康复理疗师、助理护士等人员参加的专业性联合体，促进病人的整个疾病期（入院到出院，乃至出院后）护理的合作性和连续性，确保病人获得较为满意的服务。

个案护理的优点是较能体现护理的整体性、系统性、连续性。但由于要求个案管理者需有特殊领域的任职资格，需参与病人和家庭每个阶段的护理。因此，需要对护士进行专职培训。

（6）综合护理（modular nursing）：是将责任制护理和小组护理融合在一起的一种护理分工方式，即有一组护理人员，其各种技术职务者均按比例组合，负责完成一组病人的护理。这样的分工方式即具有责任制护理的自主性，组长为责任护士，负责一组病人的整体护理计划的制订，组内成员负责执行计划。护士长全面负责咨询、协调和激励工作，病房内各小组以护理程序为工作方法，相互协作，各尽其责，共同完成一组病人的护理工作。这样的分工方式即能发挥各层次护理人员的积极性，又能避免因责任制护理投入人力和经费多的欠缺。

综上所述，几种不同护理分工方式，应该与"整体护理"、"护理程序"等概念相区分。整体护理（holistic nursing）是现代护理学的基本观念之一。其含义是对护理对象实施以护理程序为基础，以现代护理观为指南，包括生理、心理、社会适应能力等各方面的整体护理。整体护理是一种观念,不是护理人员的分工方式,它指导临床各种护理活动的进行,并对护理管理改革起着重要的作用。护理程序是工作方法,不是分工方法,它指有计划地、系统地实施护理活动,它对护理活动的系统进行起指导性作用。

三、护理人员排班

病区排班要求基层管理者对护理工作任务、内容、专业特点、人力特征和时间等因素作全盘考虑,对护理人员和护理工作做出系统的、科学的安排,力求达到工作的最高效率。

(一) 排班的目标

(1) 达到以病人需要为基础的排班目标。
(2) 为配合单位需要,安排适当的、适时的、弹性的人力配置。
(3) 积极地调动每个人的潜力,达到人力运作的最大效果。
(4) 一视同仁地对待每一护理人员,维持公平,尤其在安排护理人员的例假日休息时。
(5) 使护理人员对工作时数及排班的公平性感到满意,激励护理人员的专业技能的发挥。
(6) 全面考虑,既要考虑病人需要,又要考虑到护理人员的特殊需要。

(二) 排班的原则

(1) 排班以病人需要为中心,保持护理工作24小时连续性,合理安排各班次的人力。
(2) 排班应按照劳动法和医院及护理部的法律、法规、制度执行,在维护病人权利的同时也维护护士的利益。
(3) 掌握各班规律,根据各班次的工作量安排人力,保持各班次工作量均衡,并努力提高每位护理者的工作效率。
(4) 以公平原则排班,各层次护理人员按规定轮班,并注意节假日的休息轮换。
(5) 排班要维持连贯性,不可任意更改。

(三) 排班的类型

目前排班的类型根据排班的权力归属有集权式、分权式、自我排班式三种。

1. 集权式(centralized scheduling) 排班者为护理管理的一、二级行政管理人员,如护理部主任或科护士长,根据其个人主观决定人力,进行排班。

2. 分权式(decentralized scheduling) 排班者为基层护理管理者,如护士长,其先采纳部门护理人员的意见,再进行排班。此种类型目前较为常用。

3. 自我排班式(self scheduling) 由部门护理人员自己排班,以促进护理人员工作的自主性和对工作的满意度。但在采用自我排班前需要先做好的工作:①拟订自我排班规则;②根据病人、工作人员、管理的需要讨论制定各时间段的班次人力;③定期组织讨论修改排班方案。

上述三种排班方式各有其优缺点,如表7-1所示。

表7-1 三种排班类型的优缺点比较

排班方式	优点	缺点
集权式	掌握各部门全部人力,可根据工作需要灵活调配各部门人力	不能发挥部门内的人力效力,影响员工对工作的满意度
分权式	充分了解自己所在部门的人力需求状况,有效排班	当本部门人力缺乏时,无法及时调配其他部门人力
自我式	可激励护士的自主性与对工作的满意度,促进人际关系,提高凝聚力	

(四) 上班时数的种类

为了能够在工作负荷最重的时间段集中人力的运用,并考虑到护理人员的上下班时间,又能保证每周工作在五天,护理管理者可综合地使用各种上班时数。每日上班时数有8小时、10小时、12小时,每种时数都有其优缺点,目前我国大多数医院采用的是每班8小时,每日三班制。

(五) 排班方法

排班种类目前常用有三种,即传统式排班、电脑资讯系统排班、周期性排班。

1. 传统式排班 是目前病房普遍采用的方法，护士长根据本部门的工作需要，每周或每月安排工作时间表。

2. 电脑资讯系统排班 是运用电脑，将原有的本单位或本部门的护理人力、护理形态、排班规则、上班时数等信息输入电脑，通过电脑制订每周或每月一次护理人员工作时间表。采用此种方法，可充分发挥电脑的储存、计算、分析便捷等作用。

3. 周期性排班 将24小时各科班次时间作出规定，再将各班固定轮回，根据单位或部门的人力资源配置情况，决定周期的时间长短(表7-2)。周期性排班可加强护理人员间的默契。有规律地循环排班，有利于工作人员个人安排，并为病人提供连续护理，使管理者有效地利用人力资源。

排班是体现护士长人员管理工作能力的一个方面，护士长如何通过合理的排班，充分地发挥护理人员的潜能，达到人力资源的有效运用，需要在日常工作中不断地探索和学习，只有结合本部门的实际情况，综合地运用管理理论，才能达到管理上的成效。

表7-2 三周固定周期排班表

	星期一	二	三	四	五	六	日	星期一	二	三	四	五	六	日	星期一	二	三	四	五	六	日
护士A	*	¤	¤	¤	¤	*	¤	¤	¤	¤	*	*	¤	¤	¤	¤	¤	*	*	¤	¤
护士B	¤	¤	¤	*	*	¤	¤	¤	*	*	¤	¤	¤	¤	¤	*	¤	¤	¤	¤	*
护士C	¤	*	*	¤	¤	¤	*	*	¤	¤	¤	¤	*	¤	*	¤	¤	¤	¤	*	¤

注：* 表示休假：最长上班天数为4天，最长的休假为2天；¤ 表示上班：最短上班天数为3天，最短的休假为1天；每隔二周星期六、日休假。资料来源：徐南丽主编《护理行政与管理》第367页。

案例 7-4

护士一年的工作，能否得到上司的肯定和病人及家属的肯定，除自己回顾总结之外，还要有管理部门的考评。

请问：

1. 护理人员绩效考核指什么？
2. 护理人员绩效考核的基本原则有哪些？
3. 护理人员绩效考核的方法有哪些？
4. 影响绩效考核的因素有哪些？

第4节 护理人员的绩效考核

绩效考核又称绩效评估、人事评估、员工考核等。护理人员绩效考核是护理管理者或相关人员对护理人员的工作做系统的评价，就像学校的考试制度，有了考试，学生温习功课，促进学生获得知识，护理管理中有了绩效考核，就可促使护理人员努力达到工作目标。所以说，护理人员绩效考核是人力资源管理中重要组成部分。正确有效的绩效考核有利于激励护理人员士气，为护理人力管理中的奖惩、晋升、调动及解雇人员提供一个客观的评判标准。可以说，绩效考核是管理者用以控制达到组织目标的一种方法。对护理人员而言，绩效考核是对优秀人员一种"成绩肯定"，对懒散人员一种"提醒信号"，因此，对护理人员的绩效有一系统的考核制度，使护理人员不断地明确职务期望标准与个人工作表现之间的距离，从而促进自我成长。并且，通过考核促使管理者与护理人员的沟通，有利护理品质的保证。

(一) 护理人员绩效考核原则

1. 全面性 对各级护理人员的绩效考核内容不但与其聘任的职务要求相匹配，而且考核内容须包括政治思想、遵纪守法、道德品质、工作态度、敬业爱岗、专业知识水平、专业技术水平等全面、综合的评定。

2. 公平性 对各级护理人员的绩效考核内容必须与其聘任职务相符合，各类考核内容符合客观情况，并用科学的方法制定考核标准，采用定性考核和定量考核相结合，努力减少考核者的主观因素对考核结果的影响，努力做到实事求是、公平合理地对待每

位考核者。

3. 经常性 终末考核与过程考核相结合,使考核作为一种制度,采用定期考核与不定期考核相结合,平时考核与年底考核相结合,重点考核与全面考核相结合,直接考核与间接考核相结合。

4. 务实性 考核内容能够体现被考核者的实际业绩,是具体的工作量与质的体现,是实际的工作效果的体现。

5. 反馈性 通过对护理人员的考核,为护理管理提供人力资源管理的信息,不断地调整对护理人员考核的标准,修改各级护理人员培训计划,与时俱进,从而达到不断地提高护理管理质量的目的。

(二) 护理人员绩效考核方法

1. 评语法 包括被考核者的自我鉴定和考核者的评语。自我鉴定是被考核者通过书面或口头形式对某一阶段绩效进行评价,并提供获得的荣誉奖状、考核情况及成绩情况。评语是考核者对被考核者通过书面或口头语言进行评价。评语法能够反映考核者和被考核者的自我感知情况,但不能避免人为因素影响考核结果。

2. 考试法 通过笔试或口试,提供业务技术操作、理论知识、各种竞赛等方面所获得的成绩。常用于护理技术操作、理论知识、外语水平等考核。具有标准统一的优点,但对考核标准和考核者要求较高,常常出现考核水平与实际能力有差异。

3. 评议法 通过书面或口头征求同行间或护理对象(病人)对被考核者的意见,进行综合分析,作出综合评价,是一种定性考核资料收集的方法。

4. 量表评定法 通过对考核内容的量化进行考核。优点是有统一的量化指标,较容易比较。但量表评定法与考试法一样对量表的信度和效度要求较高。

上述绩效考核的方法各有优缺点,需要综合运用,全面考核才能达到考核目的,在实际考核中管理者只凭一次考核片面地对某位护理人员下结论,常常会导致不良的结果。如果通过考核及时地鼓励有进步的护理人员会加速护理人员成长。

(三) 影响绩效考核的因素

1. 目的不明确 未将考核工作列入工作计划中,或考核内容与计划内容不一致,都会影响考核结果。

2. 考核方法与考核工具运用不当 考核量表及内容有偏差,不能全面地反映被考核者的综合能力和业绩与各方面的素质。考核工具使用不当产生不公平,考核表过长、费时,使考核者没时间或产生厌倦而不认真对待,而影响考核结果。

3. 人为因素产生偏差 考核受到考核者个人的价值观和个性影响,如光环效应使考核者对被考核者评价过高;触角效应使考核者对被考核者的评价过低;情绪化作用使考核者对被考核的评价受到考核者的情绪影响;中央趋势使考核结果的分数值无差异。另外,考核者对考核标准掌握不当,凭个人理解进行评价。也是影响绩效考核结果的因素。

4. 考核留于形式 考核者对考核结果缺乏充分地认识。考核结果常常与奖惩、晋级、薪酬等激励机制不挂钩。使考核未能达到预期目的。

5. 单向过程 考核结果未与被考核者沟通,使被考核者不知存在的缺点和努力方向,也是考核未能达到预期目的的一种因素。

绩效考核是护理管理中常常用于控制质量的一种工具。要正确运用绩效考核这个工具,使护理人员满意、护理管理者满意,真正达到激励和鞭策护理人员奋发向上,保证护理品质;真正达到使管理者通过考核发现人才、培养人才、使用人才、提拔人才;真正达到鼓舞和激励工作优良者,鞭策和指导工作欠缺者;真正达到提高工作效率,提高工作满意程度的目的。

护理人力资源管理是一项复杂的管理职能,它包括护理人员的规划、选聘、分工、培训、选拔、晋升、考核等工作,这些工作内容之间是相互联系、相互作用的。各层护理人员都属于护理人力资源范围,只有加强护理人员管理,满足护理人员的物质需要、精神需要,提高护理人员的生活质量,才能有效地开发护理人力资源和合理地、科学地管理护理人力资源。

第5节 护理人员的教育与培训(选学)

护理人员教育与培训的目的是最大限度地开发护理人员的潜力,使每个护理人员能出色地完成护理工作。护理工作与科技进步,社会发展密切相关,护理必须适应社会发展的需要,作为护理人员必须不断吸取新知识、更新自己,以满足社会的需求。继续教育是对具有大学专科以上学历和中级以上职称专业技术人员和管理人员经常进行扩展知识,提高技能的教育。而继续护理学教育是继毕业后规范培训之后,以学习新理论、新知识、新技术、新方法为主的一种终身性护理教育。

一、护理人员教育与培训的内容

1. 护理基础知识和专科护理知识 不断巩固和加强护理基础理论、基础知识、基础技能的学习和训练,并逐步地掌握各专科的知识和技能的培训和教育。提高专科护理理论和技能水平。

2. 相关的其他学科知识 如护理管理人员除了掌握有关现代护理理论和各专科护理的新进展之外,还要求学习管理学知识和技能。为适合各层次病人的护理需求,护理人员还要求不断学习相关人文知识,如涉外护理病房护理人员除学习外语之外,还要求学习各国礼仪礼节。

3. 有关法律法规 随着我国法律法规的不断健全、法制力度的加强,护理人员不但要增强法律意识,还要学习有关的法律法规,更好地执行安全护理,维护病人和护士的权益。

4. 与医院发展相匹配的知识和技能 与时俱进地学习有关新知识、新技能,如:为实现医院信息管理网络化、系统化,护理人员要学习有关电脑操作知识和技能技巧。为提高护理科研水平,护理人员要学习有关科研知识和技能。为更好地达到"以病人为中心"的护理,护理人员要不断地学习护理心理学知识和技能等。

二、护理人员教育与培训的途径

护理人员可通过以下几种途径,不断地得到教育和训练,获得护理新理论、新知识、新技术、新方法,提高业务知识和技能。

1. 自学成才 结合临床实际病例,阅读有关护理、医疗书籍,通过检索查阅有关文献,边工作,边学习,边实践,边钻研,逐步增强专科护理的技能技巧,成为某一专科护理的护理专家。

2. 工作实践 通过轮转各科室综合地全面地掌握各专科护理的知识和技能。在日常工作中通过参加医疗查房、疑难病分析会议、护理教学查房、病例讨论、读书报告会、论文报告会是提高护理知识和技能的良好途径。

3. 学术讲座与学术会议 经常参加学术讲座和学术会议是获得某一领域最新知识和最新信息的有效途径。

4. 各类学习班 针对某一专题,参加国内外各类学习班,是迅速提高某一领域知识和技能的有效途径。如透析护理学习班、糖尿病足部护理学习班。

5. 进修学习 通过选送护理人员到国内外有关医院或单位进行专科进修学习,也是培养专科护理人员的良好途径。

6. 学历教育 随着护理高等教育的深化改革,多渠道、多层次的继续护理学历教育正在不断地开展,并逐步建立一套较适合护理人员工作特点,又能提高护理人员学历的继续教育体系。自学考试形式的从护理大专到专升本教育已经形成。业余大学、夜大学开设的大专学历、本科学历以及研究生教育正在形成。

三、护理人员教育与培训的阶段

1. 岗前培训 对各层次的新毕业护士以及新招聘的护士进行有关的入院培训,有利于适应工作环境,顺利地开展工作。岗前培训的内容包括医院和护理部的理念、宗旨、目标和组织机构、各项规章制度、考勤制度、环境介绍、医院规划与发展、基本技能考核与训练等。可短期(1周至1月)与长期(半年至1年)相结合,专人带教与集体训练相结合。

2. 在职继续教育 为加强临床护士规范化培训,完善护理学毕业后教育制度,根据不同学历的毕业生制订相应的培训计划,使培训者达到《卫生技术人员职位试行条例》的规定的相应标准。

(1)护士:加强专业素质教育,敬业爱岗,

规范职业行为。巩固学校所学知识，掌握本专业的各项操作技能，掌握常见病、多发病及一般急危症病人的抢救配合及监护，独立运用护理程序对病人实施整体护理，正确书写护理病历，协助完成临床教学工作。协助护理科研工作，撰写论文。借助辞典阅读专业外语文章。使之达到护师的专业水平。

（2）护师：结合个人工作能力特长，定向培养达到具有综合护理能力和专科护理技能，使之发挥教学、科研或管理才能，达到主管护师的任职水平。培养方法以科内轮转为主，安排危重病人抢救的配合工作，做好抢救记录，并要求不断总结抢救经验，提高重危病人护理水平，担任临床实习生的带教工作，参加课题的设计和实施等，提高护理科研水平。

（3）主管护师：具有坚实的基础医学理论知识并精通专科护理理论及技术，能解决本专科护理业务上的疑难问题，指导重危、疑难病人护理计划的制订与实施，不断更新知识，能在管理、教学、科研中发挥骨干和指导作用。具有课堂教学、编写教材及临床带教能力，能组织本专科各病房的护理查房和护理会诊。撰写具有一定水平的论文，逐步达到副主任护师的任职条件。

（4）副主任护师及主任护师：指导本专科疑难病人护理计划的制订，组织指导疑难病例的护理会诊及危重病人的抢救和本专科护理学术讲座。组织并指导主管护师的查房，并担任主讲，以不断提高护理人员的业务水平。了解国内、外本专科护理发展的动态，努力引进先进的技术用于临床实践，从而发展护理学科。拟订教学计划，编写教材，胜任本专科各级学生的临床教学管理工作。组织制订本专科护理科研计划和管理实施，并写出具有较高水平的科研论文。能为医院护理队伍建设提出议案。

1. 护理人力资源管理是包括护理人员的规划、选聘、分工、培训、选拔、晋升、考核等工作。这些工作内容之间是相互联系的，相互作用的。

2. 护理人员配置原则：功能需要的原则、优化组合原则、合理比例原则、经济效能原则、动态发展原则。

3. 护理人员编设依据和计算方法：按《编设原则》计算法；按工作量和工时单位计算法；按病人分类系统计算法。

4. 护理人员的分工按工作任务分工：个案护理、小组护理、功能制护理、责任制护理、个案管理、综合护理。

5. 护理人员排班类型：集权式排班、分权式排班、自我排班。上班时数可有8小时、10小时、12小时。排班方法：传统式排班；电脑系统排班；周期性排班。

6. 护理人员绩效考核原则：全面性、公平性、经常性、务实性和反馈性。考核方法：评语法、考试法、评议法、量表评定法。影响考核的因素：方法和工具运用不当；人为因素；流于形式；目的不明确；单向过程。

7. 护理人员的教育与培训途径可通过：自学成才；工作实际；学术讲座与学术会议；各类学习班；进修学习；学历教育。护理人员教育与培训的阶段可分为岗前培训和在职继续教育两部分。

小 结

目标检测

一、名词解释

1. 人力资源　　2. 工时单位　　3. 工时单位值
4. 个案护理　　5. 小组护理　　6. 功能制护理
7. 责任制护理　8. 个案管理　　9. 综合护理

二、填空题

1. 目前分级护理中一级护理、二级、三级病人每日所需直接护理时数分别为_____、_____、_____小时，间接护理按40张床位与日平均护理时数为_____小时计算。

2. 护理人事档案建立须包括的内容有_____、_____、_____、_____、_____、_____。

3. 护理人员分工，按工作内容分工有_____、_____，按工作方式分工有_____、_____、_____、_____。

4. 护理人员在职继续教育内容因人而异，如护士则加强_____、_____、_____。

5. 影响绩效考核因素有_____、_____、_____、_____、_____。

三、选择题

A_1型题

1. 关于人力资源广义的概念是
   A. 有生产能力的人　　B. 正常智力的人
   C. 为社会提供服务的人　D. 具有劳动力的人

E. 有正常体力的人
2. 下列哪项不属于人力资源开发与管理部门的工作
   A. 选人   B. 育人
   C. 用人   D. 留人
   E. 考核人
3. 人力资源管理中一定要
   A. 以质量为本   B. 为道德为本
   C. 以人为本   D. 以成效为本
   E. 以培养为本
4. 根据医院分级管理标准规定,三级医院医师与护理人员之比为
   A. 1:0.5   B. 1:1
   C. 1:1.5   D. 1:2
   E. 1:2.5
5. 根据分级护理管理标准,病房床位与病房护理人员基本之比是
   A. 1:0.1   B. 1:0.2
   C. 1:0.3   D. 1:0.4
   E. 1:0.5
6. 500张床位以上的综合性医院病床与工作人员之比正确的是
   A. 1:(1.0~1.2) B. 1:(1.3~1.4)
   C. 1:(1.4~1.5) D. 1:(1.6~1.7)
   E. 1:(1.8~1.9)
7. 护理人员在医院各类人员比例中应占
   A. 10%   B. 20%
   C. 30%   D. 40%
   E. 50%
8. 每名护理人员承担的病床数,日班应是
   A. 8~10张   B. 12~14张
   C. 16~18张   D. 20~22张
   E. 24~26张
9. 护理部管理人员与床位数之比是
   A. 1:(50~100)   B. 1:(120~140)
   C. 1:(150~200) D. 1:(250~300)
   E. 1:(350~400)
10. 护理人员每天工作时间是8小时,但达到理想有效劳动时间只有
    A. 4小时   B. 5小时
    C. 6小时   D. 7小时
    E. 8小时
11. 某医院病房总人数为30人,一级护理2名,二级护理6名,三级护理22名,该病房护士应编数为
    A. 6名   B. 7名
    C. 8名   D. 9名
    E. 10名
12. 应聘护理人员人事档案的专业资料中不包括
    A. 身份证号
    B. 护士执业执照证书号
    C. 职称证书登记号
    D. 各学会登记号
    E. 护理工作记录
13. 下列哪项不是护理行政职务
    A. 护理副院长   B. 护理部主任
    C. 科护士长   D. 护士长
    E. 护士
14. "专人护理"又称
    A. 功能制护理   B. 小组护理
    C. 个案护理   D. 责任制护理
    E. 综合护理
15. 关于"整体护理"概念错误的是
    A. 整体护理是现代护理学的基本观念之一
    B. 整体护理是一种观念,又是护理人员的分工方式
    C. 其含义是对护理物件实施全身心护理
    D. 指导临床各种护理活动
    E. 对护理管理改革起着重要作用
16. 护理人员教育与培训的目的是
    A. 提高护理队伍素质
    B. 提高护理工作质量
    C. 满足患者的服务需要
    D. 开发护理人员的潜力
    E. 更新知识
17. 护理人员教育与训练的内容不包括
    A. 护理知识
    B. 相关学科知识
    C. 有关法律法规
    D. 与医院发展相匹配的知识和技能
    E. 健身活动
18. 护理人员岗前培训的内容不包括
    A. 医院和护理部的理念、宗旨、目标、组织机构
    B. 各项规章制度
    C. 各种培训计划
    D. 医院规划与发展
    E. 基本技能考核与训练等
19. 护理人员绩效考核原则错误的是
    A. 全面性   B. 公平性
    C. 经常性   D. 务实性
    E. 控制性
20. 影响绩效考核的因素是
    A. 目的明确
    B. 考核方法与考核工具运用得当
    C. 人为因素产生偏差
    D. 考核不流于形式
    E. 双向过程

B型题
    A. 学术讲座   B. 学习班
    C. 进修学习   D. 学历教育

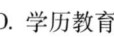

E. 自学成才
1. 要获得某一领域最新知识的可参加
2. 培养专科护士的有效途径是
3. 边工作边学习,边实践边钻研可成为某一专科的护理专家属于

  A. 功能需要原则 B. 优化组合原则
  C. 合理比例原则 D. 经济效能原则
  E. 动态发展原则
4. 按不同年龄,不同个性,不同学历,配制护理人员体现了
5. 主动适应医院的发展,进行人员的调整体现了

  A. 一般病房 B. 手术室
  C. 特种病房 D. 门诊科室
  E. 急诊科室
6. 主管护理与床位之比1:(30~40)指
7. 主管护理与床位之比1:4指

  A. 个案护理 B. 小组护理
  C. 功能制护理 D. 责任制护理
  E. 综合护理
8. 病人从入院到出院由一位护士全面负责提供整体连续护理是属于
9. 在组长的带领下完成一组病人的护理工作是属于
10. 由一名护理人员负责对一名病人实施的全部护理是属于

X 型题
1. 护理人力资源的管理直接关系到
  A. 护理生产力 B. 护理质量
  C. 护理服务道德 D. 护理成本
  E. 护理管理
2. 通过人员管理可以发现选聘和培养最优秀的人才,可以调动人的
  A. 主动性 B. 积极性
  C. 创造性 D. 开拓性
  E. 发展性
3. 负责选拔和招聘员工的人员应具备以下条件
  A. 清楚医院的宗旨、传统及目标
  B. 接待中要有亲切感,有礼貌
  C. 言语表达清晰,条理分明
  D. 能清楚说明医院的政策、制度、福利
  E. 有独立决策的能力
4. 目前医院内常用的护理人员分工有

  A. 按职务分工
  B. 按学历分工
  C. 按职称分工
  D. 按工作任务分工
  E. 按性格分工
5. 各级医院根据实际情况选择适宜的护理工作方式,目的是
  A. 提高病人的满意程度
  B. 提高护理水准
  C. 提高社会影响
  D. 降低护理人力成本
  E. 降低成本开支
6. 小组护理的组成是
  A. 一组护士有3~4名
  B. 一组病人为10~20名
  C. 根据技术职称组成
  D. 小组成员各施其责独立完成各项工作
  E. 护理工龄长的为组长
7. 个案管理的优点是
  A. 能体现护理的整体性
  B. 能体现护理的系统性
  C. 能体现护理的连续性
  D. 个案管理者需有某一专业领域的任职资格
  E. 护士均需进行专职培训
8. 排班的类型有
  A. 集权式 B. 分权式
  C. 自我排班式 D. 讨论式
  E. 自由式
9. 上班时数的种类有
  A. 6小时 B. 8小时
  C. 10小时 D. 12小时
  E. 16小时
10. 护理人员绩效考核方法有
  A. 评语法 B. 考试法
  C. 评议法 D. 量表评定法
  E. 评价法

四、问答题
1. 护理人力资源管理的含义是什么?
2. 简述护理人力资源编配的原则。
3. 简述护理人员培训计划、程序。
4. 描述医院护理工作模式并举例说明。
5. 简述护理人员绩效评价的作用及基本原则。

第 8 章 护理领导

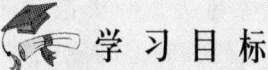

1. 说出护理领导者应具备的素质与能力
2. 描述领导的概念和领导方式
3. 记住领导艺术

领导是管理工作中的一项重要职能,在管理工作中领导活动是完成团体计划、决策、组织、控制的操作者。领导作用的举足轻重,领导模式的高深莫测、灵活多变,领导是社会各界都非常重视的一个职能,故对领导理论和领导问题一直都在进行不断的研究和探索。

案例 8-1

如果一个组织或一个团队,在接受或分配任务,在具体工作的实施和完成工作目标时,都会有领导者和非领导者角色,起到管理与被管理的作用,领导者的工作方式与影响力对组织或团队起到不可估量的作用。

请问:
1. 领导的含义是什么?
2. 领导者与管理者有什么区别?
3. 领导者的影响力有哪些?

第 1 节 概 述

一、领导的概念

领导(leadership)是指引和影响个体、群体或组织以实现预定目标的一种活动过程,是影响人们走向目标的能力。这一概述有三层含义:即领导包含着领导者与被领导者;领导是一个动态的过程;领导的目的是影响群体或个体,完成所期望的目标。

领导是高层次的组织管理活动,它不同于一般的管理。因为管理主要是处理问题,通过制定正式的计划、设计规范的组织结构以及监督计划实施的结果而达到有序而一致的状态。而领导主要是处理变化的问题,领导者通过预见未来前景而确定前进的方向。然而与其他人进行交流并激励其他人克服困难、达到这一目标。在组织达到最佳效果中,领导和管理同等重要,两者缺一不可。

二、领导者与管理者的区别

(一) 领导者

领导者(leader)其职位是经上级任命或是由群体内部自然产生的。领导者运用其影响力、人际关系、领导才能与艺术,指导帮助群众完成组织目标,并不需要以正式职位为基础,是致力于实现领导过程的人。

(二) 管理者

管理者(manager)是指挥下属活动的组织成员,由上级任命指派而产生的。有正式职位,且拥有特定的职权,此职权即职位上的合法权利。如护士长可行使计划、组织、管理、领导、控制等工作。

通常人们以为领导者就是管理者,其实不然。领导者与管理者的角色有明显的差别。见表 8-1。

表 8-1 领导者与管理者的区别与联系

区别	领导者	管理者
对象	人	人、财、物、信息
官方授权	有或没有	有
工作方式	冒险精神、创新	循规蹈矩
影响力	只要下属愿意遵从	特定的职权
目标	完成个人目标	完成组织目标

管理者与领导者虽然有所区别,但也有密切的联系。领导者不一定是管理者,然而管理者就必须同时又是领导者。在护理管理中,是管理者就是领导者,所有的护理活动都要在组

织结构中,以一定程序控制下完成工作目标。在领导过程中,护理管理者宜自我要求和充实才能使管理更趋于完善。

三、领导者的影响力

领导的过程是领导者对被领导者的影响过程,通过影响下属而达到组织目标。所谓影响力指一个人在与他人交往中,影响和改变他人心理行为的能力。领导者的影响力在引导下属完成工作任务中起着决定的作用。领导者的影响力可以是正式的,如护士长、科护士长、护理部主任在医院组织中是不同管理层次的领导角色,这是因为他们的管理职位伴随着组织正式授予的相应职权,使他们对下属具有影响力。领导者的影响力也可是非正式的,这种影响力不是来自外界,而是来自领导者自身的内在因素。

护理领导者的影响力指护理领导者在实施护理工作与护士的交往过程中,影响和改变护士心理与行为的能力。可以归纳为权力性影响力和非权力性影响力两类。

(一)权力性影响力

权力性影响力指领导者运用上级授予的权力,强制下属服从的一种能力。这种由外界赋予领导者的影响力对被领导者具有强迫性和不可抗拒性。如胁迫影响力、奖赏影响力、职位影响力。

1. 胁迫影响力 此种影响力基本上是由于害怕被处罚而产生的,护士长为使护理人员能够准时上下班,不旷工,采取调职、扣薪、降级、解聘方式管理以达行政绩效。

2. 奖赏影响力 此种影响力是因为所属成员希望上级给予奖励或酬劳而产生。护理部主任有奖赏的最后完全决定权,因而影响力自然增加。

3. 职位影响力 此种影响力的产生在组织结构中所占阶层之合法职位所形成。由于有正式任命,因而所属成员,接受其命令认为是理所当然。如:护理部主任下达命令,所有护理人员皆依从之。

(二)非权力性影响力

非权力性影响力指领导者自身素质和现实行为形成的自然性影响力。包含专家影响力、榜样影响力、资讯影响力、德高望重影响力。

1. 专家影响力 此种影响力是由于个人拥有专家知识、技术和特殊专长,在工作进行中自然赢得他人遵从而产生的影响力。如临床专科护理师、麻醉护理师。

2. 榜样影响力 此种影响力完全出自于个人的人格、行为、态度表现令人敬佩而形成影响力。护士长早到及晚退的敬业精神、为人耿直、热心助人、任劳任怨、高度求知上进心等皆会对同单位之护理人员造成积极的影响力。

3. 资讯影响力 此种影响力是因为个人具备对他人的特殊价值的资讯而形成影响力。单位中举办在职教育,临床专科护理师将最新护理资讯呈现给病房护理人员,而使得护理人员纷纷向其请教,无形中对护理人员会形成影响力。

4. 德高望重影响力 此种影响力是基于个人受到敬仰而产生的影响力。如某资深护士长当选优秀护士楷模多次,在院中工作近20年,全医院的人都认识她,人际关系良好,令所属护理人员自然而然尊敬她,因而很自然接受她的影响。

领导者要合理地使用两种影响力,在使用权力性影响力时应持审慎态度,尤其在批评、处罚时更要注意语气、语调、语音的掌握。在工作中不能炫耀权力、滥用权力,甚至以权谋私,追求个人特权,以至失去领导的影响力。在激发、调动下属工作热情时要通过非权力影响力提高领导者的威信和作用。

案例 8-2

巍巍大学护理系毕业后,在医院临床工作了三年,她在内、外、急诊等科室都工作过,由于工作投入、责任心强,她所管辖的病房工作有条不紊,不断受到病人的好评,在历次的考核中也得到了同行和护士长的认可,为此,在新一轮护士长聘任中,护理部听取了总护士长和护士长及部门的意见后,决定对她进行培养和使用,让她到护理部挂职锻炼,作为护士长的候选人之一。

请问:
1. 护士长岗位职责及任职资格有哪些?
2. 科护士长岗位职责及任职资格有哪些?
3. 护理部主任岗位职责及任职资格有哪些?

第2节 护理管理岗位职责及任职资格

按照中华人民共和国卫生部等级医院标准要求,护理管理层次可以根据医院的规模设置两个或三个层次。我国的三级医院要求三级管理体系,即护理部主任、科护士长、护士长。两级管理体制主要是护理部主任或总护士长-护士长两个层次。

成为护理管理人员的基本要求包括:必须有临床和管理经验,能全面地履行管理者角色所固有的责任。护理管理者掌握以下实践领域的知识和技能:组织中护理人员的行为基础、管理知识体系和管理程序、护理实践标准、临床护理工作指南、护理工作相关法律法规、护理常规和伦理、健康照顾经济、健康和公共卫生政策、关于护理服务的有关问题、护理服务和人员的评价和结果测评、财政管理基本知识等。

一、护理部主任岗位职责及任职资格

1. 护理部主任职责 护理部主任是医院护理管理指挥系统的负责人。基本活动包括:规划、组织、人事、领导、合作、促进和评价。每一项活动都在营造和维持一个发展的环境和支持护理专业实践。在医院护理管理活动中,护理部主任与所有相关的管理者合作,履行下述责任:以决策者角色参与医院的发展策略和远期规划的制定;在临床护理和护理管理的目标和方向中起领导作用;负责组织制定为完成临床护理和护理管理目标而设立的功能和程序;获取和分配与实现组织目标相关的护理人力、物力和财力资源;制定和评价护理服务标准和程序,推进护理服务预期目标的实现;运用评判性思维在护理组织中起领导作用;在护理人力资源的培养、使用和管理等方面起领导作用;确保对护理服务单元和护理整体服务质量进行连续的评价和改革;促进临床护理、健康管理和护理管理领域中科学研究的实施、总结和应用;作为护理专业角色模范和顾问,激励、培养、招收和保留未来的护理管理人才。

2. 护理部主任任职资格 护理部主任任职基本条件包括:国家注册护士,护理专业学士或管理硕士学位;接受过管理方面专业知识和技能的培训和教育;10年以上护理工作经验;5年以上护理管理经验;良好的语言和书面沟通能力;出色的人际交往能力;高度的责任心和敬业精神;良好的组织才能;身心健康,满足岗位需要。

二、科护士长岗位职责及任职资格

1. 科护士长职责 科护士长的工作职责和工作内容主要包括:负责将医院及上级护理管理部门的宗旨、目标、规划转化为本部门护理人员的行动;负责所管辖科室的护理质量,参与护理部门临床护理质量的督察与评价、护理人力资源管理、病室环境管理以及所管辖科室相关护理活动的组织、沟通与交流,积极参与各级护理专业活动,负责个人及管辖科室护理人员的专业发展、科室临床护理教学、意外事件和特殊任务的协调处理等。

2. 科护士长任职资格 科护士长的任职资格因医院要求和地区而异。建议任用的基本条件包括:国家注册护士;护理专业学士或硕士学位;接受过管理专业知识和技能培训;5年以上护理实践经验;至少3年以上护理管理经验;具有良好的沟通能力和人际关系能力;高度的责任心;良好的组织能力;身心健康,满足职位需要。

三、护士长岗位职责及任职资格

1. 护士长职责 护士长对科室主任和护理部主任负责,管理一个或若干个护理单元。为上级护理主管提供相关信息咨询,以作为决策参考依据,同时也将上级要求传达给下属。护士长对本护理单元的护理工作目标、任务、计划和护理服务标准的实施负有主要的责任。护士长协调本护理单元的有关工作、协调护士之间、护士与其他工作人员之间团结合作。护士长有责任保障良好的临床治疗和护理环境,保证日常护理工作的正常运作。评价护理服务的质量和安全性;为下属提供工作指南并对下属的日常护理服务活动进行督导;以病人为中心,协调配合与其他健康专业人员的医疗服务;根据需要参与护理人员的招收、选拔和保留;负责本护理单元护理人员工作安排和排班;评价本护理单元护理人员的绩效和工作表现;参与所在单元成本监督管理;参与并带领本部门护理人员参与临床护理科研活动;参与护理教学和教学管理。

2. 护士长任职资格 护士长任职资格因医院要求和地区而异。基本条件包括:国家注册护士,护理专业学士或硕士学位;接受过管理专业知识和技能培训;5年以上护理实践经验;具备护理管理经验;具有良好的沟通能力和人际关系能力;高度的责任心;良好的组织能力;身心健康,满足职位需要。

案例8-3

罗斯被派到一家中型二级甲等医院任院长,适逢护理部中层干部换届改选。为了确保候选人的德才兼备和工作能力,决定成立干部换届改选工作小组,并制定出被选人所应具备的素质与能力。

请问:
1. 护理领导者应有的基本素质有哪些?
2. 什么是领导才能?
3. 护理领导者应具备的能力是什么?

第3节 护理领导者应具备的素质与能力

一、护理领导者应有的基本素质

领导者的素质问题实际上就是关于什么样的人才能当领导者的问题。一个有效的护理领导者应具备以下基本素质。

(一) 政治素质

拥护中国共产党的领导,自觉执行党和政府的有关路线、方针、政策,树立科学的人生观和世界观。政治素质是成为护理领导者应具备的基本素质。

(二) 道德素质

道德素质包括道德修养、品行情操、工作作风等。具体表现为:具有优良的医德医风,能全心全意为病人服务,对病人满腔热情;有强烈的事业心和责任感,对工作认真负责、一丝不苟、任劳任怨,工作中敢挑重担,勇于进取;为人处事时,襟怀坦白,言行一致,诚实正直,公平无私,以身作则,乐于奉献,团结同志,作风正派。道德素质是决定护理领导者影响力的最重要的因素,是护理管理者必须具备的素质。

(三) 知识素质

护理管理人员不仅要具备与护理专业相关的医学基础知识和护理专业知识,还要具备与管理工作有关的心理学、人文科学和行为科学的知识。懂得领导科学、掌握现代信息技术等。护理管理者只有对有关专业知识有一定程度了解、掌握,才能维持与下属的正常沟通。避免盲目指挥,只有广泛学习相关学科知识,才能不断提高自身素质,更好发挥领导的影响力,进行有效的领导。

(四) 心理素质

各级护理领导者面临的管理对象和管理环境是十分复杂的,常常需要应付来自各方面的压力。这就要求护理领导者具有良好的心理素质,既要经受得住荣誉、地位、利益和各种诱惑的考验,更要经受得住各种挫折的考验。一个有作为的护理领导者就应有这样的心理素质。

(五) 身体素质

身体是一个人德、才、学、识的物质基础。护理工作既是一项高强度的脑力劳动,又是一项高强度的体力劳动。没有健康的体质,是难以承担繁重的护理领导工作的。

二、领导才能

所谓领导才能就是让部属去做领导者希望他们做的事,而且所做出的事是对的。由此可见,领导是利用组织赋予的权力和自身的能力去指挥和影响下属为实现组织目标而努力工作的管理活动过程。因此,领导者在引导下属为组织目标做贡献的同时,要注意满足下属自己的需要,并提供机会让下属施展自己潜在的能力,这就是有效领导才能之一。

在整个领导活动中,体现的是:认识过程—决策与组织过程—激励过程的三维关系。

这三者互为关联、互为作用、互为制约，共同构成完整的领导活动系统。认识过程的才能不仅包括敏锐的观察力，还包括稳定广阔的注意力、敏捷准确持久的记忆力、高度综合的思维力等。能否将群众的积极性、智慧潜能、创造力等方面给发挥出来，直接取决于领导者的激励过程能力。激励过程是领导活动的动力系统，激励就是领导者根据被领导者的需要激发其动机，使其发挥内在的潜力，为实现所追求的目标而努力的过程。它属于领导活动的驱动系统。其目的在于充分调动和发挥人的积极性，因而也是领导工作方法的重要功能之一。

三、护理领导者应具备的能力

管理能力是领导者在工作中各种能力的综合体现。领导者工作能力的高低，在很大程度上决定着领导工作的有效性。护理领导者的工作能力素质主要体现在以下几方面：预测、决策能力，分析、解决问题的能力，组织指挥能力，协调控制能力，人才开发与管理能力，人际交往能力以及改革创新能力。

（一）预测、决策能力

预测、决策能力指对事物的发展通过分析预测制定政策和行动方案以及善于决断的能力。这是实施领导活动的主要职能，即根据所处的环境和面临的任务自觉而果断地制定目标和行动方案。护理领导者必须要有分析预测的能力和决断的魄力，遇到问题及时做出正确抉择，并调动下属积极完成任务。

（二）分析、解决问题的能力

护理管理者在工作中难免会出现一些困难或妨碍，而当这些问题来临时，通过分析原因确认问题，找出解决问题的方法，并通过一系列步骤而达到解决问题的目的，这是护理管理者最有效率的领导能力。

（三）组织指挥能力

当上级部门下达一项任务时，下一级的管理部门或管理者就要按任务的性质内容要求，建立一个完成任务、达到目标的组织，并在执行任务的过程中，管理者要善于指挥下属从事某项活动。护理管理者的组织指挥能力在解决病人健康问题和挽救危重病人的管理中尤显得重要。

（四）协调控制能力

组织活动中，协调能力是管理者在领导过程中加强各方面配合，使群体达到协调一致的能力；而控制是保证系统目标实现的一种专门职能。在护理管理中，护理管理者对下属的工作在遇到困难时给予协调，出现偏差时帮助分析原因，发出指示并做出改进，以确保组织目标的实现。

（五）人才开发与管理能力

领导者要善于发现人才、培养人才，合理安排职业岗位，实现各尽其能、人尽其才，激发组织成员的积极性和创造性，提高领导绩效。

（六）人际交往能力

护理管理者在护理群体中，在纷繁复杂的情景中，自觉形成和改善人际关系，促使护理群体中的人际关系协调平衡地发展，从而营造出和谐愉快的工作环境，则有利于各项工作的开展。

（七）改革创新能力

按照新的设想分析、解决问题，产生出新颖、有价值的成果，个体运用已有的知识经验，这就是创新能力。创新能力是由创造性思维与创造性想象构成的，良好的智力品质是创造能力的基础，护理管理者就要在千变万化的问题面前，产生出新颖有效的解决问题的方法。

> **案例 8-4**
>
> 安娜是外科病房的护士长，她在工作安排中，遇到小问题时会放手交给下级去处理，当问题严重时，她委派几个有能力的下属去解决问题。通常情况下，她只告诉下属工作目标、完成期限，并认为只有这样，才能上下级更好合作，避免重复工作，体现了一种领导方式与艺术。
>
> 请问：
> 1. 领导方式有哪些？
> 2. 领导艺术有哪些？

第4节 领导方式与艺术

一、领导方式

以坦南鲍姆和施米特为首的"领导方式统一体理论"从总体概念上强调了在领导方式中,从集权的到民主的、从领导者为中心到职工为中心的方式中存在着多种多样的、带有连续性和统一性的领导方式,应当根据人和物的状况、当前和将来的利益、目标和趋势来具体选择最有效的领导方式。

(一)集权式领导(autocratic leadership)

这是一种独断专行的领导行为。这类领导人在作决定时不和他人商量,一旦决策后就要求下属贯彻执行,这种领导者将权力高度集中于个人手中,对下属主要从工作任务和技术方面进行管理。表现为:

(1)所有政策决定皆由领导者为之。

(2)所有活动、步骤由领导者操控,成员永远无法确定下一步骤会是怎么样。

(3)领导者以工作为导向(task-oriented),采取权威方式分配工作,使下属完成组织目标,为闭锁式沟通。

(4)领导者少以公众方式表扬个人或斥责个人的工作表现,其所扮演的角色是独裁、专制、奖赏、处罚为主。此种领导形态比较适合被动或缺乏信心的成员,为命令型、控制型的领导风格。

(二)民主式领导(democratic leadership)

民主式的领导人重视人际关系,鼓励下属参与决策。这类领导人对下属比较信任,能听取并采用下属的意见和建议。领导者和下属之间有较为协调的双向沟通。表现:

(1)有关政策是在领导者的协助和鼓励下,由群体讨论和决定,领导者重视人际关系,以关系为导向。

(2)有关活动、步骤全由群体讨论决定;若有技术层面需要建议时,领导者则提供两种以上的脑力激荡方式任其参考择选,主要是以人为工作中心。

(3)各成员有自由空间选择工作伙伴,而工作分配是由群体来决定和管理,为开放性系统沟通。

(4)领导者扮演客观者角色,尊重成员的意见。此种领导是一种较理想的管理领导。

(三)放任式领导(laissez-faire leadership)

这是一种放任自流的领导行为,这种领导能充分授权让下属作最低限度的监控。表现:

(1)有关决策完全由个人或群体做决定,领导者极少参与。

(2)领导者负责提供成员所需各种资料和信息,尤其是成员在工作中无人可商讨的情况下。

(3)领导者全然没有任何参与。

(4)领导者不会主动对成员的任何举动奖罚,除非是被询问,在非刻意的情况下会轻描淡写地带过去,对成员扮演一种没有任何约束力的角色。

此种领导形态对有强烈工作动机的专业人员是很合适的,可满足成员自我实现的愿望,适用于研究机构。

(四)参与式领导(participative leadership)

此类领导介于集权式领导和民主式领导之间,领导者与成员共同参与,共商大计。表现为:

(1)由领导者提供决策的初步方针,或解决问题的方案,再由成员提出看法、意见,最后由领导者斟酌决定之。

(2)领导者全程参与,是督导、咨商的角色。

(3)成员感觉自己被尊重,可参与政策决定,在组织内能有控制情况的权力。

此种领导类似良师益友的管理领导,适于医疗体系、护理管理。

不同的领导型态,各有其优、缺点,护理管理者应熟知各种领导型态的功能,依自己管理时需要,选择适合的领导方式。四种领导型态没有任何一种是绝对好或绝对不好的,管理者宜因人、事、物、时不同而慎择之。

二、领导艺术

所谓"领导艺术",指领导者依靠自己的

管理学知识、经验、智慧和创造力,在自身素质、才能等基础上形成的非规范化的经验性和创造性相互渗透的管理技能。简言之,领导艺术指领导者在管理工作中富有创造性的方式、方法、手段、策略的技能技巧。领导艺术内容丰富、生动活泼,没有千篇一律的程序和固定不变的模式,而是因人因事而异、因时因地制宜。

(一) 决策艺术

在当今时代,决策实属一种高难度、高强度、高智商的思维活动。由于现代科学技术的发展以及市场经济条件下竞争的激烈,一个组织所面临的外界环境变化很快,其成败兴衰往往不仅决定于其内部的具体作业管理和效率,更决定于管理者能否迅速准确地做出决策并有效地实施决策。决策的程序大致可分为三个基本步骤:一是确定目标;二是确定方案;三是择优选择。管理者要进行科学的决策不仅要依靠决策者个人的知识、经验、智慧和才能,而且还要充分发挥智囊群体及群众的智慧。

(二) 群体行为的协调艺术

组织的第一个原则——协调,管理就是对集体中的人群进行协调。如体育比赛中有个竞赛项目叫"划艇",每只艇都有相同的人数。当枪声一响,小艇在号令员的指挥下,动作协调一致,那种高度统一的行动确实令人赞叹。行动最协调一致的船肯定会最先到达终点。胜利的荣誉不是属于某一个人,而是属于整个群体,包括号令员和每一位划船手。善于协调各方面的关系,是领导艺术的一个重要方面,也是领导者的一项重要任务。

(三) 权力运用艺术

领导权力动用的目的,是为了充分调动下属的积极性,把进入管理过程的所有人员的能量都发挥出来,以确保活动的正常进行。

1. 领导者必须正确使用权力 职务权力是一种法定权力,是管理者最基本的权力,必须紧紧依靠并正确行使这种权力,使它发挥应有的作用。但职务权力的使用必须谨慎,必须严格按章办事,不能滥用职权,不能揽权越权。

2. 领导者要精于授权 精明的管理者必须能善于授权。授权就是授予部属一定的权力和责任,使部属在一定的监督之下,有相当的自主权,形成大权集中、小权分散的局面。这可以把主要管理者从琐碎的事务堆中解脱出来,专心处理组织的重大问题;可以提高下属的工作热情,增强下属的责任心;可以增长部属的能力、才干,有利于培养干部;可以充分发挥下属的专长,弥补管理者自身才能的不足。精于授权是领导十分重要的管理艺术。

3. 领导者要善于利用多种管理方式 一位出色的管理者,其成功的关键就在于他能够从各种要素所提供的具体条件出发,审时度势,灵活巧妙地选择和运用恰当的管理方式。从这个意义上说,管理方式的选择是领导权力运用艺术的具体体现。

4. 使用权力要廉洁、公正 领导要讲清正廉洁。权力是为推进单位的工作服务的,因而管理者要把权力用在单位、用在为下属的服务上,而不能以权谋私,谋取个人或小集体的利益。

公正应该成为管理者使用权力、进行决策时遵循的基本原则。领导者对下属应该一视同仁,公正地分配权利和义务,公正地调节各种利益关系,公正地给部属发展自己的机会。公正不仅是管理者应该追求的价值目标,而且直接关系到劳动者积极性的有效调动。所以领导者在使用权力时,要自觉奉行公正原则。

(四) 科学用人的艺术

1. 用人如器 曾两次荣获诺贝尔奖的著名科学家居里夫人说过:一个人所具有的某种天赋,总是用来做某种事情的。管理者应明白人的才能贵在适用的道理。根据每个人的特点将其安排在合适的工作岗位上,以展其所长,切其所用,扬长避短,扬长补短。

2. 用人不疑 常言道:用人不疑,疑人不用。既然要用人,就要给予信任。每个人都有自信心,都有成就感,都希望通过自己的努力取得成绩。管理者应充分相信他们的聪明才智,发挥其主观能动性,放手让他们做好工作。实践证明,给人以信任,可以使对方受到精神鼓舞,并由此产生无形的力量,从而使其增强克服困难的勇气和信心。

3. 关心下属 对干部和技术人员的关心与激励,更多地要着眼于工作的安排、成绩的认可、给予学习的机会和及时的提拔,不能光用而不培养。要对下级的未来发展负责,不要怕下级超过自己,要有让贤的精神,勇于推荐下级。在工作中要形成上下级之间的信任和友谊,诚恳相待,推心置腹,配合默契,相互谅解。

4. 及时奖惩 成就可以激励人们克服重重困难争取下一个成功。对部属的成绩要给予及时的表扬,使下属感到他的上级在注意他,把他的每一点成绩都看在眼里,而不是对他的努力熟视无睹。

奖励必须具体,让受奖者知道他什么地方做得好,今后应该怎样工作。切忌笼统地、泛泛地表扬,它会使人思想麻痹,而且今后无所适从,失去责任感。

工作做得不好,没有达到预期成效的人应该受到惩戒。惩罚的目的是为了更好地调动人的积极性,其方式也必须及时、具体,在惩罚中必须就事论事,在这一点上受到惩戒并不影响在其他工作中受奖。

第5节 激励理论及其应用（选学）

激励是现代管理的核心问题。激励指激发人的动机并将其内在潜力发挥出来,也就是调动和发挥人的积极性的过程。对激励问题进行研究,实则是对人的工作行为动力的探讨。

一、激励理论

管理行为科学、心理学和社会学都从不同的知识方面探讨如何预测和激发人的动机,满足人的需要,调动人的行为积极性,做了大量的研究工作,产生了许多的相关激励理论。

(一) 需要理论

美国人本主义心理学家马斯洛提出的需要层次论认为:人类的需求是多样性、层次性、可变性和潜在性的特征,以此来决定着人们的行为动机。他将人类的需要按次要求、依次满足、递级上升的特点排为五个层次:

1. 生理需求 属于人类的最基本的需求。包括:饥饿时需进食、干渴时需饮水、寒暑时需衣服(增减)、栖身时需庇护所、供氧时需空气、生病时需医药等,这些基本的需要必须得到保证,否则身体失去平衡。

2. 安定和安全的需求 要求劳动安全化、职业安全化、生活稳定化,希望未来有生活保障及社会保险等。

3. 社交和情感的需求 这是一种归属和相爱的需求,也是一种心理的渴望。希望得到友谊、信任、爱情、归属,渴望成为正式组织一员或非正式组织一员。

4. 自尊与被尊重的需求 包括内部和外部尊重因素两方面。①内部尊重因素:渴望有自己的实力、有各方面的成就感、有胜任工作的能力。②外部尊重因素:渴望有地位、有独立和自由、有名誉和声誉,即受人尊重、认识和注意。

5. 自我实现的需要 包括一个人追求个人能力极限的内驱力。表现为希望成长为有用之才、希望完成与自己能力相称的工作、希望自己的潜在能力得到充分的发挥,从而达到自我期望的人。

马斯洛的这五种需要并不是并列的,而是从低到高排列的。当任何一种需要基本上得到满足后,下一个需要就成为主导需要。从激励的作用上来看,当需要获得满足之后,就不再具有激励的力量了,只有未满足需要时才能够影响人的行为起到激励作用。

护理领导者在管理工作中应学会应用马斯洛的层次需要论。根据护理队伍人群的特点,充分了解和分析护士需求的原动力,采取多种方法给予满足,应用好精神奖励和物质奖励的满足需要方式,以真正达到满足需要的目的。从而激发出护士们的工作干劲和热情,为组织目标的实现做出应有贡献。

(二) 双因理论

双因理论由美国心理学家弗雷德里克·赫茨伯格提出。他认为,影响人们行为的因素主要有两大类:保健因素和激励因素。该理论是赫茨伯格及其同事在进行工作满意度方面调查的基础上提出来的。

1. 保健因素 指那些与人们的不满情绪有关的因素,如公司政策、工资水平、工作环境、人际关系等。这类因素处理得不好会引发对工作不满情绪的产生,处理得好可预防或消除这种不满,但它不能起激励作用,只能起到保持人的积极性、维持工作现状的作用。

2. 激励因素 是能够促使人们产生工作满意感的一类因素。赫茨伯格提出,要强调成就、认可、工作本身、责任和晋升,这些因素是内部奖励。激励因素主要包括以下内容:工作表现机会和工作带来的愉快;工作上的成就感;由于良好的工作成绩而得到的奖励;对未来发展的期望;职务上的责任感。

人类的这两种不同类型的需要之间彼此是独立的,但能够以不同的方式影响人们的行为。赫茨伯格的激励因素通常是同工作内容紧密联系在一起的,这类因素的改善和需求的满足,能够产生较大程度的激励。保健因素是同工作环境和工作条件相关的因素,这类因素处理不当或需要得不到满足,就会引起不满,但即使处理得当,也不能起到激励作用,这类因素带有明显的预防性质。

双因理论在现代激励理论中占有重要地位,其突出作用体现在以下方面:

(1)管理者若想达到最好的社会效益和经济效益,必须要激励员工的积极性,也就是直接改进员工的工作内容,进行工作任务再设计,从而使员工能从中感到责任和成就。在工作过程中还必须经常给予员工表扬和赏识,使之感到受人重视和尊重,应为员工设计出具有内在兴趣的工作任务,实行工作多样化。

(2)不应忽视保健因素,否则员工会不满和反抗。因此,应指导制订工资和奖金制度,确保适当的保健因素。

(3)具体应用时不可将两因素各自孤立起来进行理解和运作,因为激励因素也有保健因素,保健因素也含有激励因素,二者是可以互为转化,不是一成不变的。所以,有效的管理还在于力求化保健因素为激励因素。

(三)期望理论

美国心理学家维克多·弗罗姆提出的期望理论认为,一种行为倾向的强度取决于个体对于这种行为可能带来的结果的期望强度,以及这种期望对行为者的吸引力。具体地说,人们从事某项工作并未达到组织目标,是因为他们相信这项工作和组织目标会帮助他们达到自己的目标,如晋升、加薪及各种奖励制度。因此,弗罗姆指出:激励乃是个人寄托在一个目标的预期价值与他对实现目标的可能性的看法的乘积。用公式表示如下:

$$激励力 = 效价 \times 期望值$$

公式中,激励力指一个人受到激励的强度;效价指这个人对某种成果的偏好程度;期望值则指通过特定的活动导致预期效果的概率,也是个人的一种主观估计。从该公式可以看出,当某人对实现某一目标漠不关心时,效价是零,而当他认为实现目标反而对自己不利时,效价是负值,就毫无激励可言了。同样,如果期望值为零或为负值时就不会激励一个人去实现目标。期望理论说明,激励实际上是选择过程,促使人们做某件事的激励力依赖于效价和期望值这两个因素。效价和期望值越高,激励力越大。

期望理论注重于三种关系。

(1)努力-绩效关系:个人认为通过一定努力会带来一定绩效的可能性。

(2)绩效-奖励关系:个人相信一定水平的绩效会带来所希望的奖励结果的程度。

(3)奖励-个人目标:组织奖励满足个人目标或需要的程度以及这些潜在的奖励对个人的吸引力。

期望理论强调人的各种个人需要和激励的重要性,强调个人有个人的目标,个人目标不同于组织目标,但两者是完全可以协调起来的,因此,弗罗姆的理论与目标管理体系是一致的。期望理论的关键是了解个人目标以及努力与绩效、绩效与奖金、奖励与个人目标满足之间的关系。作为一个权变模式,期望理论认识到,不存在一种普遍的原则能够解释所有人的激励机制。如果员工以努力工作来获得晋升,但得到的却是加薪;或者员工希望得到一个比较有趣和具有挑战性的工作,但得到的仅仅是几句表扬的话,这样的奖励就没有吸引力。这些例子表明,根据每个员工的个人需要设置奖励是十分重要的。一些领导者和管理者错误地认为,所有员工都想得到同样的东西,因此,他们忽视了差别化奖励的激励效果,在这种情况下,员工的激励水平是很低的。

二、激励及其过程

(一) 激励的概念

激励是激发、鼓励的意思。也就是调动和发挥人的积极性的过程。激励的本质是激发人的动机。动机是引起、维持,并且指引某种行为去实现一定目标的主观原因,是决定人的工作行为表现的首要因素。因此,实际工作当中调动人的行为激励方法的应用是至关重要的。

(二) 激励的过程

1. 人的行为的共同特征 人的行为是人们日常生活中所表现出来的一系列举止、动作,包括人的欲望、动机、意志、态度和情感等在行为上的表现。人的行为虽然千变万化、千差万别,但依然有其共性之处,包括如下6个方面:

(1) 人的行为均有内驱力的动机(需求欲望)。

(2) 人的行为是自己产生的。

(3) 人的行为是有起因和目标的。

(4) 任何一种行为都来自于起因的基础(未满足的需要)。

(5) 行为指向的目标没有实现以前,不会终止行为,但有可能改变行为方式,继续努力实现目标。

(6) 人的行为具有可塑性,通过学习和训练可以改变行为方式。

2. 激励过程模式 人的行为均为达到一定的目的和目标而发生的,同时又是围绕着满足需求的欲望而进行的。当需求未得到满足就会给人导致紧张心理,进而使个人采取某种行为来完成实现某种特定目标的心愿,以便满足需求达到解除或减轻其紧张程度。所以,被激励的员工常常处于一种紧张状态,努力工作是缓解紧张行为的表现。通常是紧张强度越大,努力程度越高。因此,没有被满足的需求是调动积极性的起点,更是引起一系列导向行为的初始动机。需求满足亦达到了目标,故激励过程完成。若目标未达到而受到阻碍,还会继续出现实现目标的行为。

(三) 激励的作用

每个人行为的强弱都与激励作用息息相关。每个人都需要自我激励和相互激励。工作中,尤其是需要得到他人、群体、领导、组织这多方面多层次的激励,身为管理者,应把激励机制灵活地应用到管理工作中的每一个细节,采用各种激励手段不断地激励自己的员工,使其积极性、智慧、创造性都能够主动自愿发挥出来,成为组织活力的源泉。由此可见,激励是组织实现目标和提高竞争能力的关键,更是取得成效的根本措施。

激励是管理职能中最重要的部分,也是最关键和最难实现的职能。因为人是很复杂的个体,没有办法能够预测和计划并控制他的精确性,尤其是人内在的因素很难把握,加之有些管理人员与领导者通常不能意识到员工的潜在力量的巨大作用,只是强调技术需要改进。人的工作成效取决于他们的能力和积极性,而人的积极性是需要激励才能发挥出来的,所以,激励作用可以把人的工作积极性、创造性充分地调动起来,更好地实现组织目标。

三、激励理论在护理管理中的应用

护理工作千头万绪,复杂繁多,随机性大,突发事件和难测性灾害抢救紧急,需要科学管理,因此,作为护理管理者必须具备有效的管理措施,才能保证组织目标的实现。根据护理工作的特点,首先应处理好工作中的有关特殊问题,起到以点带面的管理效应。

(一) 激励护理人员学习

随着医学的不断发展,护理模式必须适应医疗市场的需求,一切为了病员,一切满足病员。高质量的服务应有高水平的工作人员来胜任,故护理人员需不断更新知识来肩负护理工作中的重任。比如,给护士设定学历目标、业务目标、职称目标、工作层次目标、工作任务目标等。所有这些目标都必须通过学习之后

才能够获得成效。因此,管理者应激励护理人员利用业余时间满足学习的需求,在排班时并给予一定的照顾,还可以安排具有挑战性的工作来促使其进行学习。另外,需对其工作能力的表现给予及时的肯定和认可,树立骨干形象,提供培训、学习机会。这些都是激励护理人员的最佳具备措施。

(二) 激励护理人员接受护理岗位的挑战

由于护理人员需分配到各科去从事护理工作,故有的科室(外科)想去的护士很多,而有的科室(急诊科)很多护士都不想去,这就造成了受欢迎与不受欢迎的局面。作为管理者面对这样的状况如何来安排工作呢?有一种常见的倾向是把这样的工作分配给表现好的护士去做以保证窗口服务的质量。然而,这种方法易使表现好的护士产生"不受欢迎的工作即为工作表现好的报酬"的印象。短期内,她们会服从这种工作安排,时间长了,也会出现一些具体的想法和看法而影响工作的积极性。对于自愿选择"不受欢迎的工作"的护士应给予一定的激励,比如:作为大家学习的好典型不失时机地给予表扬;作为评选优秀护士的硬条件给予精神鼓励;还可给予一定的物质奖励适当地发些奖金。这些都是具体的激励措施,有利于管理工作的顺利开展,更体现了激励因素的效能。

(三) 激励护理工作任务的合理设计

工作任务设计指为了有效地达到组织目标,而选取与满足工作者个人需要的有关工作内容、工作职责和工作关系的设计。在进行工作任务再设计时,应根据每个职工的个人情况不同来安排具体的工作内容。比如:护理人员本科以上毕业的可以从事护理教学和护理研究工作。大专毕业中级职称又有一定临床操作技能的可以安排具有一定挑战性的工作(病区重症监护工作以及护理资料性的工作)。工作时间不长的年轻护士可从事常规护理工作。这样的设计是符合工作层次并各尽所能地得到了尊重和体现了知识能力的价值乃至成就感。

第6节 管理沟通(选学)

沟通可以获得信息,还可以下传信息。因此,是管理者开展工作不可不用的一种管理技巧。

(一) 管理沟通的概念

管理沟通即信息沟通,可简称沟通。沟通指将某一信息传递给客体或对象,以期取得客体作出相应反应效果的过程。在护理管理中,沟通活动始终贯穿于日常工作之中。比如,每天早晨夜班护士汇报病员病情的交班会。护士长带领护士进行的护理查房,组织病员及家属参与的工休座谈会,安排工作的护士会等等。病房护士长的工作有1/3的时间都在进行沟通。其目的就是使接受者能够感知到正确无误的信息而明确工作任务,以达到完美的沟通效应。

(二) 管理沟通的功能

信息沟通可有以下功能体现:①传递功能:将授传者想表达的信息传递给接受者,以达到传递信息、控制和激励的目的。②工具功能:可通过这种沟通将其自己的所有(知识、经验、意见)告知给对方,使其产生知觉、态度、思想等方面的影响从而改变自己的行为。③需求功能:授方和接受方都可通过沟通来表达一下情绪的状态,以达到解除内心压力的目的。如护理人员若有情绪可以向护士长倾诉。护士长若有情绪也可以向护士们说说。其目的就是把心理的情绪表达出来以释放一下压力,使精神状态轻松,更好地搞好工作。

(三) 护理管理中如何应用沟通技巧

作为护理管理者,离开了沟通就无法开展工作。因此,掌握沟通技巧是沟通成功的必然条件,也是搞好管理工作的必然结果。

在繁杂的护理管理工作中,若沟通应用得好,组织目标完成得就好。若沟通应用得不够,不仅影响组织目标的实现,而且还会给工作带来负面影响。因此,应重视沟通技巧的应用。

1. 个别谈话的技巧 个别谈话可避免管理中矛盾的发生,尤其是布置工作任务和指出

工作中存在不足问题时的沟通。采取个别谈话形式沟通容易与对方达成共识。因为这种沟通的氛围带有浓烈的感情色彩,再则只有沟通者双方在场而没有第三者参与,通常管理者说话的语调低频,语气温和,能和被管理者眼睛对视,这种平易近人的沟通往往能感化被管理者并使其接受沟通的内容。所以比较难的事情使用这种方式沟通成功率高。

2. 组织会议的技巧 有些事情必须要进行集体沟通以达到全体知晓的目的。

(1) 早晨病情交班会:所有上班的医生护士都必须参与以获悉病区病人前一天的情况并为当日查房了解病人情况打下基础,做到有的放矢。

(2) 护理查房活动:护士长带领科内相关护理人员参与对危重病人和特殊病人的病情信息的获悉,拟定出具体有效的护理措施,为病人解除问题。提高护理质量。

(3) 工休座谈会:定期召开病区病人和病人家属参与的工休座谈会。听取病人及家属对科室工作的意见和建议。针对提出的问题科室应予以解决,满足病人需求提高服务满意率。

(4) 技术操作交流会:全体护士举行的技术操作表演,达到技术训练的目的。同时起到激励作用。

以上会议形式均是集体沟通,但如何才能将这种沟通进行得顺利且达到良好效果呢?技巧如下。

(1) 会前准备:这一点是会议成功与否的关键。因为会议沟通设计的细节很多,每一个细节都不容忽视。故充分做好会前准备非常重要。

(2) 注意事项:主持人应注意主持风格,应与听会人和谐,使双方没有距离感,充分调动听会人积极性,允许发表不同见解。对于连续性的会议注意先回顾上次情况,做好话题衔接以保持其连贯性。对于讨论问题的会议要避免离题。控制住会议中出现的干扰。会议结束时让大家明白会议得出的结论,如若暂没有结论,应做好充分交待。应如实做好会议记录并妥善保存,作为原始记录以备查阅。

(3) 护理查房组织技巧:首先护士长根据病区病人情况安排护理查房活动之前做好查房计划,包括:定具体病人、定时间、定主讲人、定参加人、定记录人。要求:提前与病人及家人沟通并征得同意。提前通知主讲人做好充分准备。查房时由主讲人报告病人具体情况,参加人认真听取并可参与讨论。护士长做好讨论方向的引导,最后做出总结与评价。查房时注意不要在病人面前过多进行病情的评价,也不要过分检查病人。需回避病人的内容到办公室进行。参加人不宜过多,时间不宜过长,做好原始记录保存备查。

3. 积极倾听技巧 倾听是获得对方信息的一种沟通方式。善于倾听的管理者是最具有管理资本的管理者,因为她掌握了管理的信息。

(1) 积极倾听的基本要求:精神要专注,全神贯注地用心听取对方的传授内容,达到记忆犹新的目的。用情感来听取对方的述说,换位感受对方想表达的意思,达到能够理解对方述说的初衷本意。以诚恳的态度进行倾听,不对述说者的内容做判断。当对方述说结束后再谈自己的观点。珍惜每一次倾听的机会,并对其内容保持全面无缺。做一个优秀的上传下达的管理者。

(2) 积极倾听技巧的具体做法:充分了解谈话的意图,在对方述说的过程中给予必要的点头激励以示继续,尽可能不打断话题,控制好自己的情绪。善于听取话外之音,以体会和理解对方感情,达到听懂的目的。在最后发表看法时,注意自己的态度不能过激。对于混淆的话题采取疑问语来澄清。切忌质问和教训述说者。不要偏激,在最后下结论时表明观点不要含糊其辞。充分安排好谈话的时间。

---

1. 护理领导是护理管理职能的组成部分,在当今"以人为本"的时代,护理领导者应精通管理理念,艺术地运用领导者才能,当好管理者。

2. 领导是指引和影响个人、群体或组织实现预定目标的一种活动过程,是影响人们走向目标的能力。

3. 领导者与管理者的区别有以下几方面,即对象、授权形式、工作方法、影响力、目标。

4. 领导者的影响力可归纳为权力性影响力(胁迫影响力、奖赏影响力、职位影响力),非权力性影响力(专家影响力、榜样影响力、资讯影响力、德高望重影响力)两类。

5. 护理管理岗位可根据医院的规模设置两个或三个层次,即护理部主任、科护士长、护士长三级管理体系,两级管理体系是护理部主任或总护士长、护士长两个层次。

6. 护理领导者应具备的素质包括:政治素质、道德素质、知识素质、心理素质、身体素质。

护理领导者的能力包括:预测、决策能力,分析、解决问题的能力,组织指挥能力,协调控制能力,人才开发与管理能力,人际交往能力以及改革创新能力。

7. 领导方式有集权式领导、民主式领导、放任式领导、参与式领导。领导艺术包含了决策艺术、协调艺术、权力运用艺术、科学用人艺术。

小 结

目 标 检 测

一、名词解释

1. 领导者　2. 管理者　3. 领导艺术

二、填空题

1. 领导的含义有三层,即_____;_____;_____。
2. 所谓影响力指_____,_____。领导者的影响力在引导下属完成工作任务中_____。领导者的影响力可以是_____,也可以是_____。
3. 领导艺术有_____、_____、_____、_____。

三、选择题

A₁ 型题

1. 关于管理者的叙述不妥的是
   A. 由上级领导任命
   B. 有正式职位
   C. 拥有特定的职权
   D. 是指挥下属活动的组织成员
   E. 有控制群体的权力
2. 护理领导者的权力影响力指
   A. 专家影响力　　B. 榜样影响力
   C. 胁迫影响力　　D. 信息影响力
   E. 德高望重影响力
3. 德高望重影响力是基于
   A. 个人拥有丰富知识产生
   B. 个人受到敬仰而产生的
   C. 个人人格、行为和态度表现形成
   D. 具备对他人有特殊价值而产生
   E. 个人的职位所形成
4. 护理领导者应具备的最基本素质是
   A. 政治素质　　　B. 道德素质
   C. 知识素质　　　D. 心理素质
   E. 身体素质
5. 在护理管理中,下属的工作遇到困难时出面协调改进反映了
   A. 预测、决策能力　B. 分析、解决问题的能力
   C. 组织指挥能力　　D. 协调控制能力
   E. 人际交往能力
6. 领导方式不包括
   A. 集权式　　　　B. 民主式
   C. 放任式　　　　D. 参与式
   E. 分层式
7. 理想的管理领导是
   A. 放任式　　　　B. 集权式
   C. 民主式　　　　D. 参与式
   E. 分层式
8. 对于缺乏信心的成人,领导方式可采用
   A. 集权式　　　　B. 民主式
   C. 放任式　　　　D. 参与式
   E. 分层式
9. 适于医疗护理管理的领导方式是
   A. 集权式　　　　B. 民主式
   C. 放任式　　　　D. 参与式
   E. 分层式
10. 组织的第一原则是
    A. 决策　　　　　B. 协调
    C. 指挥　　　　　D. 控制
    E. 激励

B 型题

A. 预测、决策能力　B. 组织指挥能力
C. 协调控制能力　　D. 人际交往能力
E. 改革创新能力

1. 实施领导活动的主要职能是
2. 建立一个组织并善于指挥下属从事某项活动是
3. 护理工作中营造人与人协调平衡的发展是

A. 所有政策决定皆由领导者做出
B. 政策是在领导者的协助和鼓励下由群体讨论决定
C. 决策由个人决定,领导极少参与
D. 决策由群体决定,领导不参与
E. 决策由领导提初步方针,再由成员提出看法、意见,最后领导斟酌而决定

4. 集权式领导表现为
5. 民主式领导表现为
6. 参与式领导表现为

X 型题

1. 领导者的权力影响力包括
   A. 胁迫影响力　　B. 奖赏影响力
   C. 职位影响力　　D. 群体影响力
   E. 个体影响力

2. 领导者非权力影响力包括
   A. 专家影响力　　B. 榜样影响力
   C. 信息影响力　　D. 德高望重影响力
   E. 职务影响力
3. 道德素质包括
   A. 道德修养　　B. 品行情操
   C. 行为规范　　D. 工作作风
   E. 自律
4. 权力运用艺术包括
   A. 正确使用权力　　B. 善于授权
   C. 利用多种管理方式　D. 使用权力廉洁、公正
   E. 善于指挥
5. 科学用人的艺术应做到
   A. 用人如器　　B. 用人不疑
   C. 关心下属　　D. 及时奖惩
   E. 及时调整

四、问答题
1. 何谓领导？如何区分领导者与管理者？
2. 如何塑造护理领导者的影响力？
3. 护理领导的基本素质是什么？
4. 试讨论领导方式与艺术。
5. 护理管理的岗位职责是什么？

第 9 章 护理质量管理

学习目标

1. 解释:护理质量、护理质量管理、标准、质量标准、标准化、标准化管理
2. 叙述标准项目和标准类别
3. 说出护理质量标准的内容
4. 列出质量管理工作循环的四个步骤并概述其内容
5. 阐述护理质量循环管理的方法
6. 了解护理质量评价的目的与原则
7. 叙述护理质量评价的内容和指标
8. 阐述护理质量评价的方法及评价注意事项

护理质量管理是护理管理的核心,提高护理管理水平和技术水平,最终目的就是为了提高护理质量。在现代医院管理中,质量管理应是一个完整的管理体系,而护理质量管理就是医院管理系统中的一个重要子系统。建立护理管理的质量管理体系是实现科学管理的重要标志。

案例 9-1

2007年是全国医院质量管理检查评审的一年,各级各类医院都以医院质量管理为重点,开展各项质量指标的检查评估。在确保医院护理质量的同时,创品牌、创特色使医院护理服务上一个台阶。

请问:
1. 什么是护理质量?
2. 什么是护理质量管理?
3. 护理质量管理的特点有哪些?

第1节 概 述

医院是以医疗技术医治疾病,为病人服务的机构,医院工作的质量关系到人的安危。由于医院工作的特点,决定医院工作必须以病人为主体,以医疗工作为中心,不断提高技术水平和医疗质量。

一、护理质量概念

护理质量指护理的工作内容及服务的效果达到规定的要求和预期的目标。护理工作质量的高低直接影响医疗水平。因此,提高护理质量是保证医疗质量的前提,是衡量医院管理水平的重要标志。

传统的护理质量指对病人的临床护理水平。如,执行医嘱、观察病情、生活护理、护理文件书写等。随着医学模式的转变,护理职能进一步扩大,在整体护理理念指导下,护理质量是满足人民群众不断增长的健康需求,即提供人民群众生理、心理的健康需要和适应环境变化中保持内外环境平衡的知识和能力,以达到最佳的身心健康。

二、护理质量管理的概念

护理质量管理就是要求医院护理系统中各级护理人员层层负责,用现代科学管理方法,建立完整的质量管理体系,满足以护理质量为中心的护理要求,一切从病人出发,保证质量的服务过程和工作过程,对护理质量实行控制的目的,旨在使护理人员的业务行为活动、思想职业的道德规范各方面都符合质量的客观要求和病人的合理需要。

三、护理质量管理的特点

护理质量管理作为医院质量管理的一个重要组成部分,有其自身的特点,这些特点:

(一) 护理质量管理的广泛性和综合性

护理质量管理具有有效服务工作量、技术质量、心理护理质量、生活服务质量及环境管理、生活管理、协调管理等各类管理质量的综合性,其质量管理的范围是相当广

泛的。

(二) 护理质量管理的协同性与独立性

护理工作与各级医师的诊断、治疗、手术、抢救等医疗工作密不可分；同时，与各医技科室、后勤服务部门的工作也有密切的联系。但是，护理质量不只是辅助性的质量问题，而是有其相对独立性，护理质量必须形成一个独立的质量管理系统。

(三) 护理质量管理的程序性与连续性

护理质量是医疗质量和整个医院工作质量中的一个大的环节质量。在这个大环节中，又有若干工作程序质量。不论护理部门各道工作程序之间或是护理部门与其他部门之间，都有工作程序质量的连续性，都必须加强连续的、全过程的质量管理。

案例 9-2

护理管理的内容涉及人、财、物、时间、信息，要确保护理质量，就要建立质量标准，作为衡量工作的指标。

请问：

1. 什么是护理质量标准、护理质量管理的标准化？
2. 护理工作标准化体系是什么？
3. 护理质量标准的管理方法有哪些？

第2节 护理质量标准及标准化管理

一、基本概念

护理质量管理的基础是建立质量标准，没有标准，质量就失去了衡量的尺度，也就无所谓质量管理。

(一) 标准

标准就是对需要协调统一的技术或其他事物所做的统一规定。它以科学技术和实践经验为基础，经有关方面协商同意，由公认的机构批准，以特定形式发布。其目的是为了获得最佳秩序和社会效益。

护理质量标准是护理质量管理的基础，是护理实践的依据，是衡量整个工作或单位及个人的工作数量、质量的标尺和砝码。护理质量标准应是以工作项目或管理要求、管理对象而分别确定的。

(二) 标准化

标准化是以制定和贯彻标准为工作内容的有组织的活动过程，这种过程不是一次完结，而是不断循环螺旋式上升的，每完成一次循环，标准化水平就提高一步。

护理质量管理的标准化，就是制定、修订质量标准，执行质量标准，并不断进行标准化建设的工作过程。护理质量标准化主要有以下几种表现形式：

1. 统一化 是对重复性的同类工作和事物规定统一的质量要求，以保证护理服务质量。其实质是使管理对象的形式、功能、技术要求等具有一致性，以防止工作中各行其是忽视质量，并消除不必要的多样化而造成的混乱现象。

2. 规格化 是物质性质量标准的主要形式。其实质是物质技术质量定型化和定量化。

3. 系列化 是同一项工作中各个工作环节同时进行标准化的一种形式，主要是使医疗、护理、技术及后勤服务等各个工作环节达到技术质量和服务质量系列配套的标准化工作。

4. 规范化 主要是选择性技术质量的标准化形式。如手术方案，护理诊断及措施、抢救方案等。

(三) 标准化管理

标准化管理是一种管理手段或方法。即以标准化原理为指导，把标准化贯穿管理全过程，以增进系统整体效能为宗旨，以提高工作质量与工作效率为根本目的的一种科学管理方法。

二、护理工作标准化体系

护理质量管理对象繁多、内容复杂、牵涉范围广、技术性强，所以更需要建立和完善各项工作的标准，并形成纵横联系、互为依据、互相衔接、互相制约的体系，即标准化体系。

ISO-9000 族标准八项质量管理原则在护理中的应用

ISO-9000 族标准作为质量管理和质量保证的国际标准,其原则如下:

(1) 以顾客为关注焦点,是质量管理的核心思想。任何医院都依存于顾客,因此医院应时刻关注顾客的动向、顾客潜在需求和期望,以及对现有服务的满意程度。目的是可以根据顾客的要求和期望做出改进,取得顾客的信任,从而稳定地占有市场。

(2) 领导作用:领导作为决策者在质量管理中起着举足轻重的作用,他们提出目标,落实职能,提供资源,促进参与,检查绩效,组织实施改进。通过其领导作用及所采取的各项措施,创造一个能使全体人员充分参与的良好的内部环境,确保质量管理体系有效运行。

(3) 全员参与:员工是组织的根本,产品是员工劳动的结果,质量管理体系需要员工充分参与。

(4) 过程方法:所有的工作是通过过程来完成的,一个组织的质量管理体系就是对各种过程进行管理来实现的。

(5) 管理的系统方法:包括系统分析、系统工程和系统管理三大环节。它以系统地分析有关的数据、资料或客观事实开始,确定要达到的优化目标,然后通过系统工程,设计或策划为达到目标而应采用的各项措施和步骤,以及应配置的资源,形成一个完整的方案,最后在实施中通过系统管理而取得有效性和高效率。

(6) 持续改进:从概念上不是指预防发生错误,而是在现有水平上不断提高产品质量、过程及体系有效性和效率。质量改进是一种不间断的活动过程,没有终点,只有不断进取,不断创新,才能不断满足病人的需求。

(7) 基于事实的决策方法:针对预定目标,在一定约束条件下,从诸方案中选出最佳的一个付诸实施。各级领导在做出决策时要有事实依据,以减少决策不当和避免决策失误。

(8) 互利的供方关系:应根据采购的产品对护理服务结果影响的程度评价和选择对方,规定选择、评价和重新评价的标准。与供方共同创造一个通畅和公开的沟通渠道,及时解决问题,避免因延误或争议造成费用的损失。

(一) 标准项目(质量结构)

1. 要素质量 指构成护理工作质量的基本要素,也是影响护理工作的基本因素。它的基本内容有七项,即:人员质量标准(人员配编及各级人员的职称、晋升、考核标准的合格程度);技术质量标准(业务功能、能够开展的技术服务项目及技术常规的合格程度);仪器设备质量标准(装备水平和设备管理的合格程度);药品物资质量标准(药品、器材、器械等配备、规格等合格程度);环境质量标准(建筑设施、医疗护理活动和空间、环境卫生监测等合格程度);时限质量标准(排班、值班、传呼系统、时限规定等合格程度);基础管理的合格程度。

2. 环节质量 指各种要素通过组织管理所形成的各项工作能力、服务项目及其工作程序或工序质量,这些工序质量是一环套一环的,所以称为环节质量,护理工作环节质量是整体护理质量中各项具体的局部质量,是整体质量的重要组成部分,其项目繁多,既包括护理管理工作、技术工作和思想工作对质量的保证,也包括各项护理工作的质量标准及分级护理质量标准等。

3. 终末质量 指病人所得到的护理效果的质量。它是通过某种质量评价方法形成的质量指标体系。总之,护理工作是一个连续有机的整体,欲达到终末质量标准,必须抓好前两项质量,只有符合这三个方面的质量要求,才能达到护理工作的全面质量要求。

(二) 标准类别

医疗护理工作质量标准大体上可以分为两大类,即方法性标准和衡量性标准。

1. 方法性标准 这类标准又可分为:

(1) 质量控制标准:指用统计方法直接控制的一种标准(如生化检验质量控制),是进行质量管理的主要标准,也可以分为两种,一是绝对控制标准,就是对工作质量或物品质量规定严格的质量合格界限,凡不符合标准要求者,必须作废、返工或绝对不准使用,如急救物品完好率、无菌技术、事故的管理等,凡质量指标为"0"或"100%"的,均属此范围。二是警戒性控制

标准,就是对某些工作环节质量和终末质量规定控制指标(控制限),如陪住管理、技术操作管理等,凡是指标值留有幅度的标准均属此范围,这些工作标准或终末质量往往受客观条件的左右,因而是一种相对性的条件性标准,是不能做绝对性控制的,只能用标准的控制界限来衡量其观察值,但不能完全按控制限衡量观察值,每当观察值接近或超出控制限(警戒限)时,必须立即采取管理措施。质量管理使用质量控制标准时,就能达到较高水平。

(2) 工作实施质量标准:是对各项工作的内容要求、程序要求和质量要求的标准,是对每个工作人员和每项具体工作要求做什么和怎样做的质量标准,如职责、工作条例、技术常规、操作规程等。

(3) 质量计划标准:即质量目标(方针目标),是发展性质量标准,如计划、技术发展目标等。

2. 衡量性质量标准 这类标准又可分为:

(1) 质量检查、评价标准:是工作完成以后,对其质量水平进行检查、评价的标准。这种标准通常是根据先进的平均值或本单位多年资料的平均值制定的标准,如陪住率、差错发生率等。

(2) 质量判定标准:是衡量某种技术质量的规范,也是质量控制标准、质量评价标准的前提和基础,如疾病诊断的判断标准(诊断依据)、疗效标准等。

3. 部门质量标准 是分部门、分科室制订的合格标准。应包括人员配编和人员素质标准、业务功能和技术项目合格标准、装备合格标准、管理合格标准等。

(三) 护理质量标准的内容

1. 护理技术操作的质量标准 护理技术操作包括基础护理技术操作和专科护理技术操作。

总标准:严格三查七对;正确、及时,确保安全、节力、省时、省物;严格执行无菌操作原则及操作程序,操作熟练。

标准值:90%~95%。

计算公式如下:

护理技术操作合格率 =(考核护理技术操作合格次数/考核护理技术操作总次数)×100%

护理技术操作的质量标准可以分为三个部分,即准备质量标准(包括病人和工作人员的准备,物品和环境的准备);流程质量标准(包括操作过程中的各个环节);终末质量标准(即操作完毕时所达到的效果)。

2. 护理管理的质量标准 护理工作的科学管理主要是实行护理部主任、科护士长、护士长分级管理。病房、门急诊、手术室、供应室是护理部门的基本单位,这些部门的质量直接关系到全院的护理质量。因此,对医院各护理单位及各级护理人员岗位责任应制定质量标准,以达到组织管理科学化、工作制度化、操作规程化、陈设规格化的要求。

(1) 病房护理工作质量标准:病房护理工作质量包括病房管理、基础护理与重症护理、无菌操作与消毒隔离、岗位责任制、各种护理文件书写、护士素质等。

病房管理:①病室内外必须清洁、整齐、安静、舒适。具体要求是走廊光亮,配膳间、污物间、洗涤间、厕所清洁、整齐、无臭味。治疗室、换药室、处置室工作有秩序,物品存放整齐。病室内空气新鲜、设备规格化、床单位清洁整齐。毒麻药、贵重药有专人管理,药柜加锁,账物相符。②病室陪住率全院在5%以下,争取无陪住。③加强对探视、陪住人员的管理。④预防医院感染和护理合并症的发生。⑤定期征求病人意见和进行卫生宣教,每月至少召开一次工休座谈会。

基础护理与重症护理:①观察病情仔细、及时,做到五掌握(即掌握诊断、病情、治疗、检查结果及护理);②病人床单位清洁、整齐;③病人口腔、头发清洁,皮肤清洁无压伤,指(趾)甲剪短清洁;④各种引流瓶、管清洁通畅,达到要求;⑤晨、晚间护理做得好;⑥危重病人及时制定护理计划,采取护理措施,无合并症;⑦配合抢救技术熟练,药品、器材准备齐全,执行医嘱准确及时。

无菌操作与消毒隔离:①各项无菌技术操作如注射、导尿等符合要求。②浸泡器械的消毒液浓度、更换时间、浸泡液量达到标准。③扫床按"一人、一巾"方法进行湿扫,扫床巾进行浸泡消毒。病人小桌要求每桌一块抹布,

用后消毒。餐具与便具每次用后消毒。④治疗室、处置室、换药室严格执行消毒隔离制度，定期用紫外线做空气消毒，定期做空气细菌培养；每次要登记培养日期与结果。⑤无菌、有菌及被铜绿假单胞菌等特殊感染的器械、注射器、敷料等按要求处理。传染病病人要求严格按病种进行隔离。⑥输液器要求使用一次性密闭输液器及头皮静脉穿刺针头。有条件的卫生机构应用一次性注射器。如用玻璃注射器，一律经消毒液浸泡后送供应室交换。⑦所有无菌物品均要写明灭菌日期，确保无过期物品。有菌、无菌物品严格分开放置。⑧了解各种消毒液使用的浓度、范围及配制方法。⑨污染敷料、一次性注射器等严禁丢入垃圾箱，以免造成公害。

岗位责任制(重点在护士长)。

各种护理文件书写(详见本节护理文件书写质量标准)。

护士素质：①服装清洁、整齐，举止大方。②对病人态度和蔼，热情主动做好各项护理工作。语言温和、礼貌待人，贯彻保护性医疗制度。③关心热爱集体，待人诚恳，团结协作。④严格遵守各项规章制度，坚守岗位，尽职尽责。

（2）门诊护理工作质量标准：包括门诊管理、服务台工作。

门诊管理：①工作人员衣帽整齐，仪表端庄大方，坚守岗位；②诊室卫生清洁整齐，建立良好的候诊秩序；③经常进行卫生宣传，并有宣传资料；④各项工作制度健全并严格执行。

服务台工作：①认真细致地进行预检分诊。做到传染病人不漏检。对疑似传染病者，及时给予隔离处置。②做好开诊前准备工作：预习病历，询问病情，备齐各种检查报告单、透视单及摄片报告等。合理分诊，复诊病人尽量做到连续门诊。③组织好病人候诊、就诊，配合医师进行诊疗工作。对病人态度和蔼、礼貌待人、说话和气，耐心解答。做到一医一患。④无菌操作和消毒隔离：同病房质量标准要求。⑤岗位责任制：同病房质量标准要求。

（3）手术室质量标准：包括无菌操作和消毒隔离、手术室管理、手术室各岗位工作质量标准。

无菌操作和消毒隔离：①严格执行无菌操作规程：无菌手术感染率<0.5%，Ⅲ类切口感染有追踪登记制度；②有严格的消毒隔离制度并认真贯彻；③每月定期进行细菌培养，对手术室空气、医护人员的手、物品进行监测；④无过期的灭菌物品；⑤对乙型肝炎表面抗原阳性者以及金黄色葡萄球菌、铜绿假单胞菌等感染手术严格执行消毒隔离制度。

手术室管理：①清洁、卫生、安静。有定期清扫、空气消毒和细菌培养制度。②工作人员的衣帽、鞋按要求穿戴。③对参观人员、实习人员有管理要求。④高压灭菌达到无菌要求，定期有灭菌效果监测。⑤健全各项登记制度，交班本书写完整。

手术室各岗位工作制度：①巡回护士根据手术要求做好准备工作，保证物品及时供应和性能良好。能主动、准确地配合手术及抢救工作，无差错。摆好病人体位，注意病人的舒适与安全。②洗手护士能熟练配合手术，严格执行无菌操作，和巡回护士共同认真查对病人、手术部位、用药、输血、器械敷料及手术标本，保证术后伤口内无遗留物。

（4）供应室质量标准：包括无菌操作和消毒隔离，物品供应。

无菌操作和消毒隔离：①所供应的灭菌物品均写明灭菌日期。无过期物品。②定期抽样做细菌培养、监测灭菌效果，高压灭菌达到无菌要求。每锅均有指示剂监测灭菌效果。无菌物品存放室、高压灭菌消毒室定期做空气培养。③无菌、有菌物品严格分开放置。传染病人用过的物品另行处理，按要求双蒸灭菌。

物品供应：①各种物品能下收下送。收发无差错。②静脉输液器、注射器配套、刷洗光亮干净、灭菌合乎要求、无致热原。③各种治疗包、敷料、物品齐全，适用，质量合格。④急救物品供应齐全，备足数量，保证临时医疗、抢救时应用。⑤物资保管好，定期清点、维修，杜绝浪费和丢失。

（5）地段保健质量标准

1）卫生宣教工作：内容生动活泼，形式多样化。能结合季节常见病、多发病，采用电视、录音、幻灯、板报等形式进行宣传，联系实际取得一定成效。

2）传染病管理工作：疫情报告及时、准确、无漏报。发现有传染病人，做好消毒隔离工作,对密切接触者督促检查与治疗。

3）计划免疫工作:依照国家规定对新生儿、婴幼儿、儿童按时投药,无遗漏、无差错。

4）认真贯彻食品卫生法:对炊事员、保育员、副食店售货员、旅店工作人员定期进行健康检查。

5）家庭病床:做到每个病人建立病历,定期访视,指导和协助做好护理。通过健康咨询做好防病工作。

（6）护理部管理质量标准:护理部是医院的职能部门,医院护理质量的高低关键在于护理指挥系统及护理部本身管理的质量如何。因此,要有护理部管理的质量标准,以加强对医院护理业务建设、监督与管理。

1）领导体制健全:实行三级或二级指挥系统,负责组织全院护理人员完成有关行政部门制定的各项护理质量指标。

2）有明确管理目标:每年有工作计划并组织落实。

3）护理管理制度健全:有各级人员,包括各级技术职称人员的岗位责任制和职责标准,并贯彻执行。

4）护理检查与质量控制落实:有专人负责检查。坚持护士长夜间值班查岗制。每季度至少全面检查一次,并有逐级检查、考核。

5）有健全的会议制度:如护士大会、护士长会议、学术报告会议及各专题会议。

6）有计划、有目标地培养护理人员:制定各级护理人员的培养目标并贯彻执行,使护理队伍的知识逐步更新,素质不断提高。

7）定期研究护理教学和护理科研工作:建立健全护理技术档案,每年应进行1~2次考核。

8）有各项登记制度:掌握全院护理信息,有条件单位逐步应用计算机进行管理。

9）其他科:如急诊科（室）、产房、婴儿室及ICU、CCU等均应制定护理质量标准,进行质量管理。

3. 护理文件书写的质量标准 护理文件书写是反映护理工作质量和护理人员工作态度及专业水平的重要标志之一。内容包括体温单、交班本、医嘱单、医嘱本,特别护理记录单、护理病历等。对护理文件书写统一规定表格、符号、名词、术语,不仅有利于目前的护理管理工作,而且为在护理管理中使用计算机创造了基本条件。

总标准:字迹端正、清晰、无错别字,眉栏整齐、卷面清洁、护理记录可靠、及时,病情描述确切简要,重点突出,层次分明,运用医学术语。体温绘制,点圆线直,不间断、无漏项。医嘱抄写正确,外文书写合乎规范,时间准确,并签全名。

标准值:90%~95%。

计算公式如下:

合格率=（书写合格份数/抽查护理文件份数）×100%

（1）体温单:体温、脉搏、呼吸的绘制,要求点圆线直、粗细均匀、不间断、不漏项。42℃以上项目逐项填写齐全,40~42℃之间写入院、出院、转科、手术、分娩、死亡等及时间。34℃以下各栏内填写大小便次数、输入量、总出量、血压、体重等。

（2）医嘱单:医嘱本要求三勾完整,转抄、执行、核对及时。签名正规。

（3）护理记录单:要求准确、及时、完整,各项记录无遗漏。病情小结简单扼要,记录观察到的症状和病人主诉。总结24小时出入量。日间用蓝笔,夜间用红笔记录。

（4）病室交班本:各班按规定日间用蓝笔、夜间用红笔记录。眉栏各项填写准确。顺序书写各项内容。正确使用各种标记。交班内容简要、字迹清晰,用医学术语,记录病情前后连贯,特殊用药及特殊检查交待清楚,并签全名。

4. 临床护理的质量标准

（1）整体护理效果评价:整体护理是以病人为中心,护理工作的主要内容是从疾病到健康全过程的护理,其根本目标是帮助病人成为一个身心健康的人。

标准:护士应做到"七知道",包括病人姓名、诊断、病情、治疗、护理、心理需要、健康教育。给病人以身心整体护理,实施护理程序,有完整的护理病历。

标准值:

整体护理计划完成率（根据本单位要求开展的范围）100%。

护理诊断符合率>95%。

护理措施合格率>95%。

护理措施的实施率100%。

病人对护理工作满意率≥95%。

护理计划合格率>80%。

健康教育覆盖率100%。

整体护理开展率(根据不同等级医院)10%~20%。

计算公式:

整体护理计划完成率=(已开展整体护理病人数/应开展整体护理病人数)×100%

护理计划合格率=(护理计划合格份数/护理计划抽查总份数)×100%

护理诊断符合率=(护理诊断合格份数/护理诊断抽查总份数)×100%

护理措施合格率=(护理措施合格数/护理措施抽查总数)×100%

护理措施实施率=(护理措施实施数/护理措施抽查数)×100%

病人对护理工作满意率=(满意病人数/抽查病人总数)×100%

健康教育覆盖率=(健康教育人数/病人总数)×100%

(2)特级、一级护理合格率:随着医学科学的发展和急救医学的进展,危重病人的抢救成功率不断提高,要求对急救危重病人执行特级或一级护理。

标准值:85%~90%(根据不同等级医院)

标准:

特别护理病人:设专人24小时护理,备齐急救药品、器材以备急用。制定并执行护理计划,严密观察病情。正确及时做好各项治疗、护理,建立并做好特护记录。做好各项基础护理,病人无并发症。

一级护理病人:按病情需要准备急救用品,以备必要时应用。制定并执行护理计划。按病情需要每15~30分钟巡视病人一次,密切观察病情变化,并做好记录。做好晨晚间护理,保护皮肤清洁无压疮。

计算公式:

特级、一级护理合格率=(特护、一级护理病人合格数/特级、一级护理病人数)×100%

(3)急救物品完好率:各项重大抢救工作均需要护士参加,因此,护士除了必须具备精湛熟练的技术和敏捷的应急能力外,还须备齐医疗器材、急救药品等。

标准值:100%。

标准:急救用品、药品完整无缺,处于备用状态。做到两及时(及时检查维修,及时领取报销);四固定(定人保管,定时核对,定点放置,定量供应灭菌)。

计算公式:

急救物品完好率=(急救物品完好数/检查急救物品总数)×100%

(4)基础护理合格率:基础护理是一项非常细致的工作,是病人日常生活和治疗不可缺少的护理,也可以反映出护理质量的高低。基础护理包括晨晚间护理、口腔护理、皮肤护理、分级护理、出入院护理等。

标准值:85%~90%。

标准:清洁、整齐、舒适、安全、安静、无并发症。

计算公式:

基础护理合格率=(基础护理合格人数/抽查基础护理人数)×100%

(5)压疮发生率:压疮系长期卧床病人及危重病人护理的并发症,应加强基础护理,防止压疮的发生。除特殊病人因病情不允许定时翻身做皮肤护理者外,一律不得发生压疮,入院时带来的压疮不准扩大。

标准值:0%。

计算公式:

压疮发生率=(压疮发生人数/卧床生活不能自理的病人总数)×100%

(6)消毒隔离合格率:院内感染的发生率关系到医疗护理质量的高低,因此,也是护理管理的重要内容。

标准:有负责消毒隔离的健全的组织机构,有预防院内感染的制度和措施,有监测消毒、灭菌的技术手段。

严格区分无菌区与有菌区,无菌物品、器材必须放置在无菌专用柜内储存。其上要有明显标签,并注明有效时间和灭菌负责人。

熟练掌握各种消毒方法及消毒液的浓度与用法。

手术室、供应室、产房、婴儿室、治疗室、换药室、烧伤病房、血液病房等用紫外线做空气消毒后应登记时间,定期做空气培养,要求菌落数少于标准值。

各病房的物体表面和医护人员的手,细菌总数不得超过8个/cm^2。

手术室、产房和婴儿室的空气中,细菌总数不得超过500个/m^3。

婴儿室、儿科病房的物体表面、食具和医护人员的手,不得检出沙门菌。

灭菌后的医疗用品不得检出任何种类的微生物;消毒后的医疗用品,不得检出病原微生物。

各项无菌物品灭菌合格率达100%。

注射器、针头、针灸针"五个一"执行率(一人、一针、一管、一用、一灭菌或消毒)达100%。

计算公式:

灭菌物品灭菌合格率 =（抽查合格次数 / 被抽查次数）×100%

(7) 医疗事故发生率：杜绝事故是护理质量管理的重要内容。护理人员在医护活动中,违反医疗卫生管理法律,行政法规,部门规章和诊疗护理规范、常规、过失造成患者人身损害的事故。

管理要求：严格执行各项查对制度,做到三查七对。建立差错、事故登记报告制度。对所发生的差错事故定期组织讨论分析,以总结经验。发生严重差错、事故后,应立即组织抢救,以减少或消除所造成的不良后果。

年医疗事故发生次数：0。

(8) 陪住率：陪住关系到临床护理质量、服务态度及护理管理,同时也涉及医院卫生管理、后勤门卫工作、病人饮食供应等。因此,该项指标列为医院综合指标,从护理管理工作方面也应列为重点。

标准值：≤5% ~ 8%（根据不同等级医院）。

计算公式:

陪住率 =（陪住人员总数 / 住院病人总数）×100%

(9) 输液反应率：输液系常用护理技术操作之一,其关系到无菌技术操作、供应室工作质量及管理,但也与医院管理有关,如药液质量、输液用具、灭菌设备等。故应严格控制质量,防止输液反应。

计算公式:

输液反应率 =（输液反应次数 / 输液总次数）×100%

(10) 输血反应率：输血也是常用护理技术操作之一,其关系到护士的无菌技术操作、输血用具,但也涉及供血单位如血站、采血时的无菌技术操作及血液质量。由于输血病人一般系危重病人,在质量管理上更应重视,保证输血质量。

计算公式:

输血反应率 =（输血反应次数 / 输血总次数）×100%

三、护理质量标准化管理的方法

(一) 质量管理的基础工作

进行质量管理工作必须具备一些基本条件、手段和制度,这是质量管理的基础。护理质量管理也不例外。

首先,要重视质量教育,在全体人员中树立全心全意为病人服务及"质量第一"的思想。质量管理教育包括两个方面:一是技术培训,二是质量管理的普及宣传和思想教育。方式可以多种多样（如办班、讲座等）。通过教育要达到以下目的:①使全体人员弄清质量管理的基本概念及方法步骤。②掌握质量管理的工具,如会看图表,会运用,使每个护理人员都明白有关质量标准和管理方法。③克服对质量管理认识的片面性,进一步理解质量管理的意义,树立质量管理人人有责的思想。

在进行质量管理教育的基础上,要建立健全质量责任制。就是将质量管理的责任明确落实到各项具体工作中,使每个护理人员都明白自己在质量管理中所负的责任、权力,具体任务和工作关系,在其位,任其职,尽其责,形成质量管理的体系,并可与奖惩制度联系起来。

(二) 标准化工作

质量标准化不仅是管理的基础和依据,而且本身就是质量管理的基本方法。有关标准和标准化的内容在本章中已有详述。

(三) 质量管理工作循环

质量管理工作循环（PDCA 循环）是20世纪50年代由美国质量管理专家戴明（W. E. Deming）根据信息反馈原理提出的全面质量管理方法。医院护理部门是惯性运行的技术机构,其质量管理也需要在惯性运行中持续不断地进行,循环管理就是适应这种惯性运行质量管理的科学方法。

1. 循环管理 就是从找出问题（工作检查）到采取管理措施改进工作,并不断延续下去的管理过程。这种管理过程包括计划、执行、检查、处理四个阶段,简称为 PDCA 循环管理。其主要内容:

(1) 计划阶段（plan）:经过分析研究,确

定质量管理目标、项目和拟定相应措施,这一阶段分为四个步骤:①分析现状,找出存在的质量问题并用数据说明;②逐项分析影响质量的各种因素;③找出影响质量的主要因素;④拟定质量对策、计划和措施。

(2) 执行阶段(do):将拟定的质量目标、计划、措施落实到各个执行部门,并落实到人,组织质量计划和措施的实施。

(3) 检查阶段(check):检查质量计划实施情况:一方面要边做边检查,另一方面必须对每一项阶段性实施结果进行全面检查,衡量和考查所取得的效果,并注意发现新的问题。

(4) 处理阶段(action):总结成功的经验和失败的教训,根据总结修订、补充有关标准和制度,或者做出新的规定,以巩固成绩并防止同类质量缺陷再度产生;同时将此次循环中遗留下来的质量问题和新发现的质量问题自然地转入下一个循环中去进一步解决。循环管理对象有大有小,需要在不同范围内和不同组织层次上同时进行,大循环套小循环,小循环保大循环。但是这种循环不是停留在一个水平上的简单重复,而是螺旋式上升,每循环一圈就要使质量水平和管理水平提高一步,每循环一圈就是一个管理周期,都要有明确的时间规定。既不要把所有质量问题都放在一个无限期的质量计划之中,也不是零打碎敲、间断无常的自流式管理,而是要持续不断、有系统、有节奏的管理。

2. 护理质量的循环管理 护理质量管理是一个独立的质量管理系统,也是医院质量管理工作中的一个重要组成部分,所以其既可以在护理系统内进行不同层次的循环管理,又是医院管理大循环中的一个小循环,应结合医院质量管理工作开展护理质量循环管理,使之纳入医院同步惯性运行的循环管理体系。

建立护理质量管理循环体系,就是要实现整个护理质量管理工作循环整体化。具体办法可以结合医院质量管理工作实行护理部主任(护理副院长)为首的每月一次的质量管理总查房制度,使这一制度成为质量管理工作循环的具体形式。实行时可分为几个阶段:①预查:以科室为单位按质量标准和项目对存在的问题进行检查,为总查房做好准备;②总查房:护理副院长、护理部主任对各科室进行检查,现场评价,下达指令;③自查:总查房后,科室根据上级指令和上个月质量管理情况逐项分析检查,找出主要影响因素,制定下月的对策、计划、措施;④科室质量计划实施:科室质量计划落实到病区或班组,进行 PDCA 循环管理。这样以每月为一个管理周期,对全院的护理工作质量进行检查;每周还应规定 1~2 个查房日,抽查若干科室(病区),以形成坚持不懈的质量管理制度。

案例 9-3

医院护理质控中心年度工作计划中,每季度一次单项护理项目的抽查考核,目的是确保对每位病人的护理工作始终保持在高标准的水平。

请问:
1. 护理质量评价的目的与原则是什么?
2. 护理质量评价的内容是什么?
3. 护理质量评价的指标有哪些?
4. 护理质量评价的评价方法有哪些?
5. 护理质量评价注意事项有哪些?

第3节 护理质量的考核评价

护理质量的评价是护理管理中的控制工作,评价一般指衡量所订标准或目标是否实现或实现的程度如何,即对一项工作成效大小、工作好坏、进展快慢、对策正确与否等方面作出判断的过程。评价贯穿在工作的全过程中,不应仅在工作结束之后。

通过护理质量评价可以了解和掌握护理工作质量、工作效率和人员情况,为以后的管理提供信息和依据。

一、护理质量评价的目的原则

(一) 目的

总的来说,是为保证和提高护理质量。具体有:

(1) 可以衡量工作计划是否完成,衡量工作进展的程度和达到的水平。

(2) 检查工作是否是按预定的目标或方向进行的。

(3) 根据实际提供护理的数量、质量,评价出护理工作需要满足病人的程度,未满足的原因及其影响的因素。为管理者提高护理质量提供参考。

(4) 建立质量评价标准和指标体系,是对护理人员提出了工作要求。这是质量保证的主要方式。

(5) 通过评价工作结果,可以肯定成绩、找出缺点和不足,并指出今后的努力方向。也可通过比较,选择最佳方案来做某件工作,如选用新技术、新方法等。

(6) 可检查护理人员工作中实际缺少的知识和技能,为护士继续教育提供方向和内容。

(二) 原则

1. 评价应实事求是 评价应建立在事实的基础上,将实际执行情况与原定的标准和要求进行比较。这些标准必须是评价对象能够接受的,并在实际工作中可以衡量的。

2. 评价标准应与评价对象的水平、职务相适应 比较对象应在同等水平、同等职务的基础上进行。

二、护理质量评价的内容

(一) 要素质量评价

要素质量评价即建立在护理服务组织结构和计划上的评价内容。主要在执行护理工作方面的背景,包括组织结构,物理设施、资源和仪器设备以及配置护理人员的素质。

1. 环境 如病房是否安全、清洁、舒适。具体标准如病床清洁、整齐;室内温、湿度;婴儿室、手术室等空气要求标准,室内卫生等。

2. 人力安排 根据病情需要,护士长是否做出了合适的人力安排。如病房人员组成、学历、职称、护龄结构是否合理;人员质量是否符合标准;根据病情是否选择了合适的护理方式,如危重病人应安排监护,一名责任护士负责3~6名重症病人,小组制护理组长管理范围一般不多于3名组员,不超过20个病人等。

3. 器械、设备是否处于正常的工作状态 要根据客观标准数据来计量。如氧气瓶内压力、备用消毒物品使用时限、药品及物资基数等。

4. 病房结构、表格记录、规章制度制定情况 如护士站与抢救室的距离,护理病历完整性与质量,病人分类及各项规章制度合理、健全等。

以上均是护理服务要素方面的内容,是提供高质量护理的重要保证。

(二) 过程质量评价(环节质量评价)

可以按护理工作的功能评价和按护理程序评价。包括:

1. 执行医嘱准确率 如差错次数、临时医嘱的执行时间要求等。

2. 病情观察及治疗反应的观测 如"T、P、R"测量时间,病情记录,危重病人观察项目与观察时间及各种疾病特殊观察要求等。

3. 病人管理 如生活护理、饮食及晨晚间护理,医院内感染的管理,消毒隔离等。

> **SARS 病人管理**
>
> 1. 病人的诊疗活动如摄片尽量限制在本病房内进行,病人的生活及其他活动须限制在其病室内。
> 2. 若病情允许,病人须戴16层以上的棉纱口罩,每天更换或感潮湿时更换,消毒后备用。
> 3. 严格探视管理,不设陪护、不探视,若必须探视,则探视人员必须穿隔离衣、裤,戴16层以上的棉纱口罩,戴手套、帽子和鞋套,并遵照医务人员的要求和消毒隔离的规定。
> 4. 病人不许串病室;通道的门仅供医务人员进出,并随手关门。
> 5. 病人出院、转院或死亡,应按要求对床单位进行终末处理,尸体按《传染病防治法》进行处理。

4. 对参与护理的其他医技部门的交往与管理 如病人照相预约、各种标本的管理,对卫生员、配膳员的管理等。

5. 护理报告和各种文件书写质量 如体温单、医嘱单、医嘱本、交班报告、特护记录护理病历的书写要求等。

6. 应用护理程序 包括评估、护理诊断、护理计划,执行及评价的贯彻执行情况及各项技术操作质量等。各专科护理可依各自标准要求评价。

7. 心理护理与健康教育 如促进患者心理调节,术前、术后教育,服药知识,饮食营养

卫生、康复指导等质量。

此外，也可按三级护理标准评价护理过程质量。

(三) 结果质量评价（终末质量评价）

此为评价护理服务的最终结果。如病人伤口的愈合率、压疮发生率、注射化脓率、静脉穿刺一次成功率、医疗差错事故发生次数、一级护理合格率、病人对护理服务的满意度等，是评价病人所得到的护理效果的质量。

护理结果的标准选择和制定影响因素较多，有些护理结果不完全是护理的结果，与医疗其他辅助诊断、治疗效果及住院时间等综合因素有关。

护理服务结构、过程、结果三方面综合性评价，基本上反映了护理服务质量。以上三方面的质量标准是不可分割的整体，反映了护理工作的全面质量要求。三者之间的关系：进行护理要素质量评价，以利掌握质量控制的全局；具体护理过程环节质量评价，以利落实措施，保证护理工作进行；终末护理结果质量评价以反馈控制。

让病人参与质量管理

将护理工作质量标准告知患者，让患者监督我们的管理，真正起到提高护理质量管理的作用。

方法：

(1) 编成手册。内容：①病人的权力；②病人应该得到哪些服务；③常用技术操作标准；④常规服务项目及收费；⑤特殊服务项目及收费；⑥寻求帮助的方法；⑦投诉方法。

(2) 电化教育。在门诊大厅、病房走廊等病人活动场所，播放各种技术操作录像，病人也可点播收看其要了解的项目。

(3) 护理人员组织小讲课、演示课，回答病人的问题。

根据病人的需要及期望，持续不断地改进工作，真正做到为病人所想，为病人所做，一切以病人为中心，以此达到我们的管理目的。

三、护理质量评定的指标

(一) 工作效率指标

这类指标基本上是工作量的指标，是标明负荷程度的。大体包括：护士人数，护士平均床位工作量，开展床位数，收治病人数，平均床位工作日，重症护理日均数及重症护理率，一级护理（特护）工作指数，抢救指数，护理工作处置量，教学培训人次数，科研革新数，论文撰写发表数，卫生宣教，好人好事，表扬批评人次数等。

(二) 工作质量指标

这类指标还未形成完整标准体系，大都偏重临床护理工作质量。如护士培训率，考试及格率，病房管理合格率，特护、一级护理合格率，护理文件书写合格率，技术操作合格率，消毒灭菌合格率，护理事故及严重差错控制率，陪住率等。

对护理质量做指标评审时，除应注意评审机遇要相等外，同时要注意分析被审对象的工作负担、人力结构、物资设备条件是否合理。尤其是人力结构，因为工作质量与人员的定额必须相适应，这是坚持实事求是质量管理的重要方面，同时要把与质量管理有关的质量指标进行统计计算。

四、护理质量的评价方法

(一) 加强信息管理

信息是质量管理的重要基础，是计划和决策的依据。护理质量管理要靠信息的正确与全面，因此，要注意信息的获取和应用，对各种信息流进行集中、比较、筛选、分析，从中找出干扰质量的主要的和一般的、共性的和特性的因素，再从整体出发，结合客观条件做出指令，然后进行反馈管理。

(二) 建立健全质量管理和评价组织

质量管理和评价要有组织保证，落实到人。我国医院内一般在护理部下设质量控制办公室或护理质量检查组，可作为常设机构或临时组成。由护理部主任（或副主任）领导，各科、室护士长参加，或分片（如病区、门诊、手术室、供应室）或分项（如护理技术操作、理论、临床护理、文件书写、管理质量）检查评价。

(三) 常用的评价方法

1. 百分标准评定法 就是先为护理服务

的各有关项目制订合格的标准,然后将项目分解并根据权重大小规定各分项应得分数,再按规定的分数定期检查测量,进行评价。

2. 统计指标评价法　就是对护理质量指标预先规定标准值,定期进行统计,从整体中确定护理质量的优劣。采用统计指标进行评价应建立反映护理工作数量、质量的统计指标体系,使质量评价更具有科学性。但是,运用统计方法,要注意统计资料的真实性、完整性和准确性,注意统计数据的可比性和显著性。按照统计学的原则,正确对统计资料进行逻辑处理。

(四) 常用的评价形式

常用的评价形式有同级间评价、对上级工作评价、对下级评价、服务对象评价(满意度),随机抽样评价等。

(五) 评价的时间

1. 定期检查　综合性全面定期检查评价:可按季度或半年、一年进行,由护理部统一组织全面检查评价。但要注意也要掌握重点单位,重点问题。专题对口检查评价:根据每个时期的薄弱环节,组织对某个专题项目进行检查评价。时间随任务内容而定。质量管理人员按质量标准定期检查。

2. 不定期检查评价　主要是各级护理管理人员,质量管理人员深入实际随时按质量管理标准要求进行检评。

五、评价注意事项

1. 防止偏向　评价人员易产生宽容偏向或对某些近期发生的错误比较重视,对远期发生的错误易忽略,使评价结果发生偏向,应对此加以克服。

2. 提高能力　为增进评价的准确性,需提高评价人员能力和使其树立正确的评价动机。必要时应经统一训练,学习评价标准、方法,明确应注意的问题,以利于提高护理质量和护理人员素质为目的。

3. 标准适当　制定的标准适当,评价方法适用。

4. 积累资料　积累完整、准确的记录和有关资料,是促进评价准确性的必要条件,以利节省时间,便于查找。

5. 重视反馈　评价会议前充分准备,会议中应解决关键问题,注意效果,以达到评价目的。评价结果应及时、正确地反馈给被评价者。

6. 加强训练　按照标准加强对护理人员指导训练较为重要,保持平时按标准提供优质护理质量,评价时才能获得优秀结果。

---

1. 护理质量指护理的工作内容及服务效果达到规定的要求和预期目标。

2. 护理质量管理是医院护系统中各级护理人员用现代科学管理方法,对护理质量实行控制的目的,使护理人员的业务行为活动、思想、职业道德的规范各方面都符合质量的客观要求和病人的合理需要。

3. 护理工作标准体系

(1) 标准项目 ─┬─ 要素质量
　　　　　　　 ├─ 环节质量
　　　　　　　 └─ 终末质量

(2) 标准类别 ─┬─ 方法性标准
　　　　　　　 ├─ 衡量性质量标准
　　　　　　　 └─ 部门质量标准

(3) 护理质量标准内容 ─┬─ 护理技术操作的质量标准
　　　　　　　　　　　 ├─ 护理管理的质量标准
　　　　　　　　　　　 ├─ 护理文件书写的质量标准
　　　　　　　　　　　 └─ 临床护理的质量标准

(4) 护理质量标准化管理的方法 ─┬─ 质量管理的基础工作
　　　　　　　　　　　　　　　 ├─ 标准化工作
　　　　　　　　　　　　　　　 └─ 质量管理工作循环(PDCA)

4. 质量管理的工作循环(PDCA)包括计划、执行、检查、处理四个阶段。

5. 护理质量管理的评价目的是保证和提高护理质量。原则是实事求是,标准应与评价对象和水平、职务相适应。

6. 护理质量评价的内容包括要素质量评价、过程质量评价、结果质量评价。

7. 护理质量评价的指标分两部分:工作效率指标和工作质量指标。

8. 护理质量的评价方法:加强信息管理;建立健全质量管理和评价组织,按常用评价方法(百分标准统计指标评价法)评定,采用同级间、上下级、服务对象、随机抽样评价等,可进行定期和不定期结合检评。

小 结

目标检测

一、名词解释

1. 护理质量 2. 标准化管理 3. 护理质量的评价

二、填空题：

1. 护理技术操作的质量总标准是_____、_____、_____、_____、_____、_____。
2. 护理工作的科学管理主要方式是实行_____、_____、_____分级管理。
3. 地段保健质量标准有_____、_____、_____、_____、_____、_____、_____。
4. 临床护理的质量标准护士应做到_____、_____、_____、_____。

三、选择题

A_1 型题

1. 护理管理的核心是
   A. 人员管理   B. 物品管理
   C. 信息管理   D. 时间管理
   E. 质量管理
2. 护理质量管理的特点不包括
   A. 广泛性   B. 综合性
   C. 紧迫性   D. 协同性
   E. 程序性
3. 建立质量标准的目的是为了获得
   A. 衡量的尺度
   B. 最佳的工作秩序和社会效益
   C. 开展工作的依据
   D. 护理成本效益
   E. 护理管理的统一性
4. 护理质量标准化的几种表现形式不包括
   A. 统一化   B. 规格化
   C. 系列化   D. 形式化
   E. 规范化
5. 要素质量指构成护理工作质量的
   A. 基本要素   B. 综合要素
   C. 管理要求   D. 部分要求
   E. 能力要素
6. 终末质量指
   A. 护士的工作评价
   B. 病人所得到的护理效果质量
   C. 护理管理的评价
   D. 年终的质量检查
   E. 病区的质量考核
7. 部门质量标准指
   A. 对工作结果进行检查
   B. 对工作进行评价
   C. 衡量某种技术质量的规范
   D. 质量控制标准
   E. 各部门、各科室制订的合格标准
8. 护理管理的质量标准是实行
   A. 分级管理   B. 集权管理
   C. 授权管理   D. 自由管理
   E. 参与管理
9. 门诊护理工作质量标准，下列哪项不妥
   A. 工作人员衣帽整齐
   B. 诊室卫生整洁
   C. 开展卫生宣教
   D. 认真细致地预检分诊对传染病人及时转诊
   E. 严格执行无菌操作和消毒隔离
10. 护理质量管理的基础工作首先是重视
    A. 人力配置   B. 质量教育
    C. 健全质量制度 D. 管理方法
    E. 管理内容
11. 质量标准化就是质量管理的
    A. 基本内容   B. 基本方法
    C. 基本标准   D. 基本形式
    E. 基本框架
12. 循环管理中"P"代表了
    A. 评估   B. 执行
    C. 计划   D. 检查
    E. 心理
13. PDCA 循环管理一般以
    A. 每日一次   B. 每周一次
    C. 每周两次   D. 每月一次
    E. 每月两次
14. 护理质量考核评价是护理管理中的
    A. 检查工作   B. 督导工作
    C. 控制工作   D. 反馈工作
    E. 收集信息工作
15. 护理质量评价的目的下列说法不妥的是
    A. 可以衡量工作计划是否完成
    B. 可以衡量工作进展的程度和达到的水平
    C. 检查质量评价标准的科学性
    D. 检查工作是否按预定的目标进行
    E. 检查护理人员工作中实际缺少的知识和技能
16. 护理质量评价原则不妥的是
    A. 应实事求是
    B. 标准是评价对象必须接受的
    C. 在实际工作中可以衡量的
    D. 比较对象应在同一水平上
    E. 比较对象应同等职务
17. 要素质量评价不包括
    A. 组织结构   B. 环境设施
    C. 资源   D. 仪器设备
    E. 护理人员数量

18. 下列哪项不是结果评价内容
    A. 生活护理   B. 伤口愈合率
    C. 压疮发生率   D. 注射感染率
    E. 一级护理合格率
19. 工作效率指标指
    A. 护士培训率   B. 考试合格率
    C. 病房管理合格率   D. 科研革新数
    E. 消毒灭菌合格率
20. 工作质量指标指
    A. 平均床位工作日   B. 一级护理工作指数
    C. 技术操作合格率   D. 抢救指数
    E. 论文发表数

B 型题
    A. 统一化   B. 规格化
    C. 系列化   D. 规范化
    E. 标准化
1. 将物质技术质量定型化和定量化称为
2. 对重复性的同类工作和事物规定统一的质量要求称为
3. 同一项工作中各个工作环节同时进行标准化的一种形式称为

    A. 环境整洁安全
    B. 器械设备处于正常工作状态
    C. 执行医嘱正确率
    D. 人力安排合适
    E. 医疗事故发生次数
4. 过程质量评价指
5. 结果质量评价指

X 型题
1. 护理质量管理的特点是
    A. 广泛性和综合性   B. 协同性与独立性
    C. 程序性与连续性   D. 可行性和操作性
    E. 应用性和指导性
2. 护理质量标准化主要有以下几种形式
    A. 统一性   B. 规格化
    C. 系列化   D. 规范化
    E. 系统化
3. 衡量性质量标准有
    A. 质量检查和评价的标准
    B. 合格标准
    C. 质量判定标准
    D. 目标标准
    E. 时间标准
4. 护理质量标准的内容有
    A. 护理技术操作的质量标准
    B. 护理管理的质量标准
    C. 护理文件书写的质量标准
    D. 临床护理的质量标准
    E. 临床专科护理的质量标准
5. 护理质量标准化管理的方法有
    A. 质量管理的基础工作
    B. 质量管理实施方案
    C. 标准化工作
    D. 标准化管理
    E. 质量管理工作循环
6. 护理质量评价的内容有
    A. 要素质量评价   B. 过程质量评价
    C. 结果质量评价   D. 措施质量评价
    E. 方案质量评价
7. 护理质量评价的指标
    A. 工作效率指标   B. 工作责任指标
    C. 工作难易度指标   D. 工作质量指标
    E. 工作数量指标
8. 护理质量的评价方法有
    A. 加强信息管理
    B. 建立健全质量管理和评价组织
    C. 常用的评价方法
    D. 评价的时间
    E. 抽样评价

四、问答题
1. 护理质量和护理质量管理的含义是什么?
2. 护理质量管理的特点是什么?
3. 护理质量管理的方法和步骤有哪些?
4. 如何进行护理质量的考核评价?
5. 护理质量评价的内容有哪些?

第10章 护理业务技术管理

学习目标
1. 解释:护理业务技术管理、护理信息系统
2. 叙述护理业务技术管理的意义、特点及措施
3. 说出护理业务技术范围及基本管理的内容
4. 叙述护理业务技术的管理方法
5. 说出护理信息的内容及护理信息的管理方法

护理业务技术管理是护理管理工作中的重要内容,是衡量护理管理水平的重要标志。护理业务技术的质量直接影响医疗效果。良好的护理业务技术管理对于提高护理工作水平,促进护理学科的发展,具有重要作用。

案例10-1

护理工作实践性很强,护理技术是护士必备的专业能力,良好的护理质量包含服务态度和过硬的护理技术。在临床护理工作中,护理业务技术管理显得尤为重要。

请问:
什么是护理业务技术管理?其意义、特色、措施有哪些?

第1节 概 述

一、护理业务技术管理的概念

护理业务技术管理就是对护理工作的技术活动进行计划、组织、协调和控制,使这些技术能准确、及时、安全、有效地用于临床,以达到高质量、高效率目标的管理工作。

医院护理业务技术管理的研究对象是医院基础护理工作和各不同专业护理工作的工作任务、工作特点、主要内容、技术要求和组织实施方法。

二、护理业务技术管理的意义

护理工作的服务对象是病人,除了有良好的服务态度外,主要靠护理技术。这就要求护理技术服务有别于其他生产和技术工作,除了要先进高效外,还要及时、安全、可靠,要协调性和连续性好。随着护理科学的发展,现代科学技术成果广泛应用于护理工作领域,护理工作的科学技术性要求越来越高。这就不仅要求护理人员本身要不断提高技术水平,而且也要求护理业务技术管理提高水平。护理技术水平在某种意义上讲对提高护理质量有决定性作用,护理技术水平的提高必须靠技术管理。只有对护理工作实行科学的组织管理,才能调动和发挥护理人员的积极性,合理使用技术力量,密切协同配合,以提高护理工作质量和效率。有效的、高水平的护理技术管理是实现帮助病人获得最佳健康水平这一护理工作基本任务的重要保证,是提高护理质量的重要保证。

三、护理业务技术管理的特点

(一)技术性

护理技术不是简单的生产工序,它是在全面掌握医学护理知识的基础上,经专门训练、反复实践而获得的一种技能,未经系统学习和专门训练的人不允许在病人身上进行技术操作。因而管理上要由懂技术的人负责,要抓训练,抓引进新技术。

(二)责任性

护理技术工作的对象是病人,护理人员对维护、促进和恢复病人的健康负有责任。护理技术工作一旦发生失误,可能会增加病人的痛苦,甚至造成残疾乃至死亡。因此,不论从医学道德上或法律上都要强调其责任性。管

113

上要加强护理人员的责任心教育,健全各种责任制。

(三) 服务性

护理工作是为病人提供护理服务的,应当树立全心全意为病人服务的思想,以病人利益为重。护理技术管理要明确为谁服务的问题,为了练技术而不顾病人痛苦,或只顾经济效益不管病人利益的行为都是不允许的。

(四) 社会性和集体性

医疗护理技术管理受社会环境、人际关系等各方面因素影响,而且受经济规律制约。同时,由于现代医学的发展,医院中的各种工作不可能由一个人去完成,而是需要多学科、多部门相互配合密切协作。护理业务技术管理必须协调好内部和外部的、上下和横向的联系。

四、护理业务技术管理的措施

(一) 建立技术管理的组织系统

护理业务技术管理与其他管理应是集中统一的。护理管理组织要健全,职责要明确,并应有相应的权力,以更好地发挥效能,保证技术管理的正常进行。护理部主任、科护士长、护士长应实行垂直领导,对于还不能实行垂直领导的单位,也要制定相应的措施,落实技术管理的责任。

(二) 技术管理要重视质量

要使技术质量指标标准化。为确保护理技术工作质量,要建立逐级检查制度,护理部对临床护理技术操作规程、规章制度的执行情况,对护理常规、消毒隔离、无菌技术的执行情况,要进行抽样检查和评价,护士长则更要监督检查。

(三) 重视人员培训,培养技术骨干

在技术干部的培养上要有计划,把眼光放远一点,目标定高一点,为护理工作发展增加后劲。要提高护理工作水平,就要进行全员培训。要注重组织各级护理人员业务训练,学习基本护理理论和现代医学新进展,

认真抓好基本功训练,提高护理专业理论水平和实际技术水平,并要对人员进行定期业务技术考核,制定可比性的技术考核指标,认真评定考核成绩。建立护理业务技术档案,对护理工作情况和护士的业务能力、技术水平、科研成果、论文及工作经验等材料要有详细记载,作为使用、培养、晋升的重要参考依据。

(四) 管理手段现代化

运用现代化的管理手段无疑能提高管理水平和效能。电子计算机在护理管理中的应用,对于解决工作中的信息传输、存储、计算、统计分析等问题都会有重大变革和进步。随着护理学科迅速发展,护理文献急剧增加,各种管理方法的系统化、科学化、数量化,也要有与之相适应的管理手段。应用电子计算机,保密性强,便于管理,应用数据库技术方便检索、分类及统计,实现计算机联网,资料可以共享,为管理现代化提供了广阔的前景。

案例 10-2

玛丽护理专业毕业后,被分配到一所三级甲等医院。报到的第一天护理部主任将新进的护士集中在一起,进行院内岗前培训,在介绍了医院的情况和规章制度后,重点介绍了本医院的护理业务技术范围与管理要求。

请问:
1. 护理业务技术范围与管理要求是什么?
2. 护理业务技术管理要求是什么?

第2节 护理业务技术范围与基本管理

护理业务技术管理工作,就是要建立全面的护理技术质量保障系统。使护理工作逐步做到:管理制度化,工作规范化,操作程序化,更好地为病人服务。常用护理技术管理包括的范围如下。

一、护理诊疗操作技术的管理

在为病人诊疗过程中,有大量的技术操作要护士承担,如吸痰、给氧、洗胃、导尿、灌肠

术,各种过敏试验和注射技术,各种引流技术等。其管理是在训练的基础上,主要靠制订技术操作规程和严格检查、监督执行情况来加以控制。违反技术规程,要承担责任。

二、基础护理技术的管理

除上述诊疗护理技术外,还有病人的清洁护理(压疮防治技术等);饮食治疗和营养;病情的一般观察;各种医用剂量统计的基本换算方法;各种护理文件的书写等。主要是通过制订工作规程和落实责任制进行管理并要加强督促指导。

三、专科疾病护理技术的管理

专科护理技术是结合专科疾病的特点形成的,临床各专科的护理工作范围广、内容多,近年随着各专科分科越来越细,新业务、新技术不断开展,专科护理技术也有较大的发展。一般护理人员需要掌握所在专科的护理技术。高水平的护理人员应在掌握常见(内外妇儿)专科技术的基础上,再重点掌握本专科的疾病护理技术。管理上首先抓好疾病护理常规的制订和执行情况的检查。此外,还要注意抓好人员培训和科研学术活动,注意学习诊疗知识,以丰富工作人员的临床经验。

四、急诊抢救技术的管理

医院常有大量急诊抢救病人就诊,护理人员必须掌握急诊抢救技术。抢救技术的好坏直接关系着病人生命安危,这类技术的管理,除了常规和标准化管理及技术训练外,要经常组织技术演练和实践考核,抓应急能力的培养,抓医护之间和各科室之间的协调配合,抓组织管理能力的培养。要善于调配人力物力,善于做好病人和家属的工作,善于与有关部门进行工作协调等。

五、消毒隔离技术的管理

各种消毒和隔离技术的管理是防止医院内感染的基本措施,也是护理工作中最常用的基本技术。这项技术掌握并不难,关键是管理要严格,制度要坚持不懈,执行要认真彻底,一丝不苟。

六、危重症监护和其他监护管理

随着医学科学技术的发展,尤其是先进医疗仪器设备的引进,危重症监护技术有了较快的发展,如 ICU、CCU、RCU、NICU 等,各种监护病房中病人的诊治,从以往的以医疗为中心改为以病人为中心的系统,在这类系统中,护理人员的作用很大,护理技术发展也很快,除了要求护理人员有良好的护士素质、扎实的基本功外,还要有较系统的专科知识和技术水平,有敏捷的分析判断能力,以适应工作的需要。一些先进的仪器设备的使用,也要求护理人员不仅要具备一般的护理知识和技能,而且要具有相关学科的知识,了解工作原理,掌握操作方法,以充分发挥仪器设备的作用。监护室护士要接受专门训练,以适应工作需要。

七、整体护理技术的管理

整体护理是一项综合护理技术,它除了要求护理人员全面掌握上述各项技术和护理程序外,还要求了解心理学、伦理学、社会学、管理学等方面的知识。护理人员不仅要有良好的愿望和态度,而且要掌握一定的技术、技巧和方法。并对有关的护理诊断进行探讨。

八、新技术的引进与开发

这是护理技术不断发展的源泉。各级护理管理人员应把新技术的引进开发作为管理重点,组织理论水平较高的护理人员,进行研究、开发,包括了解介绍国内外护理技术的进展情况,开展技术革新等。

九、护理情报档案资料的管理

护理情报档案资料包括临床护理资料、护理技术资料、护理业务技术档案、护理业务工作档案等,应有专人收集、登记与保管。

十、护理技术的基础建设

护理技术的基础建设主要包括:①护理队伍的技术素质建设,如岗位练兵与技术培训;②器材设备的保障:如生命体征监测设备,监视通信系统及电子计算机的应用等;③建立护理科研和技术实验室,引进开发新技术;④加强医德医风教育,造就又红又专的护理队伍。

案例 10-3

玛丽通过院内岗前培训后,被安排到内科2病区,到科室后,护士长又进行了专门介绍,同时介绍了管理方法。

请问:

护理业务技术的管理方法有哪些?

第3节 护理业务技术的管理方法

为了提高医院的护理业务技术,必须加强护理部对业务技术管理的领导。应在本院护理人员中选择数名知识面广、理论水平较高、经验丰富、技术精湛的护士或护师组成一个护理业务技术咨询组,协助护理部做好护理业务技术管理工作。管理方法有以下几点:

一、制定规程

制定各项护理常规和切实可行的各项技术操作规程。有计划地组织训练,训练的方式可以采取现场交流学习、业余教育和脱产培训等,重点在于各岗位加强训练、反复强化,使各级护理人员能掌握常规内容和操作规程。为了便于评价护理质量的优劣,应拟定统一的技术质量标准,并定期进行检查,以达到有效的管理。

二、分级管理

护理人员掌握护理业务技术后要应用于临床实践,各级护理管理人员应深入科室随时检查、督促指导。护理部对全院护理业务技术质量实施"监控",采用全面检查和重点督促相结合,随机抽查和定期检查相结合的方法,评价护理业务技术质量,对出现的问题加以分析,肯定正确的、纠正错误的,或写入有关制度中防止再次发生类似情况。科室护士长对护士实行"全控",不定时考核其护理业务技术,定期对护士护理工作质量进行总结,如发现带有共性的问题或薄弱环节,应集中时间加强指导,以使工作的质量达到要求。护士实行"自控",即个人依据评价标准进行自我考评。监控、全控、自控三者相结合,增强全体护理人员的质量意识,人人参与,逐级把关。

三、目标管理

护理部确定整体目标,然后逐次分解为科室及个人目标,并签订目标责任书,形成合同文件,便于自控和考核。责任书要求成果的责任单位和执行人、目标项目、时限、奖罚条件四清楚,使每名成员均明确承担完成总目标的具体责任,以保证总目标得以实现。

在目标管理过程中,可采用以下方法进行严格控制:①自我控制法,制定目标流程表,编排任务实施程序以利目标完成;②阶段控制法,护理部每月对科室目标检查,反馈信息,协助科室监督控制;③图表控制法,设置动态显示图,可直接反映各层次、各部门目标完成情况,经比较,表彰先进;④记分控制法,制定考评制度、月考评表、年考评记录,层层控制。按月评分,按分取酬,使目标管理成效与个人奖惩挂钩,与岗位责任制相结合。使目标的数量、质量得到控制。

四、循环管理(PDCA)

建立护理业务技术管理循环体系,具体办法可以实行护理部主任(护理副院长)为首的每月一次的质量管理总查房制度。使这一制度成为护理业务技术管理工作循环的具体形式:①预查:以科室为单位,按规程标准对存在的问题检查;②总查房:护理部主任(护理副院长)对各科室进行检查,现场评价,下达指令;③自查:总查房后,各科室根据上级指令和存在的质量管理情况逐项分析检查,找出主要影响因素,制定下月的对策、计划、措施;④科室计划实施:计划落实到班组或个人,进行PDCA循环管理。这样以每月为一个管理周期,对全院的护理业务技术进行质量检查,每周还规定1~2个查房日,抽查若干科室,形成坚持不懈的护理业务技术管理制度。

案例 10-4

玛丽工作的第三天,护士长要求她熟悉护理信息管理并希望她能担任起该项工作。玛丽想知道:

1. 护理信息的内容有哪些?
2. 护理信息的管理方法有哪些?
3. 计算机在护理工作的应用如何?

第4节　护理信息管理

护理信息管理是医院护理管理工作中的重要组成部分,是为提高护理质量和医院管理水平服务的一项工作。护理领导部门应加以重视。信息能够提供制订护理工作计划,科研计划和教学计划,以及进行工作总结的科学依据,也是考绩、奖惩、晋升、晋级不可缺少的参考资料。

当前许多医院对护理信息管理工作正在着手进行。不少医院护理部设有专人负责管理,并建立了严格的管理制度。但也有不少医院尚未重视这项工作,管理不善。因此定计划、写总结无原始资料,对各种大事或差错事故无准确统计;检查评比时只凭一时的印象;护理人员因无技术档案,奖惩、晋升、晋级、任用时缺乏系统的材料作为依据。甚至写护理总结、科研论文时也因临床护理资料不全,无法综合分析。由此可见,如果对护理信息缺乏科学的管理,将会影响护理工作质量的提高,也不能调动护理人员的积极性。因此,必须迅速加强对各种护理资料档案的管理,并建立和健全科学的管理制度。

一、护理信息的内容

(一) 临床护理信息

临床护理信息是在临床实践中积累的护理资料,如各种疾病的护理计划以及各种护理记录等。这是在疾病护理中反映护理技术水平和护理质量的重要资料,也是总结护理科研成果及撰写学术论文的原始资料和依据。因此对临床护理资料的积累和保管,是不容忽视的。一般这些资料应随病历送到病案室保存,对有价值的个案资料应当作好登记或编成资料索引卡片。

(二) 护理技术信息

护理技术信息是推动护理业务建设,加强技术管理的重要参考资料。其内容:

(1) 本院执行的各种疾病护理常规与各项技术操作规程,这些材料护理人员应当人手一册,作为工作中应遵循的准则。护理部应建档保存,并作为检查护理工作的依据。个别项目修订时,也应将修订稿一并存档。

(2) 科研技术和护理情报信息,如本院的护理科研计划、护理论文、译文、著述,国内外新业务、新技术的动态以及全国、全省学术论文资料等。应将上述资料编目,写出文献摘要并编成索引,再行存档。

(三) 护士业务技术档案

护理部应建立每个护士的业务技术档案。内容主要包括学历、经历以及业务培训提高成绩等。

(四) 护理业务工作档案

护理业务工作档案是业务管理的重要组成部分。对护理部门如何抓好业务工作有一定的指导意义。其内容:

(1) 护理部制订的远景规划,以及年度、季度的计划和总结。这些资料必须存档。

护理工作计划是指导工作的依据,工作总结是检查护理行政管理工作的成绩和存在的问题,是对年度、季度护理工作的评价。

(2) 院内外各种有关护理的规章制度,护理部应有一份全面材料存档,以备查阅。

(3) 护理人员的进修学习、先进事迹、差错事故、出勤情况以及受到的奖惩,均应做好登记和统计,并存档,还应记入个人档案。

(4) 每年每季护理工作的检查、评比的结果应作为历史资料存档,也可作为评价科室工作和个人工作的依据。

(5) 各种会议的记录本,如护理部参加和召开的医院办公会、院周会、护士长会议、教学会议等均应有详细记录,必要时可摘为会议纪要,供下次会议时检查了解实施情况。各种记录定期存档,以备查阅。

二、护理信息的管理方法

护理部应设专人或指定护理部成员分工负责资料的收集,登记和保管工作。

(一) 收集资料

(1) 收集本院和护理部印发的材料,科室上报的护理材料等。

(2) 收集院外交换或学术会议交流的

资料。

(二) 建立资料登记本

将各种资料收集后盖护理部章。在登记本上按规定格式用钢笔逐项填写，其他登记表和索引卡也可按照需要自行设计。

(三) 建立保管制度

平时按分类顺序，分卷、分档存放。每年进行分类，分册装订后长期保管。保管中不得换页、丢失、涂改或拆散。

(四) 借阅手续

借阅资料一律须办理借阅手续。阅后应按期归还。

(五) 建立统计登记表

登记好人好事、差错事故、出勤、科研成果、论文等。并应每月统计登记，按年度制表。从中可反映护理工作质量和护理人员健康状况、业务水平等。

三、计算机在护理工作中的应用

近年来随着计算机的普及应用，在护理工作中也从各种单机单项使用计算机开始，逐渐形成了护理信息系统，护理信息系统是一个可以迅速收集、储存、处理、检索、显示所需动态资料，并进行对话的计算机系统。

前沿聚焦

整体护理病历计算机管理系统设计步骤：

1. 整理收集与整体护理病历有关的基础资料，包括病人基础情况、入院评估、住院评估、护理计划、标准健康教育等资料。

2. 确立各种数据之间的关系、结构、层次。如以"疾病诊断"为主要线索，对应地确定可能存在的"护理诊断(问题)"以及与之对应的"原因"等等，逐步展开。

3. 统一信息编码标准，建立标准化的字典库，以共享统一的字典资源，利于规范管理。

护理信息系统的功能 护理信息系统对提高护理质量、加强正规化的科学管理具有非常重要的作用，同时也为医院信息系统的其他功能服务。

(一) 临床护理中的应用

1. 医嘱处理 患者在住院处办完住院手续，病房工作站即可使用床号或住院号调出该患者的病历进行医嘱处理。只需输入一次医嘱信息，即可产生长或短期医嘱、各种治疗单、医嘱清单，可查对、重整、显示并打印出来。

2. 书写护理文件 临床护理的许多内容，如出入院登记，床位变更，观察生命体征、病情及治疗效果，药物治疗、各种检查，饮食管理等均需记录一些数据和文字，形成文件。使用计算机系统，只要输入的信息数据准确无误，则可按所设计的程序输出字体清晰、格式规整的资料及清单，使文件书写规范化、标准化。

3. 计算机辅助护理诊断系统 其主要功能有辅助护理病历的资料采集，做出护理诊断和自动生成护理计划两个方面。可根据患者个体差异，提出上千种疾病的护理诊断并制定出相应的护理计划。不同用途的辅助护理诊断软件适用于临床不同需要，有的适用于从生理、心理、社会各方面系统收集患者健康状况及应对型态，计算机辅助诊断并生成护理计划；有的用于已知医疗诊断，辅助生成护理诊断及计划；有的用于已做出护理诊断，仅用计算机制定计划及减少书写麻烦。

4. 监护、医疗仪器 各种电子监测仪是计算机在采集护理信息方面的应用，例如：心电、呼吸、胎心、血压等监护、监测仪器。

5. 患者咨询、宣教 患者可利用床边终端或病房公用终端了解当日护理计划、医疗安排以及有关治疗的解释演示，也可咨询有关医疗、护理知识。

(二) 护理管理中的应用

1. 人事管理 存储或输出护理人员一般情况、技术和理论考核、奖惩、在职教育及培训进修等档案资料。提供给管理人员有意义的信息。

2. 各类报表及工作量统计 微机随医嘱逐日逐项累计各种数据，需要时可打印输出日、月报表及各类工作量统计。

3. 护理质量控制 输入质量检查中相关临床护理信息，积累护理执行情况、有关资料并通过计算机输出质量状况的判断，保证计划的落实。

4. 病房管理 如利用计算机患者分类系

统进行患者分类、工作量计算,进而预测护理人员需要量、护理成本、患者住院费用等。计算机可辅助护理人员排班、仪器设备、物资、药品管理,统计护理人员加班补休等出勤情况,减轻管理人员日常行政工作负担。

5. 其他方面的管理 如医院中心供应室的动态管理系统,不仅可以完成常规的静态数据的录入、检索、统计、打印等功能,还应用运筹学及质量控制原理进行动态管理,如自动制定最佳采购单、确定最佳流通量、安排最佳作业人数、检验消毒效果,以及多方位控制和事故原因分析等。

(三) 教学、培训中的应用

建立教学软件或题库,辅助护理人员或护生自学练习、模拟考试、知识竞赛、生成试卷等;储存教学查房中的典型病例及讨论分析记录;教学管理中的计划、统计报表、学生考核记录、教学质量等资料的储存、输出等。

(四) 护理科研中的应用

计算机文献检索、资料积累、统计学处理等,可使护理研究准确、全面,更为科学及提高效率。

(五) 为医院信息系统的其他功能服务

护理信息系统是医院信息系统的一部分,医院信息系统中央数据库为护理系统提供大量信息,护理系统信息也可与其他人员共享,有利于发挥医院整体功能。

信息技术应用

重症护理技术综合信息系统软件的应用如下:

1. **重症护理诊断系统** 收集整体护理中的护理诊断标准内容,将诊断的类别、相关因素、预期目标、具体护理措施一一录入,形成护理诊断库。

2. **重症病人评分系统** 从12项生理参数积分、年龄积分、意识积分、脏器衰竭程度积分、护理工作量积分这五个方面内容对病人评估,并得出病人的重症程度积分。

3. **重症护理培训指导系统** 分重症监护常规、监护概论、监护技术理论、新信息四部分。

4. **监护训练考核测评内容** 将有关重症监护的知识,编制成以理解判断为主的试题,每小题5个答案,为单选题,护理部和科室均可随时进行训练,模拟测评和现场考核。

总之,护理信息系统的运行,可对护理工作和人员进行全面管理,为临床提供规范的护理方案及执行信息,使临床护理教育、科研与实践密切结合,解除护理人员大量书写负担,有利于提高护理质量、工作效率和管理水平。

---

1. 护理业务技术管理就是对护理工作的技术活动进行计划、组织、协调和控制,使这些技术能准确、及时、安全、有效地用于临床,以达到高质量、高效率目标的管理工作。

2. 护理技术水平的提高必须靠技术管理。只有对护理工作实行科学的组织管理,才能调动和发挥护理人员的积极性,合理使用技术力量,密切协同配合,以提高护理工作质量和效率。

3. 护理业务技术管理的特点有技术性、责任性、服务性,社会性和集体性。

4. 护理业务技术管理的措施:①建立技术管理的组织系统;②技术管理要重视质量;③重视人员培训,培养技术骨干;④管理手段现代化。

5. 护理业务技术范围包括①护理诊疗操作技术的管理;②基础护理技术的管理;③专科疾病护理技术的管理;④急诊抢救技术的管理;⑤消毒隔离技术的管理;⑥危重症监护和其他监护管理;⑦整体护理技术的管理;⑧新技术的引进与开发;⑨护理情报档案资料的管理;⑩护理技术的基础建设。

6. 管理措施:①制定规程;②分级管理;③目标管理;④循环管理。

7. 护理信息管理是医院护理管理工作中的重要组成部分,是为提高护理质量和医院管理水平服务的一项工作。

8. 护理信息的内容包括临床护理信息、护理技术信息、护士业务技术档案、护理业务工作档案。

9. 护理信息管理的方法有资料的收集、登记和保管。

10. 计算机在护理工作中应用的范围包括医院人事管理、各类报表及工作量统计、护理质量控制、病房管理、其他方面的管理如医院中心供应室的动态管理系统等。

一、名词解释

1. 护理业务技术管理   2. 护理信息管理

二、填空题：

1. 护理业务技术管理的措施有_____、_____、_____、_____。
2. 护理业务技术范围包括_____、_____、_____、_____、_____、_____、_____。
3. 护理业务技术管理方法包括_____、_____、_____和_____。
4. 护理信息的内容包括_____、_____、_____、_____。护理信息管理的方法有_____、_____和_____。

三、选择题

A_1型题

1. 护理业务技术管理就是对护理工作技术活动进行管理，其中不包括
   A. 计划　　　　　　B. 组织
   C. 协调　　　　　　D. 控制
   E. 总结
2. 为病人服务时除了有了良好的服务态度，主要依靠
   A. 良好影响　　　　B. 护理技术
   C. 管理能力　　　　D. 设备条件
   E. 职业素质
3. 护理业务技术管理的特点中不包括
   A. 系统性　　　　　B. 技术性
   C. 责任性　　　　　D. 服务性
   E. 社会性和集体性
4. 护理业务技术管理的措施中，要使技术质量指标标准化，体现了
   A. 建立技术管理的组织系统
   B. 重视人员培训
   C. 技术管理要重视质量
   D. 管理手段现代化
   E. 落实技术管理的责任
5. 在专科疾病护理技术管理上首先抓好
   A. 疾病护理技术
   B. 疾病护理常规的制度
   C. 人员培训
   D. 学习诊疗知识
   E. 丰富工作人员临床经验
6. 监护室护士除了有良好的护士素质，要受
   A. 护士长领导　　　B. 医生指导
   C. 专门训练　　　　D. 严格管理
   E. 环境熏陶
7. 护理情报档案数据的管理应由
   A. 护理部保管　　　B. 科护士长保管
   C. 情报室保管　　　D. 专人保管
   E. 病室保管

8. 各级护理管理人员应把新技术的引进开发作为
   A. 业务管理内容　　B. 技术管理内容
   C. 人员培训内容　　D. 管理重点
   E. 学术发展重点
9. 目标管理中下列哪一项方法除外
   A. 自我控制法　　　B. 全程控制法
   C. 阶段控制法　　　D. 图表控制法
   E. 记分控制法
10. 临床护理信息指临床实践中积累的
    A. 护理资料　　　　B. 医疗文献
    C. 护理论文　　　　D. 病案
    E. 出院记录
11. 计算机在护理工作中应用错误的是
    A. 医嘱处理　　　　B. 人事管理
    C. 教学查房　　　　D. 文献检索
    E. 书写护理文件
12. 护理技术信息是护理业务建设中的重要
    A. 组成部分　　　　B. 参考数据
    C. 常规内容　　　　D. 档案
    E. 医疗文件

B型题

A. 护理业务技术管理的概念
B. 护理业务技术管理的特点
C. 护理业务技术管理的措施
D. 护理业务技术管理的意义
E. 护理业务技术管理的方法
1. 加强护理人员责任心教育是
2. 加强护理人员的培训是
3. 护理技术水平的提高必须靠技术管理是

A. 护理诊疗操作技术管理
B. 基础护理技术管理
C. 专科疾病护理技术管理
D. 急诊抢救技术管理
E. 消毒隔离技术管理
4. 病人的清洁护理管理是
5. 急诊病人生命垂危的护理管理是
6. 防止医院内感染的护理管理是

A. 危重症监护和其他监护管理
B. 整体护理技术的管理
C. 新技术的引进与开发管理
D. 护理情报档案数据的管理
E. 护理技术的基础建设
7. 危重症监护技术管理是
8. 开展护理技术革新是
9. 临床护理资料专人保管是

A. 计算机在临床护理中的应用
B. 计算机在护理管理中的应用
C. 计算机在教学培训中的应用

D. 计算机在护理科研中的应用
E. 计算机为医院信息系统的其他功能服务
10. 书写护理文件是
11. 护理质量控制是
12. 记录学生考核成绩

X 型题
1. 医院护理业务技术管理的对象是基础护理和各级专科护理的护理
   A. 工作任务   B. 工作特点
   C. 主要内容   D. 技术要求
   E. 组织实施方法
2. 护理业务技术管理的特点是
   A. 技术性   B. 应用性
   C. 责任性   D. 服务性
   E. 社会性和集体性
3. 护理业务技术管理的措施有
   A. 确定组织领导
   B. 建立技术管理组织体系
   C. 技术管理要重视质量
   D. 重视人员培训
   E. 管理手段现代化
4. 护理诊疗操作管理是在训练基础上加以控制,主要靠
   A. 护士自觉性   B. 制定操作规程
   C. 严格控制   D. 监督执行情况
   E. 护士责任心

5. 急诊抢救技术的管理除进行培训外还应经常
   A. 组织技术演练 B. 保持应急状态
   C. 组织实践考核 D. 强化能力培养
   E. 加强协调
6. 消毒隔离技术的管理关键是
   A. 制度要完善   B. 管理要严格
   C. 执行要认真彻底 D. 一丝不苟
   E. 坚持不懈
7. 护理业务技术管理的方法有
   A. 制定规程   B. 分级管理
   C. 目标管理   D. 落实措施
   E. 循环管理
8. 护理业务管理工作循环的具体形式有
   A. 预查   B. 复查
   C. 总查房   D. 自查
   E. 科室计划实施落实到人
9. 分级管理包括
   A. 监控   B. 督导
   C. 全控   D. 半控
   E. 自控
10. 护理业务工作档案内容有
    A. 制定护理部的规划、计划和总结
    B. 各种护理的规章制度
    C. 护理人员的进修学习等个人档案
    D. 每年每季护理工作的检查评比等数据
    E. 各种会议的记录等

主要参考文献

陈京立.2002.21世纪的临床护理管理者.中华护理杂志,37(3):205
关永杰,宫玉花.2004.护理管理学.北京:中国中医药出版社
胡昌平.2002.管理学基础.武汉:武汉大学出版社
胡浩波.2000.卫生事业管理.北京:北京医科大学出版社
江彩霞.2003.管理学.哈尔滨:哈尔滨工程大学出版社
姜小鹰.2002.护理管理学自学辅导.上海:上海科学技术出版社
李继平.2006.护理管理学.北京:人民卫生出版社
李亚洁.2002.ISO-9000族标准八项质量管理原则在护理中的应用.中华护理杂志,37(12):36~38
林菊英,金乔.1998.中华护理全书.南昌:江西科学技术出版社
刘化侠.2004.护理管理学.北京:人民卫生出版社
梅祖懿,林菊英.1982.医院护理管理.北京:人民卫生出版社
潘绍山,孙方敏,黄始振.2004.现代护理管理学.北京:科学技术文献出版社
任真年.2003.论现代医院管理创新.医院管理论坛杂志,20(4):20
斯蒂芬.P.宾斯〔美〕.2002.管理学.北京:中国人民大学出版社
王虹,丁永艳,甘孝红.2006.PDCA循环在护理记录书写质量管理中的应用.护理学报,13(3):88~89
王慧珍.2004.护理管理学.北京:中国协和医科大学出版社
吴之明.2003.护理管理学基础.北京:科学出版社
杨英华.2000.护理管理学.北京:人民卫生出版社
张公绪.1998.新编质量管理学.北京:高等教育出版社
张培珺.现代护理管理学.北京:北京大学医学出版社
赵炳华.1999.现代护理管理.北京:北京医科大学出版社
周三多,陈传明,鲁明泓.1999.管理学——原理与方法.第3版.上海:复旦大学出版社
左月燃.2001.护理管理学.北京:人民卫生出版社

附 录

1. 医院工作制度

【分类号】4071028204　　【标题】医院工作制度　　【时效性】有效
【颁布单位】卫生部　　【颁布日期】820407　　【实施日期】820407
【失效日期】　　【内容分类】医疗　　【文号】
【名称】医院工作制度　　【题注】全文

前　言

为了加强对医院的科学管理,建立正常工作秩序,改善服务态度,提高医疗护理质量,防止医疗差错事故,使医院工作适应社会主义建设的要求,在总结试行《医院工作制度试行草案》的基础上,重新修订了《医院工作制度》。各级医院可根据本制度的原则要求,结合具体情况,制定工作细则。

一、医院领导干部深入科室制度

1. 领导要经常深入科室,调查研究,直接掌握情况,抓好典型,协助总结推广先进经验。
2. 深入科室,重点抓医疗、护理、教学、科研、后勤保证以及服务质量、病人生活等工作。听取病员和医务人员的意见,表扬好人好事,改进工作。
3. 院领导查房每周一次,带领有关干部深入科室检查工作,发现问题及时解决。
4. 院领导要参加部分业务实践,如查房、重大手术、疑难病例的会诊、危重病员的抢救及其他有关业务活动等。

二、会议制度

1. 院办公室会:由院长主持,副院长、机关各科负责人和有关人员参加。每周一次,传达上级指示,研究和安排工作。
2. 院周会:由正、副院长主持,科主任(负责人)、护士长及各科负责人参加。每周一次,传达上级指示,小结上周工作,布置本周工作。
3. 科主任会:由正、副院长主持,科(室)主任或负责人参加,汇报研究及交流医疗、管理、科研、教学等工作情况。
4. 科周会:由科室正、副主任主持,病房、门诊负责医师等和护士长参加。每周一次,传达上级指示,研究和安排本周工作。
5. 科务会:由科室正、副主任主持,全科人员参加。每月一次,检查各项制度和工作人员职责的执行情况,总结和布置工作。
6. 护士长例会:由护理部正、副主任或正、副总护士长主持,各科室、病区护士长参加。每周一次,总结上周护理工作,布置本周护理工作。
7. 门诊例会:由医务科或门诊部正、副主任主持,所有在门诊工作的各科负责人参加,每月一次,研究解决医疗质量、工作人员的服务态度、急诊抢救、病人就诊以及门、急诊管理等有关问题,协调各科工作。
8. 晨会:由病房负责医师或护士长主持,全病房人员参加。每晨上班十五分钟内召开,进行交接班,听取值班人员汇报,解决医疗、护理以及管理工作中存在的主要问题,布置当日工作。
9. 工休座谈会:由病房护士长或指定专人召开,工休代表参加。院每季一次,科室一般每月一次,听取并征求住院病员及家属的意见,增强团结,改进工作。

三、请求报告制度凡有下列情况,必须及时向院领导或有关部门请求报告

1. 严重工伤、重大交通事故、大批中毒、甲类传染病及必须动员全院力量抢救的病员时;
2. 凡有重大手术、重要脏器切除、截肢、首次开展的新手术、新疗法、新技术和自制药品首次临床应用时;
3. 紧急手术而病员的单位领导和家属不在时;
4. 发生医疗事故或严重差错,损坏或丢失贵重器材和贵重药品,发现成批药品变质时;
5. 收治涉及法律和政治问题以及有自杀迹象的病员时;
6. 重大经济开支报批时;
7. 增补、修改医院规章制度、技术操作常规时;
8. 工作人员因公出差、院外会诊、参加会诊、接受院外任务时;
9. 参加院外进修学习,接受来院进修人员等。

四、院总值班制度

1. 院总值班由院级领导、机关干部和有关人员参加,负责处理非办公时间的医务、行政和临时事宜,及时传达、处理上级指示和紧急通知,签收机密文件,承接未办事项。
2. 负责检查夜间工作人员的工作情况。
3. 做好值班记录,认真交接班,不得擅自离开岗位。

五、卫生工作制度

1. 把爱国卫生运动列入医院工作的议事日程。成立爱国卫生运动委员会或小组,每年至少开会四次。
2. 宣传"除四害、讲卫生"知识,教育群众养成卫生习惯,树立以卫生为光荣,不卫生为耻辱的社会风尚。医院应成为"除四害、讲卫生"的模范单位。
3. 要认真搞好室内、环境和个人卫生,切实贯彻饮食卫生"五、四"制,认真执行隔离消毒制度,搞好污水、污物、垃圾处理,防止污染和交叉感染。
4. 坚持突击与经常相结合,建立每日清扫和每周大清扫的卫生制度,节假日大搞突击卫生运动。
5. 认真抓好卫生检查、竞赛、评比,定期公布检查结果。
6. 有计划地植草、种树、美化环境。
7. 认真做好环境保护工作,按国家规定,对"三废"(废水、废气、废渣)进行无害化处理。

六、病案管理制度

1. 医院必须建立病案室,负责全院病案(门诊、住院)的收集、整理和保管工作。
2. 门诊和住院病员应有完整的病案。病员出院(死亡)时,由医师按规定的格式填写,病案室应定期回收并注意检查首页各栏是否完整,同时要填好分类卡片,依序整理,装订成册,并按号排列后上架存档。
3. 本院医师借阅病案,要办理借阅手续,阅后按期归还。对借用的病案,应妥善保管和爱护,不得涂改、转借、拆散和丢失。院外医疗单位一般不予外借,必要时,需持有介绍信,经医务科批准,可以摘录病史。
4. 住院病案原则上应永久保存。

七、医疗登记、统计制度

1. 医院必须建立和健全登记、统计制度。
2. 各种医疗登记,要填写完整、准确,字迹清楚,并妥善保管。临床各科要填写好病案首页、出院卡片、出入院登记,并按时填报病员流动日报。门诊各科应填写好病员流动情况和门诊登记。医技科室应做好各项工作的数量和质量登记。
3. 医疗质量统计,一般包括出入院数、治愈率、病死率、床位使用率、床位周转次数、平均住院天数、病员疾病分类、初诊与最后诊断符合率、临床与病理诊断符合率、手术前后诊断符合率、无菌手术化脓感染率、手术并发症,以及医技科室工作数量、质量等。
4. 医院应根据统计指标,定期分析医疗效率和医疗质量,从中总结经验,发现问题,改进工作。
5. 统计员要督促检查各科室医疗统计工作,按期完成各项统计报表,经领导审阅后,报卫生行政部门。

八、医学图书管理制度

1. 图书室开放时间,除每日办公时间外,每星期日及晚上亦要适当开放。
2. 凡院内职工、进修、实习人员借书,必须遵守图书室一切规定,持借书证办理借阅手续。离院时,必须办理好还书手续。
3. 每次借书不得超过规定借阅的数量和时间。规定在图书室内阅览的图书、报刊或是其他资料,不得拿出室外。
4. 必须妥善保管图书,不得在书刊上批画、撕剪、涂写,不得损坏或丢失,否则应按规定赔偿。
5. 图书室工作人员应定期购买、登记、整理、收集、分类编号、装订图书、杂志和报纸等。
6. 建立图书目录索引卡片,方便查阅。
7. 图书室必须保持清洁、安静和应有的照度(不得低于50勒[克斯])。有条件的医院图书室和阅览室应分别开设。
8. 密切配合医疗、预防、教学、科研等各项任务,主动提供有关资料,定期介绍新书刊内容。

九、进修工作制度

1. 进修工作由各级卫生行政部门根据有关规定统一计划安排。
2. 医院要有专人负责进修工作,认真执行进修工作的有关规定,严格掌握进修人员条件。各科要选派有经验的医务人员指导进修。带教者应根据进修人员具体情况拟定计划,定期检查,努力完成。
3. 进修人员要遵守医院各项规章制度,不得自行调换进修科目,不得中途退学,不得随意延长学习时间。进修期间不安排探亲假。
4. 进修人员的处方权,由指导医师提出,经科主任批准,报医务科备案。
5. 医院领导要经常了解进修人员思想情况,关心他们的学习和生活,定期召开座谈会,征求意见,改进工作。
6. 进修人员在医疗工作中有特殊贡献者应给予

表扬。医疗作风恶劣或犯有严重错误者,由医院提出意见后,连同材料和本人一起送回单位处理。

7. 进修期满,应做好考核和书面鉴定,办妥离院手续。

十、赔偿制度

1. 因工作失职、不负责任、违反操作规程,致使国家财产损失,根据情节轻重、本人一贯表现,给予批评教育、处分或酌情赔偿。

2. 凡属使用太久以及在抢救病员时损坏之器材,经有关人员证明可免予赔偿,但要填写报损单。

3. 遇有大批财物遗失或霉烂,药品失效、虫蛀时,除及时向领导汇报外,应检查原因,追究责任。

十一、传达、门卫制度

1. 住院处和病房应随时将入、出院和转科病员的姓名送交传达室。传达室要建立并管好住院病员一览表,按探视制度准予探视。

2. 传达室工作人员必须坚守工作岗位。工作中既要坚持制度,又要热情接待,态度和蔼,文明礼貌。

3. 凡出入医院住院部的人员按规定配带证件;出、入院凭出、入院通知单;陪伴凭陪伴证。危重探视凭病危通知。门卫有权查验有关证件。

4. 凡住院病员和陪伴人员携物品进院、出院时(凭放行证),必须经过检查后方可放行,否则传达室有权查问或扣留。

十二、入、出院工作制度

1. 病员住院由本院门诊医师根据病情决定,凭医师开具之住院证,门、急诊病历,公费医疗证,记账单(自费者按规定预交住院费)到住院处办理手续,住院处再通知病区。危重病员可先住院后补办手续。

2. 病员住院应登记其联系人的姓名、地址和电话号码,进行必要的卫生处理。传染病员住院必须严格进行卫生处理。医务人员要主动、热情地接待住院病员,介绍住院规则及病房有关制度。

3. 病员出院由主治医师或负责医师决定,并提前一天通知住院处办理出院手续。病房护理人员应凭结账单发给出院证,并清点收回病员住院期间所用医院的物品。

4. 病员出院前,经主治医师应告知出院后注意事项,并主动征求其对医疗、护理等各方面的意见。

5. 病情不宜出院而病员或家属要求出院者,医师应加以劝阻,如说服无效应报科主任批准,并由病员或其家属出具手续。应出院而不出院者,通知所在单位或有关部门接回或送回。

2. 医务人员医德规范及实施办法

第一条 为加强卫生系统社会主义精神文明建设,提高医务人员的职业道德素质,改善和提高医疗服务质量,全心全意为人民服务,特制定医德规范及实施办法(以下简称"规范")。

第二条 医德,即医务人员的职业道德,是医务人员应具备的思想品质,是医务人员与病人、社会以及医务人员之间关系的总和。医德规范是指导医务人员进行医疗活动的思想和行为的准则。

第三条 医德规范如下:

(一)救死扶伤,实行社会主义的人道主义。时刻为病人着想,千方百计为病人解除病痛;

(二)尊重病人的人格与权利,对待病人,不分民族、性别、职业、地位、财产状况,都应一视同仁;

(三)文明礼貌服务。举止端庄,语言文明,态度和蔼,同情、关心和体贴病人;

(四)廉洁奉公。自觉遵纪守法,不以医谋私;

(五)为病人保守医密,实行保护性医疗,不泄露病人隐私与秘密;

(六)互学互尊,团结协作。正确处理同行同事间的关系;

(七)严谨求实,奋发进取,钻研医术,精益求精。不断更新知识,提高技术水平。

第四条 为使本规范切实得到贯彻落实,必须坚持进行医德教育,加强医德医风建设,认真进行医德考核与评价。

第五条 各医疗单位都必须把医德教育和医德医风建设作为目标管理的重要内容,作为衡量和评价一个单位工作好坏的重要标准。

第六条 医德教育应以正面教育为主,理论联系实际,注重实效,长期坚持不懈。要实行医院新成员的上岗前教育,使之形成制度。未经上岗前培训不得上岗。

第七条 各医疗单位都应建立医德考核与评价制度,制定医德考核标准及考核办法,定期或者随时进行考核,并建立医德考核档案。

第八条 医德考核与评价方法可分为自我评价、社会评价、科室考核和上级考核。特别要注重社会评价,经常听取患者和社会各界的意见,接受人民群众的监督。

第九条 对医务人员医德考核结果,要作为应聘、提薪、晋升以及评选先进工作者的首要条件。

第十条 实行奖优罚劣。对严格遵守医德规范、医德高尚的个人,应予表彰和奖励。对于不认真遵守医德规范者,应进行批评教育。对于严重违反医德规范,经教育不改者,应分别情况给予处分。

第十一条 本规范适用于全国各级各类医院、诊所的医务人员,包括医生、护士、医技科室人员,管理人员和工勤人员也要参照本规范的精神执行。

第十二条 各省、自治区、直辖市卫生厅局和各医疗单位可遵照本规范精神和要求,制定医德规范实施细则及具体办法。

第十三条 本规范自发布之日起实行。

3. 医院感染管理办法

中华人民共和国卫生部令
第48号

《医院感染管理办法》已于2006年6月15日经卫生部部务会议讨论通过，现予以发布，自2006年9月1日起施行。

部长　高强
二〇〇六年七月六日

第一章　总　则

第一条　为加强医院感染管理，有效预防和控制医院感染，提高医疗质量，保证医疗安全，根据《传染病防治法》、《医疗机构管理条例》和《突发公共卫生事件应急条例》等法律、行政法规的规定，制定本办法。

第二条　医院感染管理是各级卫生行政部门、医疗机构及医务人员针对诊疗活动中存在的医院感染、医源性感染及相关的危险因素进行的预防、诊断和控制活动。

第三条　各级各类医疗机构应当严格按照本办法的规定实施医院感染管理工作。医务人员的职业卫生防护，按照《职业病防治法》及其配套规章和标准的有关规定执行。

第四条　卫生部负责全国医院感染管理的监督管理工作。

县级以上地方人民政府卫生行政部门负责本行政区域内医院感染管理的监督管理工作。

第二章　组织管理

第五条　各级各类医疗机构应当建立医院感染管理责任制，制定并落实医院感染管理的规章制度和工作规范，严格执行有关技术操作规范和工作标准，有效预防和控制医院感染，防止传染病病原体、耐药菌、条件致病菌及其他病原微生物的传播。

第六条　住院床位总数在100张以上的医院应当设立医院感染管理委员会和独立的医院感染管理部门。

住院床位总数在100张以下的医院应当指定分管医院感染管理工作的部门。

其他医疗机构应当有医院感染管理专（兼）职人员。

第七条　医院感染管理委员会由医院感染管理部门、医务部门、护理部门、临床科室、消毒供应室、手术室、临床检验部门、药事管理部门、设备管理部门、后勤管理部门及其他有关部门的主要负责人组成，主任委员由医院院长或者主管医疗工作的副院长担任。

医院感染管理委员会的职责：

（一）认真贯彻医院感染管理方面的法律法规及技术规范、标准，制定本医院预防和控制医院感染的规章制度、医院感染诊断标准并监督实施；

（二）根据预防医院感染和卫生学要求，对本医院的建筑设计、重点科室建设的基本标准、基本设施和工作流程进行审查并提出意见；

（三）研究并确定本医院的医院感染管理工作计划，并对计划的实施进行考核和评价；

（四）研究并确定本医院的医院感染重点部门、重点环节、重点流程、危险因素以及采取的干预措施，明确各有关部门、人员在预防和控制医院感染工作中的责任；

（五）研究并制定本医院发生医院感染暴发及出现不明原因传染性疾病或者特殊病原体感染病例等事件时的控制预案；

（六）建立会议制度，定期研究、协调和解决有关医院感染管理方面的问题；

（七）根据本医院病原体特点和耐药现状，配合药事管理委员会提出合理使用抗菌药物的指导意见；

（八）其他有关医院感染管理的重要事宜。

第八条　医院感染管理部门、分管部门及医院感染管理专（兼）职人员具体负责医院感染预防与控制方面的管理和业务工作。主要职责：

（一）对有关预防和控制医院感染管理规章制度的落实情况进行检查和指导；

（二）对医院感染及其相关危险因素进行监测、分析和反馈，针对问题提出控制措施并指导实施；

（三）对医院感染发生状况进行调查、统计分析，并向医院感染管理委员会或者医疗机构负责人报告；

（四）对医院的清洁、消毒灭菌与隔离、无菌操作技术、医疗废物管理等工作提供指导；

（五）对传染病的医院感染控制工作提供指导；

（六）对医务人员有关预防医院感染的职业卫生安全防护工作提供指导；

（七）对医院感染暴发事件进行报告和调查分析，提出控制措施并协调、组织有关部门进行处理；

（八）对医务人员进行预防和控制医院感染的培训工作；

（九）参与抗菌药物临床应用的管理工作；

（十）对消毒药械和一次性使用医疗器械、器具的相关证明进行审核；

（十一）组织开展医院感染预防与控制方面的科研工作；

（十二）完成医院感染管理委员会或者医疗机构

负责人交办的其他工作。

第九条 卫生部成立医院感染预防与控制专家组,成员由医院感染管理、疾病控制、传染病学、临床检验、流行病学、消毒学、临床药学、护理学等专业的专家组成。主要职责:

(一)研究起草有关医院感染预防与控制、医院感染诊断的技术性标准和规范;

(二)对全国医院感染预防与控制工作进行业务指导;

(三)对全国医院感染发生状况及危险因素进行调查、分析;

(四)对全国重大医院感染事件进行调查和业务指导;

(五)完成卫生部交办的其他工作。

第十条 省级人民政府卫生行政部门成立医院感染预防与控制专家组,负责指导本地区医院感染预防与控制的技术性工作。

第三章 预防与控制

第十一条 医疗机构应当按照有关医院感染管理的规章制度和技术规范,加强医院感染的预防与控制工作。

第十二条 医疗机构应当按照《消毒管理办法》,严格执行医疗器械、器具的消毒工作技术规范,并达到以下要求:

(一)进入人体组织、无菌器官的医疗器械、器具和物品必须达到灭菌水平;

(二)接触皮肤、黏膜的医疗器械、器具和物品必须达到消毒水平;

(三)各种用于注射、穿刺、采血等有创操作的医疗器具必须一用一灭菌。医疗机构使用的消毒药械、一次性医疗器械和器具应当符合国家有关规定。一次性使用的医疗器械、器具不得重复使用。

第十三条 医疗机构应当制定具体措施,保证医务人员的手卫生、诊疗环境条件、无菌操作技术和职业卫生防护工作符合规定要求,对医院感染的危险因素进行控制。

第十四条 医疗机构应当严格执行隔离技术规范,根据病原体传播途径,采取相应的隔离措施。

第十五条 医疗机构应当制定医务人员职业卫生防护工作的具体措施,提供必要的防护物品,保障医务人员的职业健康。

第十六条 医疗机构应当严格按照《抗菌药物临床应用指导原则》,加强抗菌药物临床使用和耐药菌监测管理。

第十七条 医疗机构应当按照医院感染诊断标准及时诊断医院感染病例,建立有效的医院感染监测制度,分析医院感染的危险因素,并针对导致医院感染的危险因素,实施预防与控制措施。

医疗机构应当及时发现医院感染病例和医院感染的暴发,分析感染源、感染途径,采取有效的处理和控制措施,积极救治患者。

第十八条 医疗机构经调查证实发生以下情形时,应当于12小时内向所在地的县级地方人民政府卫生行政部门报告,并同时向所在地疾病预防控制机构报告。所在地的县级地方人民政府卫生行政部门确认后,应当于24小时内逐级上报至省级人民政府卫生行政部门。省级人民政府卫生行政部门审核后,应当在24小时内上报至卫生部:

(一)5例以上医院感染暴发;

(二)由于医院感染暴发直接导致患者死亡;

(三)由于医院感染暴发导致3人以上人身损害后果。

第十九条 医疗机构发生以下情形时,应当按照《国家突发公共卫生事件相关信息报告管理工作规范(试行)》的要求进行报告:

(一)10例以上的医院感染暴发事件;

(二)发生特殊病原体或者新发病原体的医院感染;

(三)可能造成重大公共影响或者严重后果的医院感染。

第二十条 医疗机构发生的医院感染属于法定传染病的,应当按照《中华人民共和国传染病防治法》和《国家突发公共卫生事件应急预案》的规定进行报告和处理。

第二十一条 医疗机构发生医院感染暴发时,所在地的疾病预防控制机构应当及时进行流行病学调查,查找感染源、感染途径、感染因素,采取控制措施,防止感染源的传播和感染范围的扩大。

第二十二条 卫生行政部门接到报告,应当根据情况指导医疗机构进行医院感染的调查和控制工作,并可以组织提供相应的技术支持。

第四章 人员培训

第二十三条 各级卫生行政部门和医疗机构应当重视医院感染管理的学科建设,建立专业人才培养制度,充分发挥医院感染专业技术人员在预防和控制医院感染工作中的作用。

第二十四条 省级人民政府卫生行政部门应当建立医院感染专业人员岗位规范化培训和考核制度,加强继续教育,提高医院感染专业人员的业务技术水平。

第二十五条 医疗机构应当制定对本机构工作人员的培训计划,对全体工作人员进行医院感染相关法律法规、医院感染管理相关工作规范和标准、专业技术知识的培训。

第二十六条 医院感染专业人员应当具备医院感染预防与控制工作的专业知识,并能够承担医院感

染管理和业务技术工作。

第二十七条 医务人员应当掌握与本职工作相关的医院感染预防与控制方面的知识，落实医院感染管理规章制度、工作规范和要求。工勤人员应当掌握有关预防和控制医院感染的基础卫生学和消毒隔离知识，并在工作中正确运用。

第五章 监督管理

第二十八条 县级以上地方人民政府卫生行政部门应当按照有关法律法规和本办法的规定，对所辖区域的医疗机构进行监督检查。

第二十九条 对医疗机构监督检查的主要内容：

（一）医院感染管理的规章制度及落实情况；

（二）针对医院感染危险因素的各项工作和控制措施；

（三）消毒灭菌与隔离、医疗废物管理及医务人员职业卫生防护工作状况；

（四）医院感染病例和医院感染暴发的监测工作情况；

（五）现场检查。

第三十条 卫生行政部门在检查中发现医疗机构存在医院感染隐患时，应当责令限期整改或者暂时关闭相关科室或者暂停相关诊疗科目。

第三十一条 医疗机构对卫生行政部门的检查、调查取证等工作，应当予以配合，不得拒绝和阻碍，不得提供虚假材料。

第六章 罚 则

第三十二条 县级以上地方人民政府卫生行政部门未按照本办法的规定履行监督管理和对医院感染暴发事件的报告、调查处理职责，造成严重后果的，对卫生行政主管部门主要负责人、直接责任人和相关责任人予以降级或者撤职的行政处分。

第三十三条 医疗机构违反本办法，有下列行为之一的，由县级以上地方人民政府卫生行政部门责令改正，逾期不改的，给予警告并通报批评；情节严重的，对主要负责人和直接责任人给予降级或者撤职的行政处分：

（一）未建立或者未落实医院感染管理的规章制度、工作规范；

（二）未设立医院感染管理部门、分管部门以及指定专（兼）职人员负责医院感染预防与控制工作；

（三）违反对医疗器械、器具的消毒工作技术规范；

（四）违反无菌操作技术规范和隔离技术规范；

（五）未对消毒药械和一次性医疗器械、器具的相关证明进行审核；

（六）未对医务人员职业暴露提供职业卫生防护。

第三十四条 医疗机构违反本办法规定，未采取预防和控制措施或者发生医院感染未及时采取控制措施，造成医院感染暴发、传染病传播或者其他严重后果的，对负有责任的主管人员和直接责任人员给予降级、撤职、开除的行政处分；情节严重的，依照《传染病防治法》第六十九条规定，可以依法吊销有关责任人员的执业证书；构成犯罪的，依法追究刑事责任。

第三十五条 医疗机构发生医院感染暴发事件未按本办法规定报告的，由县级以上地方人民政府卫生行政部门通报批评；造成严重后果的，对负有责任的主管人员和其他直接责任人员给予降级、撤职、开除的处分。

第七章 附 则

第三十六条 本办法中下列用语的含义：

（一）医院感染：指住院病人在医院内获得的感染，包括在住院期间发生的感染和在医院内获得出院后发生的感染，但不包括入院前已开始或者入院时已处于潜伏期的感染。医院工作人员在医院内获得的感染也属医院感染。

（二）医源性感染：指在医学服务中，因病原体传播引起的感染。

（三）医院感染暴发：是指在医疗机构或其科室的患者中，短时间内发生3例以上同种同源感染病例的现象。

（四）消毒：指用化学、物理、生物的方法杀灭或者消除环境中的病原微生物。

（五）灭菌：杀灭或者消除传播媒介上的一切微生物，包括致病微生物和非致病微生物，也包括细菌芽孢和真菌孢子。

第三十七条 中国人民解放军医疗机构的医院感染管理工作，由中国人民解放军卫生部门归口管理。

第三十八条 采供血机构与疾病预防控制机构的医源性感染预防与控制管理参照本办法。

第三十九条 本办法自2006年9月1日起施行，原2000年11月30日颁布的《医院感染管理规范（试行）》同时废止。

护理管理学基础教学基本要求

(36学时)

一、课程简介

护理管理学基础是高职护理专业的一门重要课程,它以提高护理工作的效率和效果,提高护理工作质量为出发点,研究护理学领域中的护理实践、护理教育、护理科研、护理理论等方面的基本管理方法。其主要任务是培养学生了解护理管理学的基本理论及知识,增强在护理工作中的管理意识和初步的管理能力,应用科学化的管理过程向病人提供最良好的护理。

二、课程教学目标

(一)知识教学目标

(1)了解管理与管理学的概念、原理、方法、内容。

(2)理解管理的职能,护理管理的任务、特点、研究方法。

(3)初步掌握护理管理职能的基本理论和方法。

(二)能力培养目标

(1)能运用护理管理知识,提高护理工作的效率。

(2)具有管理病人、环境、物品、信息的初步能力。

(3)学会护理质量、业务技术管理的基本方法。

(三)思想教学目标

(1)通过学习,理解护理管理的重要意义和科学内涵。

(2)培养严谨的工作态度和规范的工作方法。

(3)养成良好的职业素质和行为习惯。

三、教学内容和要求

本课程的教学内容分为基础模块、实践模块和选学模块。基础模块和实践模块是本专业的必学内容,选学模块根据学生实际情况选择使用。

基础模块

教学内容	了解	理解	掌握	教学内容	了解	理解	掌握
一、管理与管理学				(2)护理管理的研究方法	√		
1.管理概述		√		3.护理管理者概述			
2.管理学概述		√		(1)护理管理者任务		√	
3.现代管理的基本原理、原则和职能				(2)护士长角色模式	√		
(1)现代管理的基本原理	√			(3)护理管理者素质要求		√	
(2)现代管理的原则		√		三、计划职能			
(3)现代管理的基本职能			√	1.概述			
二、护理管理学概述				(1)计划的概念		√	
1.护理管理的概念、特点和任务				(2)计划的意义	√		
(1)护理管理的概念				(3)计划的类型			
(2)护理管理的特点	√			(4)计划的形式	√		
(3)护理管理的任务			√	2.计划的步骤、原则与方法			
(4)护理管理面临的挑战(选学)	√			(1)计划的步骤			√
2.护理管理的意义与研究方法				(2)计划的原则		√	
(1)护理管理的意义	√			(3)计划的方法			√

续表

教学内容	教学要求 了解	教学要求 理解	教学要求 掌握	教学内容	教学要求 了解	教学要求 理解	教学要求 掌握
3. 护理管理中的计划过程				(2) 组织设计遵循的原则	√		
(1) 护理管理中计划的作用		√		(3) 组织设计的步骤		√	
(2) 护理管理中计划的内容			√	(4) 组织设计的要求		√	
(3) 护理管理各层次的计划范围		√		4. 我国医疗卫生组织管理系统			
(4) 护理管理计划的标准			√	(1) 我国卫生组织的分类及功能		√	
4. 决策（选学）	√			(2) 医院组织系统		√	
四、目标管理				(3) 医院的功能及特点			√
1. 目标管理的概念与特点				(4) 护理管理组织系统			√
(1) 基本概念		√		七、护理人力资源管理			
(2) 目标管理的特点	√			1. 概述		√	
2. 目标管理的内容及基本过程				2. 护理人员的编设		√	
(1) 目标管理的内容		√		3. 护理人员的选聘、分工与排班			√
(2) 目标管理的基本过程		√		4. 护理人员的绩效考核			√
3. 目标管理在护理工作中的应用			√	5. 护理人员的教育与培训（选学）	√		
五、时间管理				八、护理领导			
1. 概述		√		1. 概述		√	
2. 时间管理的基本程序和条件				2. 护理管理岗位职责及任职资格			√
(1) 时间管理的基本程序		√		3. 护理领导者应具备的素质与能力		√	
(2) 时间管理的条件			√	4. 领导方式与艺术		√	
3. 时间管理的策略和方法				5. 激励理论及其应用（选学）	√		
(1) 时间管理的策略		√		6. 管理沟通（选学）	√		
(2) 时间管理的方法			√	九、护理质量管理			
六、组织结构与设计				1. 概述		√	
1. 概述				2. 护理质量标准及标准化管理		√	
(1) 组织的概念		√		3. 护理质量的考核评价			√
(2) 组织的分类	√			十、护理业务技术管理			
2. 组织结构的概念与基本类型				1. 概述		√	
(1) 组织结构的概念		√		2. 护理业务技术范围与基本管理		√	
(2) 组织结构的基本类型	√			3. 护理业务技术的管理方法			√
3. 组织设计				4. 护理信息管理		√	
(1) 组织设计的概念		√					

实 践 模 块

序号	教学内容	教学要求 了解	教学要求 理解	教学要求 掌握
三	制定计划方案	√		
四	制定时间管理卡		√	
七	模拟招聘面试	√		

选 学 模 块

序号	知识内容	实践内容
二～1.(4)	护理管理面临的挑战	
三～4.	决策	
七～5	5. 护理人员的教育与培训	
八～5.6	5. 激励理论及其应用 6. 管理沟通	

四、学时分配

教学时数分配表

内容	教学要求		
	讲课时数	实践时数	合计
一、管理与管理学	2		2
二、护理管理学概述	3		3
三、计划职能	2	1	3
四、目标管理	2		2
五、时间管理	2	1	3
六、组织结构与设计	4		4
七、护理人力资源管理	4	2	6
八、护理领导	2		2
九、护理质量管理	4		4
十、护理业务技术管理	3		3
机动	4		4
合计	32	4	36

五、说明

（1）本课程教学基本要求采用模块结构表述，其中：

1）选学模块的学习可使用机动学时、第二课堂，也可不选学。

2）机动学时可用于学习选学模块中的内容，也可结合本地情况另选其他内容，或根据学生情况组织其他有益于完成、拓展本课程教学目标的教学活动，提高学生的综合职业能力。

（2）教学过程应多采用现代教育技术、实际案例讨论、角色扮演和参观等，注意理论联系实际。

（3）可通过课堂提问、作业、讨论、平时测验、实验及考试等对学生的认知、能力及态度进行综合考核。

（4）对在学习和应用上有创新的学生应特别给予鼓励。

目标检测选择题参考答案

第1章

A_1 型题

1. E 2. D 3. B 4. A 5. B 6. C 7. A 8. D 9. D 10. C

B 型题

1. A 2. B 3. D 4. B

X 型题

1. ABCD 2. ABCD 3. AC 4. ACE 5. ABCDE

第2章

A_1 型题

1. C 2. E 3. E 4. B 5. C 6. A 7. A 8. C 9. E 10. A

B 型题

1. A 2. D 3. D 4. A

X 型题

1. ABCDE 2. ABCDE 3. BDE 4. ABC 5. BD 6. ABCD

第3章

A_1 型题

1. A 2. B 3. C 4. C 5. B 6. E 7. D 8. E 9. A 10. E

B 型题

1. A 2. B 3. C 4. D 5. A 6. C

X 型题

1. ABCDE 2. ABC 3. BCD 4. BCD 5. ABE 6. ABC

第4章

A_1 型题

1. E 2. A 3. B 4. D 5. A 6. D 7. B 8. C 9. D 10. C

B 型题

1. A 2. B 3. E 4. A 5. C 6. D

X 型题

1. AC 2. ABC 3. ABCDE 4. ABCD 5. ABC 6. ABC 7. BCE 8. AC 9. ABC 10. ABC

第5章

A_1 型题

1. C 2. A 3. C 4. D 5. C 6. E 7. E 8. C 9. A 10. C

B 型题

1. B 2. A 3. C 4. A 5. B

X 型题

1. ABCD 2. ABD 3. ABCD 4. ABC 5. ABC 6. AB

第6章

A_1 型题

1. A 2. C 3. A

B 型题

1. C 2. A 3. B

X 型题

1. ABC 2. ABCDE

133

第 7 章

A_1 型题

1. B 2. E 3. C 4. D 5. D 6. D 7. E 8. B 9. C 10. C 11. B 12. A 13. E 14. C 15. B 16. D 17. E 18. C 19. E 20. C

B 型题

1. A 2. C 3. E 4. B 5. E 6. A 7. C 8. D 9. B 10. A

X 型题

1. ABCD 2. ABC 3. ABCD 4. AD 5. ABD 6. ABC 7. ABCD 8. ABC 9. BCD 10. ABCD

第 8 章

A_1 型题

1. E 2. C 3. B 4. A 5. D 6. E 7. C 8. A 9. D 10. B

B 型题

1. A 2. B 3. D 4. A 5. B 6. E

X 型题

1. ABC 2. ABCD 3. ABD 4. ABCD 5. ABCD

第 9 章

A_1 型题

1. E 2. C 3. B 4. D 5. A 6. B 7. E 8. A 9. D 10. B 11. B 12. C 13. D 14. C 15. C 16. B 17. E 18. A 19. D 20. C

B 型题

1. B 2. A 3. C 4. C 5. E

X 型题

1. ABC 2. ABCD 3. AC 4. ABCD 5. ACE 6. ABC 7. AD 8. ABCD

第 10 章

A_1 型题

1. E 2. B 3. A 4. C 5. B 6. C 7. D 8. D 9. B 10. A 11. C 12. B

B 型题

1. B 2. C 3. D 4. B 5. D 6. B 7. A 8. C 9. D 10. A 11. B 12. C

X 型题

1. ABCDE 2. ACDE 3. BCDE 4. BCD 5. AC 6. ABCDE 7. ABCE 8. ACDE 9. ACE 10. ABCDE